法学实践教学系列教程
单晓华 总主编

行政法律实务实训教程

Xingzheng Falu Shiwu Shixun Jiaocheng

主 编 方 芳
副主编 徐海静

撰稿人（以撰写章节先后为序）
方芳 周永 杨勇 徐海静 陈明虎 付丽 薛晓瑞

高等教育出版社·北京

内容简介

本书是"法学实践教学系列教程"之一。本书特点：(1)以培养实践性、应用性法律人才为目标，弥补"法律诊所"式教学模式在平台资源上的有限性和不足，旨在解决法学教育中理论与实践脱节、高校法律人才培养与现实对法律人才需求脱节这两大矛盾和难题。(2)以部门法的全过程仿真训练为特色。即在概述行政法律实务实训课程的前提下，分行政立法、行政许可、行政处罚、行政复议、行政诉讼和行政案例实训几大模块，在每一模块中通过对真实案例的模拟实训，使学生掌握相关的实体法知识和程序法知识，提高学生行政法律实务的分析能力和操作水平。(3)在每一模块的结构安排上，统一设置实训目标、实训素材、实训准备、实训要点、实训过程、实训点评、实训拓展、实训文书和实训法规等栏目，全过程、多角度、多角色地对学生进行法务实训。

本书主要作为法学专业本科生实践教学用书，亦可供对法律实务感兴趣的社会读者选用。

图书在版编目（CIP）数据

行政法律实务实训教程 / 方芳主编. -- 北京：高等教育出版社，2016.1（2025.2重印）
法学实践教学系列教程 / 单晓华主编
ISBN 978-7-04-044347-9

Ⅰ.①行… Ⅱ.①方… Ⅲ.①行政法-中国-高等学校-教材 Ⅳ.①D922.1

中国版本图书馆CIP数据核字（2015）第287646号

| 策划编辑 | 姜 洁 | 责任编辑 | 姜 洁 | 特约编辑 | 侯春杰 李 戈 | 封面设计 | 李树龙 |
| 版式设计 | 马 云 | 责任校对 | 杨凤玲 | 责任印制 | 刁 毅 | | |

出版发行	高等教育出版社	咨询电话	400-810-0598
社　　址	北京市西城区德外大街4号	网　　址	http://www.hep.edu.cn
邮政编码	100120		http://www.hep.com.cn
印　　刷	涿州市京南印刷厂	网上订购	http://www.landraco.com
开　　本	787 mm×1092 mm 1/16		http://www.landraco.com.cn
印　　张	13.75	版　　次	2016年1月第1版
字　　数	320千字	印　　次	2025年2月第3次印刷
购书热线	010-58581118	定　　价	35.00元

本书如有缺页、倒页、脱页等质量问题，请到所购图书销售部门联系调换
版权所有　侵权必究
物 料 号　44347-00

法学实践教学系列教程

总　　序

当下法学教育需要思考的问题已然不是要不要开展实践教学,而是如何有效地进行实践教学,即在遵循法学教育规律的前提下,如何实现理论到实践的有效衔接,如何找到实现实践教学效能最大化的路径和方法。

沈阳师范大学于2010年年底获批教育部法律硕士专业学位研究生教育综合改革试点单位,作为一种探索和尝试,2011年年初,沈阳师范大学法学院修改了法律硕士专业学位研究生培养方案,在必修课中设置了民事法务实训、刑事法务实训、行政法务实训和非诉讼法务实训四门课程。这四门实训课程强调模拟实践性、动态立体性,突破了传统教学中单纯讲授理论或者孤立地进行实践的模式,每门实训课都将司法过程分为若干专题,由聘请的实务部门专家和我院教师共同完成授课并开展实务训练。几轮授课之后,学生反应积极热烈,普遍认为实训课有效地连接了理论和实践,让书本上的理论动了起来,教学效果十分明显。这一系列课程也因此成为全国法律硕士专业学位研究生教育综合改革试点中的创新性成果。2012年,沈阳师范大学法学院将这一成果推广到法学本科教学改革,修改了本科生培养方案,将这四门实训课列入大四上学期实践模块的选修课。

2012年年底,我校获批教育部首批"应用型、复合型卓越法律人才教育培养基地"。几年来的基地建设中,我院实践教学团队与校外实务专家密切配合,不断改进教学内容和教学方法,扎实推进理论教学与实训实践教学的契合,使学生在亲身模拟和参与司法实践的体验中潜移默化地将法学理论知识转化为法律职业能力。

"法学实践教学系列教程"丛书是沈阳师范大学法学院法学实践教学团队五年来实践教学改革与创新的经验总结,它以培养实践性、应用性法律人才为目标,弥补了"法律诊所"式教学模式在平台资源上的有限性和不足,旨在解决法学教育中理论与实践脱节、高校法律人才培养与现实对法律人才需求脱节这两大矛盾和难题;它以部门法的全过程仿真训练为特色,即将民事、刑事、行政诉讼和非诉讼实务的全过程分成不同模块,在每一模块中通过已经处理完毕的真实案件,训练学生在该模块中所应掌握的实体法和程序法知识,提高学生法律实务的分析能力和操作水平;在每一模块的结构安排上,统一设置实训目标、实训素材、实训准备、实训要点、实训过程、实训点评、实训拓展及实训文书等栏目,全过程、多角度、多角色地对学生进行法务实训。

有效的法学实践教学能够突显实践教学的应有价值。本套丛书是沈阳师范大学法学院几年来在法学实践教学方面探索和总结的成果,衷心希望各兄弟法学院校及各位专家不吝赐教,提出宝贵意见,共同推进法学教育改革,促进法学教育繁荣。

是为序。

总主编　单晓华
2015年7月于沈阳

目 录

第一章 行政法律实务实训概论 ·· 1

第二章 行政立法实训 ··· 4

    第一节 行政立法 ··· 4
    第二节 行政立法征求意见 ·· 9
    第三节 行政立法听证 ··· 19

第三章 行政许可实训 ··· 42

第四章 行政处罚实训 ··· 53

    第一节 行政调查 ··· 53
    第二节 行政处罚简易程序 ·· 58
    第三节 行政处罚一般程序 ·· 60
    第四节 行政处罚听证程序 ·· 98

第五章 行政复议实训 ··· 106

    第一节 行政复议受案范围 ·· 106
    第二节 行政复议申请及受理程序 ·· 111
    第三节 行政复议审理及决定程序 ·· 119

第六章 行政诉讼实训 ··· 130

    第一节 行政诉讼受案范围及管辖 ·· 130
    第二节 行政诉讼参加人 ·· 136
    第三节 行政诉讼立案 ··· 141
    第四节 行政诉讼第一审庭审程序 ·· 151
    第五节 行政诉讼第二审庭审程序 ·· 157
    第六节 行政诉讼审判监督程序 ··· 162

第七节　行政诉讼裁判 …………………………………………………… 171

第七章　行政案例实训 …………………………………………………… 187

　　第一节　行政处罚案件 …………………………………………………… 187
　　第二节　劳动争议案件 …………………………………………………… 195
　　第三节　土地征收案件 …………………………………………………… 204

第一章 行政法律实务实训概论

一、行政法律实务实训的内涵与外延

行政法律实务实训课就是在法学实践教学理念基础上开设的一门以行政法领域法律实务为内容,旨在了解行政实务、开展实践,提高法律实践能力的课堂实践教学课程。随着当下法学实践教学理念的更新,未来行政法律实务实训课的教学理念要在法学实践教学的基础上进一步发展,逐步与诊所式法律教学相对接。在了解行政法律实务,开展行政法律实践的基础上,更进一步地贴近行政法律实务,通过在行政法律诊所式的教育下对各类典型行政行为以及行政诉讼案件进行具体的、深入的探讨和实践。

行政法律实务实训围绕行政实体法以及行政程序法两方面开展实际的训练。行政法是典型的实体法与程序法相结合的法律部门,实体和程序相互交织,除行政诉讼法是典型的程序法之外,大多数的行政法规范都是实体与程序的结合,其目的在于用程序法律规范规制实体的行政权运行。一方面,行政法通过对行政权力的事前或事中的控制,规制行政权力启动的条件以及运行程序,另一方面,行政救济法针对行政权力进行事后控制,防止行政权力的失范,为行政相对人提供救济保障。因此,行政法律实务实训围绕全部行政行为展开实际的训练,包括行政立法、行政许可、行政处罚等具体行政行为,独具特色的行政复议以及行政诉讼行为。

二、行政法律实务实训课程的定位

学生在学习行政法领域相关理论知识及法律法规的基础上,了解行政法领域实务、实践内容,掌握解决行政法律案件的方法、技巧,形成行政法律案件解决思维方式,具备分析、解决行政法律案件的能力,为法律职业奠定实践基础。

由于行政执法领域涉及范围广,内容多,在课程设计上难以纳入全部行政执法行为。因此,行政法律实务实训课程需要凝练教学内容,突出重点。既要照顾到行政法务全面性的引导,又要突出重点行政行为、行政实务的特点,尤其是行政法领域独具特色的行政行为以及行政诉讼案件类型,要做重点的实践训练。在课程内容设计上大致分为三个方面:(1)一般实训内容,介绍行政法律实务的基本内容、特点以及一般性的、规律性的实务方法、技巧。(2)重要行政行为实训,针对行政法实务中重要的具体行政行为进行重点实训,例如行政处罚行为、行政许可行为、行政复议行为以及行政诉讼行为。(3)类型案例实训,甄选行政法领域多发、重要的案件类型进行有针对性的实训,例如国家赔偿案件、劳动争议案件、工伤认定案件以及环境保护案件等。

三、行政法律实务实训课程的目标与要求

(一)教学目标

通过行政法律实务实训课堂教学改革,有利于提高学生的思辨能力,培养学生形成法律

思维、角色意识,提高学生动手操作能力,提升学生法律实践综合能力。

(二) 教学要求

学生在学习行政法领域相关理论知识及法律法规的基础上,了解行政法领域实务、实践内容,掌握解决行政法律案件的方法、技巧,形成行政法律案件解决思维方式,具备分析、解决行政法律案件的能力,为未来从事法律职业奠定实践基础。

四、行政法律实务实训课程的教学手段

(一) 采用教师引导与学生自学相结合的教学模式

采用教师引导与学生自学相结合的教学方法。在每一个实训模块中,教师预先将重要知识点布置给学生,由学生自主完成相关理论知识的预习。在课堂教学中,教师侧重针对行政法律实务中的细节进行讲授,引导学生自主形成法学思维。通过学生之间、教师与学生之间的互动,引导学生以法学思维解决具体行政实务问题。教师最后进行总结归纳以及对学生的表现进行评价,并提出拓展的思考问题。

(二) 丰富教学手段

采用实验、实训、模拟、见习的实验实践技术,结合教学实际需要利用多媒体教学等各种现代化教学手段。利用法学实践数据库,在教学运行中,围绕课程内容,结合经典或社会热点案例,进行分析、讨论,锻炼学生应用所学理论解决实际问题能力。未来将网络课堂引入实训课教学,为学生课下交流提供平台。

1. 情景教学模式。在课堂教学过程中,让学生进行"角色扮演",还原案件办理的过程,在真实情景中使用法律,操作实务。让学生在情景中体验不同法律关系主体对法律的使用、操作的方式方法及程度,形成角色思维、角色意识。

2. 案例教学模式。针对典型、经典案例进行分析、讨论。学习法官、律师对案件的分析思路、解决问题的方法以及对案件的整体把握,有助于学生提高对案件分析、把握的能力。

3. 实务专家进课堂。邀请行政部门的实务专家给学生进行专题讲座。针对重要的行政行为在实践中的表现、操作以及相关问题进行讲解,让学生对抽象的、理论的行政行为形成感性的、具体的认识,扩大学生知识面,有助于学生对行政法律案件的理解。

4. 诊所式教育模式。在课堂中引入真实行政法律案件,由教师引导,让学生自主解决法律案件,带领学生亲身参与到法律案件办理的过程,将实训知识应用到具体案件中。

五、行政法律实务实训课程的考核方法

(一) 建立评价体系

教学评价可以反映法律诊所教育价值、及时整理教学信息、互动反馈教学意见。建立科学化、规范化、系统化的行政法律实训课教学评价方法应首先明确评价目标,保证评价的正确性、可靠性和公平性,通过评价让学生了解其专业水平提高程度,教师在评价的时候应注意将阶段性和总结性评价相结合,逐步建立起多样化和制度化的诊所式评价方法。

(二) 平时阶段性和期末总结性评价相结合

给学生提供阶段性评价并反馈应该是法学教学中最基本的评价形式。阶段性评价对于法律诊所教学来说尤其重要。因为阶段性评价也可以帮助教师了解学生对某个知识点掌握、操作的程度,以及存在的问题。阶段性评价能采取多种形式,可以通过练习考试、课堂上讨

论表现、学生互评或自我评价等方式进行。

期末总结性评价是对学生通过学习行政法律实务实训知识,掌握行政法律实务操作能力的一个总结。总结性评价应当包括的内容有:(1)实践中的总体表现:办案数量、质量、效率;(2)律师技能:访谈的技能、事实调查的技能、取证的技能、谈判的技能、法律知识的掌握与运用的技能、文书写作的技能、庭上表现等;(3)律师责任感与职业道德:学生在履行保密义务,忠实于当事人的义务,对案件负责、严谨、敬业、尽力的义务等方面。

(三) 多元化评价内容

行政法律实务实训课采用多元化评价内容,要对学生的认知、行为、表现以及态度等方面进行评价。

1. 认知评价是指对于学生学习知识或者知识掌握程度进行评价。如认知评价包括对于学生是否掌握实体法、程序法知识并加以运用的评价。认知评价以学生运用知识的能力为特征。

2. 行为评价是指对于学生在进入诊所学习之前和之后的变化进行评价。行为评价是教师对于学生经历的观察。例如,教师检查学生是否已经掌握出具书面法律意见的能力,检查学生接待当事人时是否清晰解释了时效问题等。

3. 表现评价是指评价学生在执行任务中的能力,例如教师对于学生的课堂表现进行评价。

4. 态度评价是指评价学生在进行相关课程学习之前和之后的不同进行评价。例如,我们可以评测学生在行政法律实务实训课之后的变化。教师可以通过面谈等多种方式了解学生对于教学计划规定的特定内容的认识和看法,了解学生对于行政法律实训、律师职业、法官职业等问题的态度。

(四) 评价方法

课程考核采用平时考核与期末考核相结合,综合打分的方式进行。平时考核根据每一个模块学生个人表现以及团队合作表现分别赋分,得出平时成绩,期末考核采用模拟法庭的方式,得出期末成绩。平时成绩与期末成绩以各占50%的比例得出最后的考核成绩。

第二章 行政立法实训

第一节 行政立法

一、实训目标

1. 通过实训行政立法过程,使学生了解行政立法中行政机关的重要地位及作用,能够对行政立法的目的、权限等问题有较为深刻的认知。
2. 掌握行政立法的具体程序,准确把握行政立法的各个环节的具体操作。
3. 深化对行政立法基本理论知识的理解和贯通,培养学生行政法素养。

二、实训素材

为了加强职业卫生监督管理,控制和消除职业病危害,保护劳动者身体健康和生命安全,促进经济发展,根据《中华人民共和国职业病防治法》《使用有毒物品作业场所劳动保护条例》等有关法律、法规,结合实际,制定《××市职业卫生监督管理条例》。

三、实训准备

(一)理论准备

1. 行政立法的概念

行政立法是指国家行政机关依照法律规定的权限和程序,制定行政法规和行政规章的活动。它包含以下几层含义:

第一,行政立法是行政机关的行为。

第二,行政立法是行政机关依照法定权限和程序所为的行为。这是行政立法同其他行政行为的显著区别。行政立法必须经过起草、征求意见、讨论、通过和公布等立法程序,这就使得它与行政处罚、行政许可等由行政机关单方面做出决定的具体行政行为不同。

第三,行政立法是行政机关制定行政法规、行政规章的抽象行政行为。从行为的结果看,行政立法的结果是产生具有普遍约束力的规范性文件。这些规范性文件并不是针对某个具体的人或具体的事,而是普遍适用。

2. 行政立法的分类

依据不同的标准,可以对行政立法作不同的分类。

(1)一般授权立法和特别授权立法

行政立法依其立法权力的来源不同,可以分为一般授权立法和特别授权立法。

所谓一般授权立法,是指国家行政机关直接依照宪法和有关组织法规定的职权制定行政法规和行政规章的活动。

所谓特别授权立法,是指依据特定法律、法规授权或者依据国家权力机关或上级国家行政机关通过专门决议的委托,制定规范性法律文件的行为。

(2) 中央行政立法和地方行政立法

行政立法依据行使行政立法权的主体不同,可分为中央行政立法和地方行政立法。

国务院制定行政法规和国务院各部门制定部门规章的活动称为中央行政立法。

地方行政立法是指一定层级以上的地方人民政府制定行政规章的活动。

(3) 执行性立法、补充性立法和试验性立法

依据行政立法内容、目的的不同,可以将行政立法分为执行性立法、补充性立法和试验性立法。

执行性立法,是指为了执行法律或地方性法规以及上级行政机关发布的规范性文件而作出具体规定,以便于更切合实际情况的行政立法活动。

补充性立法,是为了补充已经发布的法律、法规而制定的规范性文件的活动。

试验性立法,是指行政机关基于有权机关或法律的特别授权,对本应由法律规定的事项,在条件尚不充分、经验尚未成熟或社会关系尚未定型的情况下,先由行政机关作出有关规定,经过一段试验期以后,再总结经验,由法律正式规定下来。

3. 行政立法的主体及权限

(1) 行政立法的主体

行政立法的主体是指依法取得行政立法权,可以制定行政法规或行政规章的国家行政机关。根据我国宪法、组织法以及有关法律、法规的规定,我国行政立法的主体为:①国务院。国务院是我国最高的行政立法主体,既有依职权立法的权力,又有依最高国家权力机关和法律授权立法的权力。②国务院各部、各委员会。这类行政立法主体,在其权限内可以依法律授权立法。③国务院直属机构。它们的行政立法权来源于单项的法律、法规的授权,它们享有不完整的规章制定权,即制定的规章要经过国务院批准后才能作为行政规章发布施行。④省、自治区、直辖市人民政府。从我国组织法和有关法律的规定来看,省、自治区、直辖市人民政府在其权限内可以依法律、法规的授权进行行政立法。⑤省、自治区人民政府所在地的市人民政府。根据组织法规定,省、自治区人民政府所在地的市人民政府,在其权限内可以根据法律和法规制定行政规章。⑥经国务院批准的较大的市的人民政府。根据组织法规定,经国务院批准的较大的市的人民政府,可以根据法律和法规,就其职权范围内的行政事项制定行政规章。⑦经济特区所在地的市人民政府。

(2) 行政立法权限的划分

行政立法权限,是指行政立法主体行使相应立法权力的范围和程度。它是行政立法的核心问题,因为它既涉及权力机关与行政机关之间的立法权限,也涉及中央和地方行政机关之间的立法权限。①国务院的立法权限。《中华人民共和国宪法》(以下简称《宪法》)第89条第1项规定,国务院行使下列职权"根据宪法和法律,规定行政措施,制定行政法规,发布决定和命令"。由此确定了国务院制定行政法规的立法权。②国务院各部门的行政立法权限。国务院是由各部、各委员会、审计机关和直属机构组成的,根据宪法和国务院组织法的规定,国务院各部、委可以根据法律和国务院的行政法规、决议、命令,在本部门的权限

内,发布命令、指示和规章。由此确定了国务院各部委的行政规章制定权。③有关地方人民政府的行政立法权限。根据《中华人民共和国地方各级人民代表大会和地方各级人民政府组织法》(以下简称《地方组织法》)第60条的规定,省、自治区、直辖市以及省、自治区的人民政府所在地的市和经国务院批准的较大的市的人民政府,可以根据法律和国务院的行政法规,制定规章。另外,地方人民政府也可以根据同级权力机关制定的地方性法规制定规章。

4. 行政立法的程序

(1) 立项。立项是立法准备阶段中的重要环节,是立法主体经过立法预测和决策做出的判断性立法安排,制定立法计划。

(2) 起草。起草就是对列入规划需要制定的行政法规和规章,由人民政府各主管部门分别草拟法案。

(3) 审查。审查就是指行政法规、规章草案拟定以后,送交政府主管机关进行审议、核查的制度。

(4) 决定。决定是指行政法规、规章在起草、审查完毕后,交由主管机关的正式会议表决的制度。

(5) 公布与备案。行政法规和规章制定以后应当及时向社会公布,并在公布后30日内报有关部门备案。

(二) 实践准备

1. 熟悉《中华人民共和国立法法》(以下简称《立法法》)第三章、第四章第二节、第五章以及《行政法规制定程序条例》《规章制定程序条例》《法规规章备案条例》等相关法律、法规。

2. 按照行政立法过程分为立项组、起草组、审查决定组、公布备案组,对学生作角色分配,划分工作职责。

四、实训要点

(一) 立项

立项是立法准备阶段中的重要的一环,关系到地方立法的方向和质量,关系到地方法治化建设的进程。行政立法的立法项目来源广、渠道多,包括政府及其职能部门申报、人大常委会及人大专门委员会和有关常委会工作机构建议、人大代表甚至社会公众反馈意见、国家根据经济社会发展趋势立项以及行政领导批示等方式。

(二) 起草

起草的方式具体包括:

(1) 多部门联合起草或法制机构起草:行政法规或者规章在涉及两个以上部门职权范围事项的情况下,应当由人民政府的法制机构或几个部门共同来草拟法案。

(2) 政府主管部门起草:行政法规或者规章的主要内容不涉及其他业务部门的,则由主管部门负责起草。

(3) 起草应当听取公众的意见:起草行政法规、行政规章的过程中,应当广泛听取有关机关、公民、社会各组织的意见。只有让广大的民众能够参与到立法中来,才能够保障行政立法的透明性,才能使行政立法行为制定出来的行政法规或规章更容易让人接受,信服。所以,作为行政机关在征求意见过程中,可以通过座谈会、论证会、听证会等多种形式广泛听取有关机关、公民、组织或个人的意见,这里包括听取技术专家、管理学家和法学专家的意见,尤其是利害关系人的意见。对于涉及其他主管部门的业务或者与其他部门关系密切的规定,应当与有关部门协商一致。经过充分协商不能取得一致意见的,应当在上报草案的时候专门提出并且说明情况和理由,由上级机关出面协调和裁决。

(三) 审查

1. 审查机构。具体履行审查职能的机构只能是政府法制机构。
2. 审查内容。审查的主要内容包括:此行政法规、规章的制定是否具有必要性,是否具有可行性,是否具有合法性,手续是否完整,资料是否完整,有无超越权限立法的情形等。
3. 审查报告。形成审查报告,决定此法规或规章是否交由会议讨论通过,也就是要符合民主性、科学性、可操作性。

(四) 决定

1. 行政法规由国务院的全体会议或常务会议表决通过。根据《中华人民共和国国务院组织法》(以下简称《国务院组织法》)第2条的规定,国务院由总理、副总理、国务委员、各部部长、各委员会主任、审计长、秘书长组成。第4条规定,国务院全体会议由国务院全体成员组成。国务院常务会议由总理、副总理、国务委员、秘书长组成。总理召集和主持国务院全体会议和国务院常务会议。国务院工作中的重大问题,必须经国务院常务会议或者国务院全体会议讨论决定。
2. 部门规章即部委规章则由部委常务会议表决通过。
3. 作为地方性的规章,则是由地方政府常务会议或全体会议通过。

(五) 公布与备案

1. 公布

公布是行政立法的必经程序,没有经过这个程序,则视此行政行为为明显的违法行为,为无效的行政行为,自始至终不产生法律效力。这是符合一个合法行政行为最基本的概念,也体现了公开、公平、公正的法律理念。

根据制定的机关不同,规范不同,发布形式也不同。

(1) 行政法规,在国务院公报和全国范围发行的报纸(如《人民日报》)全文刊登。

(2) 部门规章,在部门公报或者国务院公报和全国范围内发行的报纸上刊登。

(3) 地方政府规章,在本级人民政府公报和本行政区域内发行的报纸上刊登。

2. 备案

《立法法》第98条规定:"行政法规、地方性法规、自治条例和单行条例、规章应当在公布后的三十日内依照下列规定报有关机关备案:

(一) 行政法规报全国人民代表大会常务委员会备案;

(二) 省、自治区、直辖市的人民代表大会及其常务委员会制定的地方性法规,报全国人民代表大会常务委员会和国务院备案;设区的市、自治州的人民代表大会及其常务委员会制定的地方性法规,由省、自治区的人民代表大会常务委员会报全国人民代表大会常务委员会和国务院备案。

(三) 自治州、自治县的人民代表大会制定的自治条例和单行条例,由省、自治区、直辖市的人民代表大会常务委员会报全国人民代表大会常务委员会和国务院备案;自治条例、单行条例报送备案时,应当说明对法律、行政法规、地方性法规作出变通的情况;

(四)部门规章和地方政府规章报国务院备案;地方政府规章应当同时报本级人民代表大会常务委员会备案;设区的市、自治州的人民政府制定的规章应当同时报省、自治区的人民代表大会常务委员会和人民政府备案;

(五)根据授权制定的法规应当报授权决定规定的机关备案;经济特区法规报送备案时,应当说明对法律、行政法规、地方性法规作出变通的情况。"

五、实训过程

(一) 立项

立项组以职业卫生监督管理为内容,以1—2种行政立法立项模式,模拟立项过程,有关部门予以立项。

(二) 起草

起草组以一种起草方式,模拟《××市职业卫生监督管理条例》起草过程,并向审查部门报送条例草案。

(三) 审查决定

审查决定组模拟《××市职业卫生监督管理条例》审查、决定过程,对《××市职业卫生监督管理条例》草案予以审查、决定。

(四) 公布备案

公布备案组模拟公布、备案程序,将《××市职业卫生监督管理条例》公布,并向有关部门予以备案。

六、实训点评

(一) 立项

根据案例素材,思考《××市职业卫生监督管理条例》可能出现哪几种立项模式,每种立项模式启动的主体有哪些?立项理由是否应根据主体不同侧重点有所不同?

(二) 起草

《××市职业卫生监督管理条例》可以采用哪几种起草模式?每一种起草模式特点各是什么?何种起草模式能够保证条例的权威性?职业卫生领域可能涉及的利益群体有哪些?何种起草模式能够保证这些利益群体的利益平衡?

(三) 审查决定

《××市职业卫生监督管理条例》审查机构主体是哪个机构?审查的内容是什么?审查机构与决定机构是否是同一机构,为什么?行政立法的决定过程体现了什么原则?

(四) 公布备案

为什么不同的行政规范公布的途径不同?备案的意义何在?其只是行政程序性工作吗?备案规则如何?备案对象体现了立法法的什么原则?《××市职业卫生监督管理条例》通过后应当向社会公布,并且在××市区域内发行的报纸上予以刊登。同时报送××市人大常委会、××省人大常委会、××省人民政府和国务院备案。

七、实训拓展

1. 行政机关立法与立法机关立法的区别。
2. 如何提高公众参与行政立法的积极性?

第二节 行政立法征求意见

一、实训目标

1. 了解立法意见征求的程序。
2. 实际参与立法意见征求,并运用专业知识提出合理化建议,进一步熟悉立法意见征求的程序,并加深认识公众参与立法的重要性。
3. 熟练运用行政立法征求意见专用系统。
4. 培养学生依法行政的理念,训练学生以公民的身份参与行政立法活动的能力。

二、实训素材

案例一:

为切实履行食品安全监管职责,根据《立法法》《规章制定程序条例》等法律法规,国家食品药品监督管理总局起草了《食品药品行政处罚程序规定(征求意见稿)》。为凝聚全社会的智慧和力量参与食品安全治理,按照民主立法和科学立法的原则,现公开征求意见。社会各界可于2013年10月22日前,登录中国政府法制信息网(网址:http://www.chinalaw.gov.cn/),进入首页左侧的"部门规章草案意见征集系统"提出意见和建议。

案例二:

选择国务院法制办公室法规规章草案意见征集系统正在征集意见的法规规章,提出立法建议。

三、实训准备

(一)理论准备

1. 行政立法征求意见

征求意见是行政立法程序中法案起草完毕后、提交正式审议前,广泛吸取各方面意见、建议和要求的一项程序性工作。这已经成为我国当前立法中的一项通行程序。2000年实施的《行政法规制定程序条例》第13条明文规定:起草行政法规,起草部门应当就涉及其他部门的职责或者与其他部门关系紧密的规定,与有关部门协商一致;经过充分协商不能取得一致意见的,应当在上报行政法规草案送审稿时说明情况和理由。

行政立法过程中的征求意见程序一般包括两个方面的内容:

一是听取利害关系人的意见和有关专家的意见。专家的意见包括技术专家、管理专家和法学家的意见。征求利害关系人意见的主要途径是:通过新闻媒介公布即将制定的法规和规章草案,召开相关问题的座谈会或者举行公开听证会等,向利害关系人提供发表和陈述意见的机会。

二是广泛听取和征求行政机关和其他国家机关中有关部门的意见。在行政立法的过程中,既要征求本部门、本系统的意见,也要征求其他部门和系统的意见,尤其是综合部门的意见;既要听取中央机关的意见,又要听取地方机关的意见。在涉及其他主管部门的业务时,应当与有关部门协商一致,经过反复协商不能取得一致意见的,应当在上报草案时专门提出并说明理由,由上级机关出面协调和裁决。

2. 行政立法征求意见的意义

(1) 公众参与是行政立法正当性的基础。目前,通过各种形式保障公众参与行政立法过程已成为行政立法机关的共识。征求意见是反映和体现公众要求、利益和愿望的一种直接形式。法应当是公众利益和要求的反映和体现。尽管法案的起草者、审议者和表决者都是公众的代表,在他们的工作中一般都能够比较全面、合理地反映和体现公众的愿望和利益,但毕竟是间接的。并且,当前立法中存在的地方保护主义和部门垄断主义,严重影响了公众利益的真正体现。因此,直接听取和吸收公众的意见、要求和愿望,反映公众的利益,可以增强立法的民主性。

(2) 征求意见是实现民主的一种良好形式。征求意见制度是人民参与管理国家和社会事务、体现主人翁地位、增强主人翁意识的一种直接形式。

(3) 征求意见是增强法的可实施性的良好形式。通过征求意见,可以集中大家的智慧,使法更具科学性;它本身又是一种法制宣传,有利于法的普及,因而就有利于法的实施。

3. 行政立法征求意见的实施

行政立法意见的征求一般由立法机关统一实施。

(二) 实践准备

1. 熟悉相关行政立法征求意见法规内容,对自己关心的内容做立法建议准备。
2. 了解行政立法征求意见专用系统操作流程。
3. 学生分两组,一组演示行政立法征求意见专用操作系统,一组选择正在征求意见的规范提出意见。

四、实训要点

从技术角度上讲,行政立法公开征求社会公众意见工作主要有四种表现形式:信函方式、传真方式、电子邮件方式和专用系统方式。目前,更多采用通过专用系统方式公布法规草案,征集公众意见。

1. 信函方式。行政立法机关公布其收纳立法建议的公共地址,公众根据地址以信件的形式表达对相关立法的建议或发表自己看法,立法机关对其予以回复。

2. 传真方式。行政立法机关公布传真地址,公众以传真的方式对立法提出意见。

3. 电子邮件方式。公众根据行政立法机关提供的电子邮箱地址,对自己所关心的立法内容提出建议。

4. 专用系统方式。通过开放的征求意见系统公布法规规章草案和收集公众意见。公众通过互联网可以随时就自己关心的事项提出建议,立法机关通过该系统能及时知晓公众意见,并对意见作出回应。充分实现立法机关与社会公众的互通交流,更加方便完善行政立法。

五、实训过程

(一) 基础训练

1. 点击国务院法制办公室网址并进入。

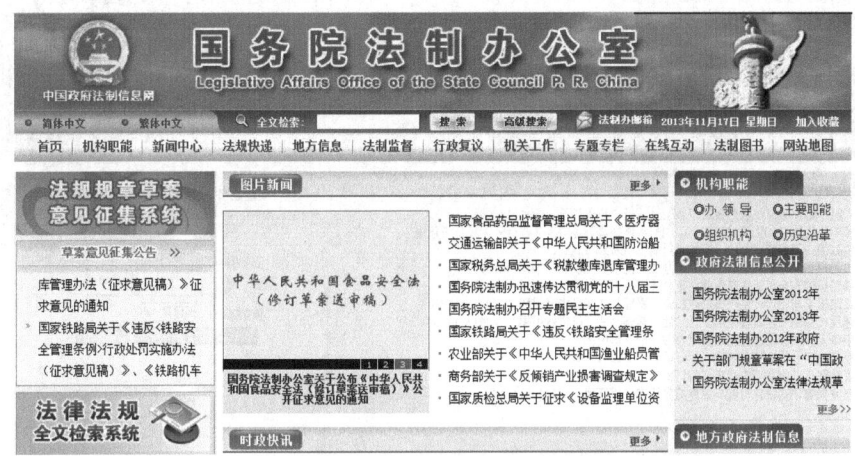

2. 点击其中的"在线互动"模块,进入法规规章草案意见征集系统。

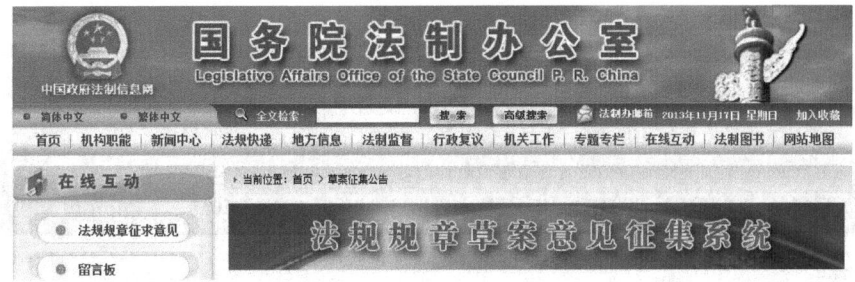

3. 根据征求意见草案的所属类型选择进入"行政法规草案意见征集"或"部门规章草案意见征集"。本次实训内容为,国家食品药品监督管理总局起草的《食品药品行政处罚程序规定(征求意见稿)》,应进入"部门规章草案意见征集"。

4. 在右方登录系统提示中点击"匿名登录",进入"部门规章草案意见征集列表"。

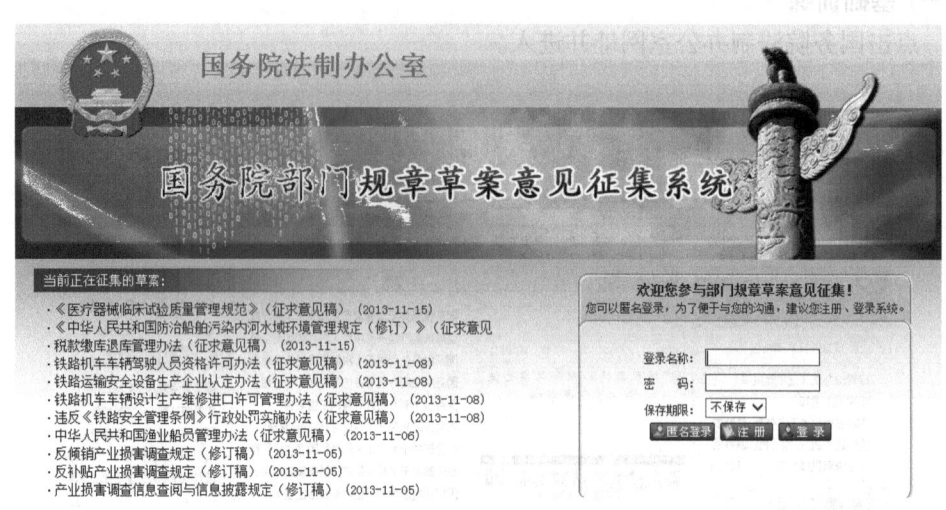

5. 进入该模块后,会显示当前正在征集意见的草案。在"正在征集的部门规章草案"中点击本次实训内容法规《食品药品行政处罚程序规定(征求意见稿)》,进入意见征集。

6. 对自己所关心的法规条款提出建议。

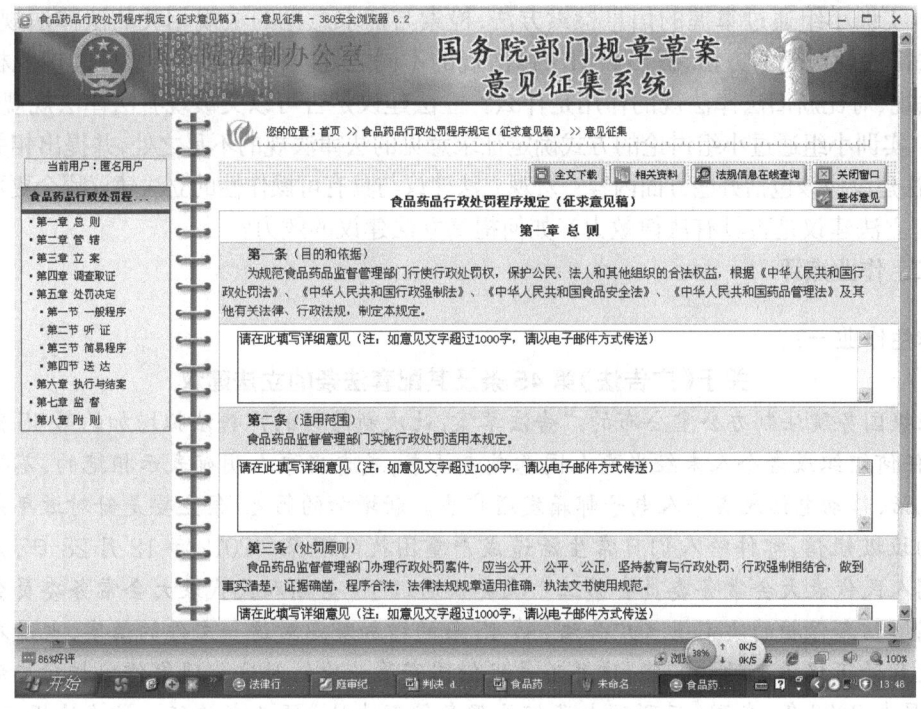

(二) 提升训练

1. 小组成员登录国务院法制办公室网站查看最近国家将要修订的法律法规。

2. 小组成员经过讨论确定感兴趣的立法征求意见稿(即广告法的征求意见稿)。

3. 上网查询旧《广告法》全文以及拟将修订的《广告法》全文,下载新旧法律版本对照表以明确变动的法律条文。

4. 小组成员讨论对相关修改法条的意见,最后确定将此次修改《广告法》争议最大的第45条及其配套相关法条作为深入探讨对象。

5. 小组成员上网查询第45条及其配套法条的立法背景,对与这些法条相关的法律法规进行细致分析,这些法律法规除了新旧版本的《广告法》,还有《消费者权益保护法》,美国《2003年反垃圾邮件法》《互联网信息服务管理办法》,以及2012年12月28日《全国人民代表大会常务委员会关于加强网络信息保护的决定》。

6. 小组成员根据立法背景,相关法律文件,结合自己的切身感受发表各自的看法,提出自己的立法建议。

7. 经过深入的讨论基本形成本组的立法建议。

8. 最后形成立法建议的定稿文书。

六、实训点评

(一) 总体点评

1. 实训小组掌握了提出立法建议的方式、方法,通过登录相关行政立法机关网站获得立法信息。思考:获得行政机关立法信息的途径有哪些?通过行政立法专门系统征求意见有什么优势,有什么缺陷?

2. 实训小组通过掌握的信息检索方法，检索与征求意见的法规相关的法律法规；通过新旧法律法规对比的方法，提出新旧法律法规的不同之处。检索与征求意见的规范相关的法律法规、对比新旧法律法规的作用是什么？立法建议是否可以突破现有法律法规规定？

3. 实训小组通过小组讨论的方式确定征求意见的法律法规的不足之处，并提出相关的建议。立法建议应该包括哪些方面内容？宏观立法建议与具有可操作性的立法建议哪个更可取？

4. 立法建议是否具有法律效力？如何提高立法建议的效力？

(二) 作业点评

学生作业一：

关于《广告法》第45条及其配套法条的立法建议

根据国务院法制办公室公布的广告法草案，此次新修订的广告法拟增加的第45条明确规定，任何组织或者个人未经当事人同意或者请求，或者当事人明确表示拒绝的，不得向其固定电话、移动电话或者个人电子邮箱发送广告。新增加的第45条主要是针对近年来愈演愈烈的垃圾短信、邮件给人们日常生活造成严重困扰的现象。2012年12月28日，第十一届全国人民代表大会常务委员会第三十次会议通过了《全国人民代表大会常务委员会关于加强网络信息保护的决定》，《广告法》第45条的增加既是对这一文件的落实，也是在上述社会大背景下提出来的。其实，这并不是我们国家第一次针对这一现象作出相对应的立法规定，早在2006年，我国《互联网电子邮件服务管理办法》便正式施行。该办法规定，未经电子邮件接收者明确同意，不得向其发送包含商业广告内容的电子邮件。可时至今日，垃圾邮件仍来势凶猛，并且这只是针对邮件的规定，不涉及其他传送广告的方式。新增加的第45条立法本意是要将这一不良社会现象从根源上予以铲除，但是如果真的就将这一条法律这样公布施行，它所产生的作用并不能产生预期的社会效果。

我们认为新增加的第45条如果想取得令社会大众满意的社会效果，应当从以下方面进行改进：

与新增加的第45条相配套使用的《广告法》第61条规定：违反本法第45条规定，向个人固定电话、移动电话或者个人电子邮箱发送广告的，由有关主管部门依照国家有关电信管理的规定查处。如果这样的话，本次广告法第45条的增加就成了一条原则性的规定，它自己本身没有对于上述几种违法行为的惩罚性规定，这样这次修订就没有什么实际意义了；或者说我们把本属于广告法处罚的垃圾广告的责任又推回给了电信部门；上面我们讲过，电信部门关于垃圾广告的惩罚规定仅限于垃圾邮件，但是却没有关于其他途径发送垃圾广告的惩罚性规定，所以不能不说这是广告法以及电信行业修改法律时的一个巨大漏洞；如果我们想通过借用其他部门法律的规定来处理广告法的问题，最后只能是让电信部门处于没有其他法律可以参照的尴尬局面！对于垃圾广告要通过广告法自己的法律条文明确规定，对此类行为进行相应的处罚才能取得预期的立法效果，仅仅依靠原则性规定，是不能解决实际问题的。修订的广告法立法草案，应当对随意发布广告的广告主、广告发布者规定一个最低的处罚金额，使他们不敢以身试法。2003年美国《反垃圾邮件法》就明确赋予公民起诉权，并配合高额的赔偿金，震慑效果显著，这也是值得我们借鉴的有益经验。

因此我们建议将广告法第45条修改为：任何组织或者个人未经当事人同意或者请求，

或者当事人明确表示拒绝的,不得向其固定电话、移动电话或者个人电子邮箱发送广告,违反此规定的参照本法第61条的相关规定进行处罚。

建议将《广告法》第61条修改为:违反本法第45条规定,向个人固定电话、移动电话或者个人电子邮箱发送广告的,情节轻微的,消费者可以向电信运营商投诉,要求对上述行为予以制止,而运营商必须受理;情节严重的,消费者可以向人民法院提起诉讼,广告主以及广告发布人应对提起诉讼的每一位消费者支付最低不得低于1 000元的损害赔偿金,法院可以酌情上调对消费者的赔偿金额。

以上是我们对于本次即将修订的《广告法》第45条以及相关法律条文的立法修改建议。虽然建议有点矫枉过正的意思,但如果没有相应的处罚措施,打击现在垃圾广告的嚣张气焰,我们的广告法即使修订也没有多大的实际意义;他山之石,可以攻玉,希望我们的建议可以对本次广告法的修改有借鉴作用,也希望立法机关能采纳我们的建议,谢谢!

教师点评:

该立法建议对《广告法》(修订草案)(征求意见稿)中的第45条提出了具体的立法建议。立法建议首先肯定了《广告法》第45条对于制约现实社会中存在的垃圾邮件现象的重要意义,同时也认为该条规定是《全国人民代表大会常务委员会关于加强网络信息保护的决定》和《互联网电子邮件服务管理办法》中关于垃圾邮件相关要求的具体落实。但是,该立法建议认为《广告法》(修订草案)(征求意见稿)中的第45条的规定仍然不能起到预期效果,并对具体原因进行了阐述,同时提出了具体的修改建议以及修改相应配套处罚措施的建议。该立法建议内容具体、适当,语气中肯,行文逻辑性强,是一份质量较高的立法建议。

学生作业二:

关于《侵害消费者权益行为处罚办法》的立法建议

侵害消费者权益行为处罚办法

(征求意见稿)

第一条 为依法制止侵害消费者权益的行为,保护消费者的合法权益,维护社会经济秩序,根据《消费者权益保护法》等法律法规,制定本办法。

第二条 工商行政管理部门依照《消费者权益保护法》等法律法规和本办法的规定,保护消费者为生活消费需要购买、使用商品或者接受服务的权益,对经营者侵害消费者权益行为实施行政处罚。

第三条 工商行政管理部门依法对侵害消费者权益行为实施行政处罚,应当依照公正、公开、及时和过罚相当的原则,坚持处罚与教育相结合,综合运用建议、约谈、示范等方式实施行政指导,督促和指导经营者履行法定义务。

第四条 经营者为消费者提供商品或者服务,应当遵循自愿、平等、公平、诚实信用的原则,依照《消费者权益保护法》等法律法规的规定和合同的约定履行义务,不得侵害消费者合法权益。

立法建议:该处罚办法整体目的就是为了保护消费者的权益,并规定由工商行政部门根据《消费者权益保护法》等法律法规对侵害经营者的行为给予行政处罚,本规定在前四条都进行了明确的规定,但是我组认为,在前四条中仅仅规定了工商行政部门只对侵犯消费者的经营者给予处罚,处罚的对象并不全面,应该加上生产者,对于生产者在交易过程中弄虚作假侵害消费者的行为也应给予更加严重的行政处罚,这样更有利于对消费者的保护。

第五条 经营者提供的商品或者服务应当符合质量要求,不得有下列行为:

……

(四)伪造商品的产地,伪造或者冒用他人的厂名、厂址,篡改生产日期,伪造或者冒用认证标志等质量标志;

……

立法建议:将第(四)项中"篡改生产日期"改为"没有标明生产日期、篡改生产日期或生产日期标注过于隐蔽不易被消费者查明",因为在实际消费中在产品外包装上只标明保质期而"生产日期见封口处",在相应位置却没有找到生产日期或过于隐蔽的情况比较常见。

第六条 经营者向消费者提供有关商品和服务的信息,应当真实、全面、准确,不得有下列虚假或者引人误解的宣传行为:

……

(四)以虚假的"清仓价""甩卖价""最低价""优惠价"或者其他欺骗性价格表示销售商品或者服务;

……

立法建议:在第(四)项中增加"在打折促销活动中抬高原价虚假折价",因为在节假日商家打折促销活动中,经常会出现产品的原价被抬高之后打折的情况,而实际折扣并没有标注的那么大。

第七条 经营者对工商行政管理部门责令其对提供的缺陷商品或者服务采取停止销售或者服务等措施,不得拒绝或者拖延。有下列情形之一的,视为拒绝或者拖延:

(一)接到责令停止销售或者服务通知后,未按照通知要求采取措施的;

(二)责令停止销售或者服务公告发布后,未按照公告要求采取措施的。

立法建议:增加第(三)项"虽然按照前两项采取措施,但明显不符合要求的"。因为在工商行政管理执法活动中,经营者经常会敷衍有关部门,采取措施不当。

第九条 经营者提供商品或者服务,造成消费者财产损害的,应当依照法律规定或者当事人约定承担修理、重作、更换、退货、补足商品数量、退还货款和服务费用或者赔偿损失等民事责任,不得故意拖延或者无理拒绝消费者的合法要求。有下列情形之一的,视为故意拖延或者无理拒绝:

(一)经有关行政部门依法认定为不合格商品,自消费者提出退货要求之日起七日内未退货的;

(二)自国家规定或者当事人约定期限之日超过七日无正当理由拒不履行修理、重作、更换、退货、补足商品数量、退还货款和服务费用或者赔偿损失等义务的。

立法建议:认定不合格产品的主体可增加市级消费者协会,且消费者协会只能对平常的生活用品进行认定,大型的、复杂的产品要到相关行政部门进行认定。

第十一条 经营者以预收款方式提供商品或者服务,应当与消费者签订合同,明确商品或者服务的数量和质量、价款或者费用、履行期限和方式、安全注意事项和风险警示、售后服务、民事责任等内容。未按约定提供商品或者服务的,应当按照消费者的要求履行约定或者退回预付款;并应当承担预付款的利息、消费者必须支付的合理费用。对退款无约定的,按照有利于消费者的计算方式,折算退款金额。

经营者对消费者提出的合理退款要求,明确表示不予退款,或者自合同约定期限之日起超过七日、无合同约定在消费者提出退款要求后超过十五日不予退款的,视为故意拖延或者无理拒绝。

立法建议:若经营者以预收款方式提供商品或者服务未主动与消费者签订合同时,视为已签订合同,商品或者服务的数量和质量、价款或者费用、履行期限和方式、安全注意事项和风险警示、售后服务、民事责任等内容,以国家规定为标准,没有国家规定的以市场行业的一般规律为标准,市场规定不明确的,以有利于消费者的方式为标准。

第十四条 经营者提供商品或者服务,应当按照国家有关规定或者商业惯例向消费者出具购物凭证或者服务单据。消费者索要购物凭证或者服务单据的,经营者不得拒绝出具。

立法建议:购货凭证和服务单据的表现形式是多种多样的,应当解释一下购货凭证和服务单据的外延,如包括:发票、购货证、服务卡、价格单、保修证等等。还有对于购物凭证和服务单据经营者不仅不得拒绝,也不得无故拖延出具。

第十五条 经营者向消费者提供商品或者服务使用格式条款、通知、声明、店堂告示等的,应当以显著方式提请消费者注意与消费者有重大利害关系的内容,并按照消费者的要求予以说明,不得作出含有下列内容的规定:

……

(六)规定经营者单方享有解释权或者最终解释权;

……

立法建议:经营者对于其经营活动享有解释权或者最终解释权应予以肯定,但对其解释权的范围或方式可加以限制。

本处罚规定从第五条开始规定经营者不可为的一些行为,如保证提供的商品与服务符合质量的义务、提供真实信息的义务、一些经营者不可为的故意拖延或者无理拒绝的行为、尊重消费者保护消费者个人信息的义务、出具凭证单据的义务、不得单方面作出对消费者不利规定的义务、出具凭证单据的义务。对于行政处罚办法中的上述规定我组有如下建议,1. 对于第五条中篡改生产日期的规定范围有点小,因为在现实生活中,商品在外包装上只标明保质期,而生产日期见封口处,很难让消费者找到,所以应该加上标注的生产日期过于隐蔽的情况。2. 在现实生活中,特别是节假日经营者打折促销活动中,经常会出现产品的原价被抬高之后打折的情况,而实际折扣并没有标注的那么大。导致经营者提供的信息有虚假现象,所以我组成员建议在第六条中应加入打折促销活动中抬高原价虚假折价的不可为行为。3. 现实生活中经营者经常会敷衍有关部门,虽按照指示采取措施但是措施明显不当,我组建议在第七条中加入一款虽然按照前两项采取措施,但明显不符合要求的不可为行为。4. 在第九条中规定了有关行政部门对不合格产品的认定,我组建议应当对行政部门给予具体规定,并增加市级消费者协会对不合格产品的认定。5. 本行政处罚规定第十四条规定经营者提供凭证单据的义务,应作具体规定,如故意拖延提供和无正当理由拒绝提供的行为也应规定为不可为的行为。6. 第十五条明确了经营者对于其经营活动享有解释权或者最终解释权应予以肯定,但对其解释权的范围或方式可加以限制。7. 我组还认为此行政处罚意见稿规定的经营者不可为的行为并不全面,因为该稿是根据《消费者权益保护法》制定的,我国新修订的《消费者权益保护法》还规定了经营者的召回义务、经营者标明真实名称和标记的义务、禁止经营者以告示免责的义务、经营者接受消费者监督的义务、不能侵害消费者人格权的义务,这些新的规定并没有在此行政处罚办法中有所体现,所以我组认为此稿的规定并不全面,应当把《消费者权益保护法》新规定的几点加入,这样才能对消费者权益给予更全面的保护。

第十六条　经营者有本办法第五条、第六条规定行为或者下列行为,且不能证明自己确非欺骗、误导消费者而实施此种行为的,属于欺诈行为。

（一）骗取消费者价款或者费用而不提供或者不按照约定提供商品或者服务;

（二）不以自己的真实名称和标记提供商品或者服务;

（三）销售侵犯他人注册商标专用权的商品;

（四）销售伪造或者冒用他人商品特有的名称、包装、装潢的商品;

（五）从事为消费者提供修理、加工、安装、装饰装修等服务的经营者谎报用工用料,故意损坏、偷换零部件或材料,使用不符合国家质量标准或与约定不相符的零部件或材料,更换不需要更换的零部件,或者偷工减料、加收费用等,损害消费者权益的;

（六）从事房屋租赁、家政服务等中介服务的经营者提供虚假信息或采取欺骗、恶意串通等手段损害消费者权益的;

（七）其他隐瞒真实情况,告知对方虚假或者误导性情况损害消费者权益的。

立法建议:该条规定了经营者欺诈行为的具体表现形式。1996年版《欺诈消费者行为处罚办法》中分别规定了两种欺诈的认定办法:第三条规定是依据客观要件的认定方法,即经营者实施了该条款列举的行为,即可认定为欺诈;第四条则规定了主观要件的认定方法,即经营者违反了该条款列举的行为后,无法证明自己确非欺骗、误导消费者,方可被认定为欺诈。这一条使《消费者权益保护法》中赋予消费者的对欺诈进行"三倍索赔"的权利面临"架空"的风险。

第十七条　经营者违反本办法第五条至第十三条、第十六条规定,法律、法规有规定的,从其规定;法律、法规未作规定的,由工商行政管理部门依照《消费者权益保护法》第五十六条予以处罚。

第十八条　经营者违反本办法第十四条规定的,责令改正,拒不改正的,处以一万元以下罚款。

第十九条　经营者违反本办法第十五条规定,法律、法规有规定的,从其规定;法律、法规未作规定的,由工商行政管理部门依照《合同违法行为监督处理办法》处理。

第二十条　经营者对工商行政管理部门给予的行政处罚,依法享有陈述权、申辩权;对行政处罚不服的,有权依法申请行政复议或者提起行政诉讼;因违法实施行政处罚受到损害的,有权依法申请国家赔偿。

第二十一条　侵害消费者权益违法行为涉嫌犯罪的,工商行政管理部门应当按照有关规定,移送司法机关追究其刑事责任。

第二十二条　工商行政管理部门处罚侵害消费者权益行为的程序,适用《工商行政管理机关行政处罚程序规定》。

第二十四条　工商行政管理执法人员玩忽职守或者包庇经营者侵害消费者合法权益的,依法给予行政处分;情节严重,构成犯罪的,依法追究刑事责任。

立法建议:后面几条规定了对于违法行为的处罚,但是它的规定并不全面。首先,我国对消费者的合法权益进行保护是可以通过诉讼的方式进行的,我国新修订的《消费者权益保护法》明确规定要采取措施方便消费者提起诉讼,所以本处罚办法中应体现对于阻碍诉讼的行为给予行政处罚。其次,第二十四条仅仅规定对工商行政执法人员的玩忽职守给予处罚,其处罚范围过小,应增加消费者组织,消费者组织应是保护消费者合法权益的组织,《消费者权益保护法》明确规定了他们的职能,本处罚办法中应规定对于侵害消费者合法权益的消费者组织给予行政处罚。再次,《消费者权益保护法》还增加了各级政府对消费者合法权益的监督,此处罚办法中应增加各级政府加强监督,预防危害消费者人身、财产安全行为的发生,落实保护消费者合法权益的行为的规定,对其不履行职责的行为应给予行政处罚,严重者给予刑事处罚。

教师点评:

该立法建议围绕《侵害消费者权益行为处罚办法》(征求意见稿)提出意见和建议。整篇立法建议逻辑混乱,内容分散、不集中,论述不具体,立法建议笼统,可操作性不强。建议从某个角度出发给整体提出原则性的立法建议或者从个别法条入手,提出具体的修改建议。同时,要注意观点的归纳、总结,而不能仅仅把观点不加整理地罗列出来。此外,还注意写作规范。

第三节　行政立法听证

一、实训目标

1. 了解行政立法听证程序,掌握行政立法听证的适用范围及具体流程。
2. 掌握立法听证会相关文书写作方法,起草立法听证会方案、听证会公告、听证会通知及听证会报告等文书。
3. 认识到行政立法制定过程中公民参与的重要性。
4. 培养学生依法行政的理念,训练学生以公民或者行政立法者的身份参与行政立法活动的能力。

二、实训素材

为了贯彻落实"以人为本"的科学发展观,体现"围绕中心,服务大局,助推发展,关注民生"的立法原则,加强职业病危害防控工作,保护劳动者的身体健康,《××市职业卫生监督管理条例》立法研究项目在参照《中华人民共和国职业病防治法》《使用有毒物品作业场所劳动保护条例》等有关法律法规后,召开启动会议,拟对此立法条例(草案)举行听证活动。

三、实训准备

(一)理论准备

1. 立法听证

立法听证会,是指由法案的起草(审查)单位主持,由代表不同利益的双方或多方参加,对立法草案的必要性、合理性等进行辩论,起草单位根据辩论结果,确定草案内容。听证一词来自英国的司法程序,最初指司法听证,后来这一制度从英国传到美国,扩大到立法和行政中。20世纪60年代,西方社会公众参与立法和行政事务的呼声越来越高,美国法律规定了立法听证制度,受到西方社会的普遍认同。目前,立法听证在国外是一种比较成熟的立法民主制度。在我国,立法法、行政法规制定程序条例、规章制度程序条例都规定了听证制度。它是加强立法民主化、科学化的一个重要措施,是我国社会主义民主立法和人民群众参加国家管理的重要形式。

2. 听证机构

行政法规制定程序条例中规定,国务院法制机构可以举行听证会。规章制度程序条例中也相应规定,起草单位或法制机构经本部门(起草单位)或者本级人民政府批准可以举行听证会。

3. 听证参加人

听证参加人包括听证主持人、听证秘书、听证代表、听证陈述人及旁听人等。

4. 听证范围

实践中,一般包括应当举行听证会和可以举行听证会的情况。对于法律法规内容涉及社会普遍关注的热点事项或者对公民、法人或其他组织的权益有较大影响,都应当举行听证会。可以举行听证会的情况,是指在这些情况下,可能需要举行听证会,也有可能通过座谈会、专家论证会的方式征求意见。

5. 听证原则

相关立法并未具体规定听证所需遵循的基本原则,一般认为立法听证会应遵循以下原则:一是不重复听证原则,二是公开原则,三是公正原则,四是客观原则。

6. 听证组织程序

组织一次听证会一般包括:听证准备阶段、听证举行阶段及听证会后的听证报告制作。

(1) 听证准备

① 作出举行会议的决定。

② 发布听证公告。关于听证公告的内容,一般规定听证时间、地点、目的等,同时应强调听证事项和与之有关的必要的背景资料,且介绍所包含的信息应当足以使公众判断听证事项是否会对其产生影响。听证公告应尽可能让最多的人知道或让尽可能多的相关人知道。

③ 确定听证陈述人。听证陈述人一般由听证机构根据相关规定予以确定。

④ 遴选听证代表。根据立法所涉及相关事项范围确定相应听证代表。

⑤ 确定听证会旁听人。

⑥ 发布听证通知。

(2) 听证会举行

① 由听证主持人宣布主持听证会的相关事宜。

② 陈述人就立法相关事项发表陈述意见。听证会举行的目的在于,听证人通过听取听证陈述人提供的信息和发表的意见看法,对听证事项有比较全面的了解。因此,听证陈述意见应当具体全面。

③ 听证代表提问。听证代表就关涉自己切身利益或关心事项发表观点或要求听证陈

述人就有关异议事项作出解答。

④ 旁听人提交书面材料。旁听人对在听证过程中所存异议内容或关心问题,在听证会结束后可以书面的形式提交听证意见书。

⑤ 听证记录。由听证秘书就听证全过程做听证记录。

(3) 听证报告制作

听证报告应当将听证陈述人提的主要事实、观点意见及其依据作出充分的、客观的报告,并就听证代表所提问题做相关回应(是否采纳意见及原因等)。听证报告应当公开。

(二) 实践准备

1. 学生分组,分别扮演陈述人、听证代表、主持人、听证秘书、旁听人,以分角色的方式进行会前准备。

2. 立法听证会流程及注意事项。

3. 按照角色分配准备听证会实施方案、听证会公告、听证会通知、听证笔录、听证报告等材料。

四、实训要点

(一) 行政立法听证会一般情况

1. 立法听证会原则

立法听证会应当遵循公平、公开、公正和便民的原则。

2. 举行立法听证会事项

《立法法》没有明确规定听证的范围,对于法律法规等规范性法律文件内容涉及社会普遍关注的热点事项或者对公民、法人或其他组织的权益有较大影响的事项都应当举行听证,如下列事项:(1)拟设定行政许可事项的;(2)拟设定行政强制措施的;(3)拟设定收费、补偿项目或者调整标准的;(4)拟对公民、法人或者其他组织设定较多义务性规范的;(5)对规章、法规草案的立法必要性或者内容有较大争议的;(6)不同利益群体之间有明显利益冲突的;(7)其他需要公开听取意见的。

3. 听证机构

听证机构负责立法听证会的具体组织工作。立法阶段不同,听证机构亦不同:部门起草阶段召开的立法听证会,起草部门为听证机构;市政府法制机构审查阶段召开的立法听证会,市政府法制机构为听证机构。

4. 立法听证会形式

立法听证会以现场会议形式公开举行,也可以通过视频、网络同步直播等形式向社会公开立法听证会情况。

5. 立法听证会人员组成

立法听证会由下列人员组成:听证主持人、听证秘书、听证代表、听证陈述人及旁听人等。

(二) 会前准备

1. 制定听证会实施方案

听证会实施方案一般包括下列内容:(1)举行立法听证会的目的和听证事项;(2)立法听证会的时间、地点;(3)参加立法听证会的人员、人数和产生方式;(4)立法听证会的具体程序;

(5)立法听证会的宣传报道、材料准备及其他事项。

2. 发布立法听证会公告

听证机构应当在举行立法听证会前,通过新闻媒体或者网站等向社会发布听证会公告,并规定一定天数的公告期限。公告一般包括下列事项:(1)立法听证会的时间、地点;(2)听证法规、规章草案的基本情况及听证事项;(3)听证代表以及旁听人员的范围、名额、比例以及报名条件、报名方式;(4)其他有关事项。

3. 确定听证代表

听证机构应当选举听证代表。在甄选听证代表时应综合考虑地区、职业、专业知识背景、表达能力、受立法影响程度等因素,合理确定听证代表的范围、名额、类别划分以及比例,并在听证公告中列明。公民、法人和其他组织可以按照听证会公告确定的类别向听证机构提出参加听证会的申请。听证机构应当在举行听证会前从报名者中确定各类别的听证代表并向社会公布。

4. 确定听证会旁听人员

听证机构根据实际情况确定立法听证会旁听人员,需要旁听的公民、法人和其他组织可以在举行立法听证会前向听证机构申请旁听。听证机构在举行立法听证会前通知旁听人员到会。旁听人员可以在立法听证会结束后就听证事项向听证机构提交书面意见。

听证机构可以根据实际需要,直接邀请下列人员旁听立法听证会:(1)与听证事项有利害关系的公民、法人和其他组织;(2)了解听证事项的专家学者;(3)市人大代表、市政协委员以及民主党派、无党派人士;(4)新闻媒体从业人员。

5. 发布立法听证会通知

听证机构公布听证代表名单后,应当在举行听证会前向听证代表送达立法听证会通知,并附规章、法规草案文本、起草说明、相关依据和背景资料等相关材料。立法听证会通知一般载明下列内容:(1)立法听证会的时间、地点;(2)听证的内容;(3)参加听证的有关要求;(4)联系方式;(5)其他需要通知的事项。

6. 听证代表平等发言

听证代表享有平等的发言权,可以就听证事项发表自己的观点和意见。但听证代表在发言时应当注意以下事项:听证代表应当在规定时间内发言,需要延长发言时间或者补充发言的,应当征得听证主持人的同意。听证代表发言不符合听证会要求或违反听证会纪律的,听证主持人可予以纠正或者制止;拒不改正的,可以责令其退出会场。

(三) 听证过程

1. 听证秘书核实听证陈述人、听证代表身份。
2. 听证主持人宣布立法听证会开始,介绍听证陈述人、听证代表,说明听证事项,宣布会议程序,告知听证代表的权利和义务及注意事项。
3. 听证陈述人按照听证主持人的要求,对听证事项作出说明。
4. 听证代表应当按照听证主持人宣布的发言顺序和发言时间,围绕听证事项,陈述各自的观点与理由。
5. 听证主持人归纳分歧点,组织听证代表围绕主要分歧点展开辩论。
6. 听证主持人对听证情况进行简要总结。
7. 听证主持人宣布立法听证会结束。

(四) 听证会结论及其效力

1. 听证记录的制作

听证记录包括听证笔录和听证代表递交的书面材料。听证秘书应当制作书面听证笔录，真实准确记录发言人的主要观点和理由。听证笔录由听证主持人、记录人和发言人签名并存档备查。听证代表递交的书面材料由听证秘书接收，并在笔录中载明。

2. 旁听人员提交书面意见

旁听人员可以在立法听证会结束后就听证事项向听证机构提交书面意见。

3. 听证报告

立法听证会结束后，听证机构应当组织听证人对听证记录等相关材料进行整理，对听证意见进行研究，形成听证报告书。听证报告书一般包括以下内容：(1)听证事项；(2)立法听证会的基本情况；(3)听证参加人发言的主要观点、依据的事实和理由；(4)听证机构的处理意见和建议。

4. 听证报告的效力

听证报告书中有关听证会争论的主要问题及其处理意见和建议，应当在规章、法规的立法公众参与情况中重点说明，作为讨论规章、法规草案时的重要参考。

五、实训过程

(一) 听证前期准备

1. 听证会角色分配

听证会设主持人1人、听证陈述人1～3人、听证代表10～20人、旁听公民若干人、听证秘书1～2人。

2. 听证会角色任务分配

听证会主持人：负责听证会整个流程的主持工作。

听证陈述人：熟悉草案，了解草案的制定背景、必要性与可行性、基本思路和预期效果评估。

听证代表：根据自己的身份提出有关此次听证会关注的内容及异议问题。

旁听公民：可以对感兴趣的问题发问。

听证秘书：负责听证会现场记录。

3. 听证材料准备

由两名同学设计听证方案、一名同学设计发布听证公告、一名同学设计发布听证通知。

(二) 听证会举行

1. 主持人宣布听证会开始

由主持人介绍此次听证会听证依据、听证内容及听证基本流程，到场参加听证会的听证陈述人、听证代表、旁听公民等。

2. 听证陈述

由听证陈述人就听证事项做系统介绍，如立法听证会需要陈述法律制定背景、必要性与可行性、基本思路和预期效果评估方面等。

3. 听证代表提问

在陈述人作完陈述后，由主持人按照听证事项所涉内容，提请听证代表提问。听证代表根据自己的身份提出有关此次听证会关注的内容及异议问题。

4. 旁听公民异议申请

旁听公民在听证会结束后,可以书面形式向听证机构提交本身所关注问题。

5. 听证记录

由听证秘书对听证过程所涉及内容做全面记录。

6. 听证会结束

由主持人根据听证会进行情况合理控制听证时间,并于听证事项进行完毕时宣布听证结束。

(三) 听证会后期事项进行

听证会结束后,由同学对此次听证会相关事项发表评论,包括听证程序及听证内容方面,并根据听证会举行情况及听证笔录记载内容,书写此次听证会听证报告。

六、实训点评

(一) 总体点评

1. 在不同的立法阶段,立法听证机构确定为不同机构的理由是什么?
2. 听证代表的甄选标准要综合考虑地域、职业、专业知识背景、受立法影响程度等因素,为什么?它的界限在哪里?
3. 主持人得告知听证代表权利义务以及注意事项的理由是什么?
4. 听证会是否可以以座谈会的形式进行?听证代表的观点是否有必要集中?听证会主持人为什么要根据陈述人、听证代表的意见归纳分歧点,组织听证代表围绕分歧点进行辩论?
5. 旁听公民的权利与听证代表权利的区别是什么?
6. 听证报告的效力如何?如何增强听证报告的效力?

(二) 作业点评

请设计《缺陷汽车产品召回管理条例实施办法》立法听证会程序,起草相关文书,并模拟听证会过程。

缺陷汽车产品召回管理条例实施办法
(征求意见稿)
第一章 总 则

第一条 根据《缺陷汽车产品召回管理条例》,制定本办法。

第二条 在中国境内生产、销售的汽车和汽车挂车(以下统称汽车产品)的召回及其监督管理,适用本办法。

第三条 汽车产品生产者(以下简称生产者)是缺陷汽车产品的召回主体。汽车产品存在缺陷的,汽车产品生产者应当依照本办法实施召回。

第四条 国家质量监督检验检疫总局(以下简称质检总局)统一负责全国缺陷汽车产品召回的监督管理工作。

第五条 质检总局根据具体工作可以委托省级产品质量监督部门和直属出入境检验检疫机构(以下统称省级质检部门),在本行政区域内按照职责分别负责境内生产和进口缺陷汽车产品召回监督管理工作。

质检总局缺陷产品召回技术机构按照质检总局的规定承担缺陷汽车产品召回的具体技术工作。

第二章 信息管理

第六条 任何单位和个人有权向产品质量监督部门和出入境检验检疫机构投诉汽车产品可能存在的缺陷等有关问题。

第七条 质检总局负责组织建立缺陷汽车产品召回信息管理系统,收集汇总、分析处理有关缺陷汽车产品信息,备案生产者信息,发布缺陷汽车产品及召回等有关信息。

质检总局负责与国务院有关部门共同建立汽车产品的生产、销售、进口、登记检验、维修、事故、消费者投诉、召回等信息的共享机制。

第八条 地方各级产品质量监督部门和各地出入境检验检疫机构发现本行政区域内缺陷汽车产品信息的,应当将信息逐级上报。

第九条 生产者应当建立健全汽车产品可追溯信息管理制度,确保能够及时确定缺陷汽车产品的召回范围并通知车主。

第十条 生产者应当保存以下汽车产品设计、制造、标识、检验等方面的信息:

(一) 汽车产品设计、制造、标识、检验的相关文件和质量控制信息;

(二) 汽车产品零部件生产者及零部件的设计、制造、检验信息;

(三) 汽车产品生产批次及技术变更信息;

(四) 其他相关信息。

生产者还应当保存车主名称、有效证件号码、通信地址、联系电话、电子邮箱、购买日期、车辆识别代码等汽车产品初次销售的车主信息。

第十一条 生产者依法备案的信息发生变化的,应当在20个工作日内向质检总局更新。

生产者还应当向质检总局备案以下信息:

(一) 与汽车产品安全相关的仲裁和诉讼信息;

(二) 汽车产品技术服务通报、公告等信息。

第十二条 销售、租赁、维修汽车产品的经营者(以下统称经营者)应当建立并保存其经营的汽车产品型号、规格、车辆识别代码、数量、流向、购买者信息、租赁、维修等信息。

第十三条 经营者、汽车产品零部件生产者应当向质检总局报告所获知的汽车产品可能存在缺陷的相关信息,并通报生产者。

第三章 缺陷调查

第十四条 生产者获知汽车产品可能存在缺陷的,应当立即组织调查分析,并将调查分析结果报告质检总局。

生产者经调查分析确认汽车产品存在缺陷的,应当立即停止生产、销售、进口缺陷汽车产品,并实施召回;生产者经调查分析认为汽车产品不存在缺陷的,应当在报送的调查分析结果中说明分析过程、方法、风险评估意见以及分析结论等。

第十五条 质检总局负责组织对缺陷汽车产品召回信息管理系统收集的信息、有关单位和个人的投诉信息以及通过其他方式获取的缺陷汽车产品相关信息进行分析,发现汽车产品可能存在缺陷的,应当立即通知生产者开展相关调查分析。

生产者应当按照质检总局通知要求,立即开展调查分析,并报告调查分析结果。

第十六条 质检总局负责组织对生产者报送的调查分析结果进行评估。

第十七条　存在下列情形之一的，质检总局应当组织开展缺陷调查：

（一）生产者未按照通知要求开展调查分析的；

（二）经评估生产者的调查分析结果不能证明汽车产品不存在缺陷的；

（三）汽车产品可能存在造成严重后果的缺陷的；

（四）其他需要组织开展缺陷调查的情形。

第十八条　质检总局和受委托的省级质检部门开展缺陷调查，可以行使以下职权：

（一）进入生产者、经营者、零部件生产者的生产经营场所进行现场调查；

（二）查阅、复制相关资料和记录，提取相关证据；

（三）向有关单位和个人了解汽车产品可能存在缺陷的情况；

（四）其他依法可以采取的措施。

第十九条　与汽车产品缺陷有关的零部件生产者应当配合缺陷调查，提供调查需要的有关资料。

第二十条　质检总局或受委托的省级质检部门开展缺陷调查的，应当对缺陷调查获得的相关信息、资料、实物、实验检测结果和相关证据等进行分析，形成缺陷调查报告。

省级质检部门应当及时将缺陷调查报告报送质检总局。

第二十一条　质检总局可以组织对汽车产品进行风险评估，必要时向社会发布风险预警信息。

第二十二条　质检总局调查认为汽车产品存在缺陷的，应当向生产者发出缺陷汽车产品召回通知书，通知生产者实施召回。

生产者认为其汽车产品不存在缺陷的，可以自收到缺陷汽车产品召回通知书之日起15个工作日内向质检总局提出书面异议，并提交相关证明材料。

生产者在15个工作日内提出异议的，质检总局应当组织与生产者无利害关系的专家对生产者提交的证明材料进行论证；必要时质检总局可以组织对汽车产品进行技术检测或者鉴定；生产者申请听证的或质检总局根据工作需要认为有必要组织听证的，可以组织听证。

第二十三条　生产者既不按照缺陷汽车产品召回通知书要求实施召回，又不在15个工作日内向质检总局提出异议的，或经组织论证、技术检测、鉴定，确认汽车产品存在缺陷的，质检总局应当责令生产者召回缺陷汽车产品。

第四章　召回实施与监督

第二十四条　生产者实施召回，应当按照质检总局的规定制定召回计划，并自确认汽车产品存在缺陷之日起5个工作日内或被责令召回之日起5个工作日内向质检总局备案；同时以有效方式通报经营者。

生产者制定召回计划，应当内容全面，客观准确，并对其真实性负责。

生产者应当按照已备案的召回计划实施召回；生产者修改已备案的召回计划，应当重新向质检总局备案，并提交说明材料。

第二十五条　经营者获知汽车产品存在缺陷的，应当立即停止销售、租赁、使用缺陷汽车产品，并协助生产者实施召回。

第二十六条　生产者应当自召回计划备案之日起5个工作日内，通过报刊、网站、广播、电视等便于公众知晓的方式发布缺陷汽车产品信息和实施召回的相关信息，30个工作日内以挂号信等有效方式，告知车主汽车产品存在的缺陷、避免损害发生的应急处置方法和生产者消除缺陷的措施等事项。

生产者应当通过热线电话、网络平台等方式接受公众咨询。

第二十七条　车主应当积极配合生产者实施召回,主动将缺陷汽车产品送往生产者告知的地点或者按照生产者要求的方式进行召回,消除缺陷。

第二十八条　质检总局应当向社会公布已经确认的缺陷汽车产品信息、生产者召回计划以及生产者实施召回的其他相关信息。

第二十九条　生产者应当保存已实施召回的汽车产品召回记录,保存期不得少于10年。

第三十条　生产者应当自召回实施之日起每3个月向质检总局提交一次召回阶段性报告。质检总局有特殊要求的,生产者应当按要求提交。

生产者应当在完成召回计划后15个工作日内,向质检总局提交召回总结报告。

第三十一条　生产者被责令召回的,应当立即停止生产、销售、进口缺陷汽车产品,并按照本办法的规定实施召回。

第三十二条　生产者完成召回计划后,仍有未召回的缺陷汽车产品的,应当继续实施召回。

第三十三条　对未消除缺陷的汽车产品,生产者和经营者不得销售或者交付使用。

第三十四条　质检总局负责对生产者召回实施情况进行监督,组织与生产者无利害关系的专家对消除缺陷的效果进行评估。

省级质检部门受委托对召回实施情况进行监督的,应当及时将有关情况报告质检总局。

质检总局通过召回实施情况监督和评估发现生产者的召回活动未能取得预期效果的,可以要求生产者采取相应补救措施。

第五章　法律责任

第三十五条　生产者违反本办法规定,有下列行为之一的,责令限期改正;逾期未改正的,处以1万元以上3万元以下罚款:

(一) 未按时更新备案信息的;

(二) 未按时提交调查分析结果的;

(三) 未按规定保存汽车产品召回记录的;

(四) 未按规定发布缺陷汽车产品信息和召回信息的;

(五) 未将召回计划通报零部件生产者的。

第三十六条　零部件生产者违反本办法规定不配合缺陷调查的,责令限期改正;逾期未改正的,处以1万元以上3万元以下罚款。

第三十七条　违反本办法规定,构成《缺陷汽车产品召回管理条例》等有关法律法规规定的违法行为的,依法予以处理。

第三十八条　违反本办法规定,构成犯罪的,依法追究刑事责任。

第三十九条　本办法规定的行政处罚由违法行为发生地具有管辖权的产品质量监督部门和出入境检验检疫机构在职权范围内依法实施;法律、行政法规另有规定的,依照法律、行政法规的规定执行。

第六章　附　则

第四十条　本办法所称汽车产品是指中华人民共和国国家标准《汽车和挂车类型的术

语和定义》规定的汽车和挂车。

本办法所称生产者是指在中国境内依法设立的生产汽车产品并以其名义颁发产品合格证的企业。

从中国境外进口汽车产品到境内销售的企业视为前款所称的生产者。

第四十一条 汽车产品出厂时未随车装备的轮胎的召回及其监督管理由质检总局另行规定。

第四十二条 本办法由质检总局负责解释。

第四十三条 本办法自××××年××月××日起施行。

学生作业：

关于举行《缺陷汽车产品召回管理条例实施办法(草案)》立法听证会的工作方案

9月10日召开的市政府第十九届四次常务会议，审议并原则通过了《缺陷汽车产品召回管理条例实施办法(草案)》[以下简称规定(草案)]。为了进一步发扬立法民主，提高立法质量，广泛听取社会各界对规定(草案)有关内容的意见和建议，使法规规定更具有科学性、合理性和可行性，保护广大人民群众的人身安全和其他合法权益，市人大法制委员会拟组织召开立法听证会，现将主要工作初步安排如下：

一、听证会主要内容

围绕常委会组成人员提出的审议意见，结合《缺陷汽车产品召回管理条例》《缺陷汽车产品召回管理条例实施办法》等有关法律、法规，结合本市实际现状和存在的问题，着重对汽车产品质量、汽车安全性、保护汽车消费者合法权益、完善汽车召回体制、细化缺陷汽车产品评价制度、弥补法律漏洞、设立监督检验机制等方面听取各方面的意见和建议。

1. 这个召回条例规定很大程度上考虑到汽车安全问题，如果实施得好一定能为社会以及公民的安全带来利益，但是安全固然重要，相信老百姓们肯定更关心汽车被召回后的自己的用车问题和赔偿问题，请问这个问题是否有规定？

2. 本草案第35条对生产者违反本办法规定，第36条对零部件生产者违反本办法规定所作出的罚款处罚过轻。两条中首先都给了非法主体限期改正的机会，不改才仅仅是处1万元至3万元以下的罚款，是否过轻了？

3. 地方是否不应该只是受委托进行检测监督，而是有一定的行政自主权？

4. 中国目前汽车召回制度缺乏完整的体系，仅有此实施办法一个，下一步我们需要如何完善汽车召回体制？

5. 在该实施办法中为什么没有涉及环保问题？

6. 汽车被召回存在安全隐患，那些被召回的汽车怎样处理？会不会只是简单改装后，又给我们使用？

7. 缺陷汽车召回在国外十分普遍，随着我国人民生活水平的提高，大家对"汽车召回"也经历了一个从了解到期待的过程。从2004年《缺陷汽车产品召回管理规定》正式实施已经10年了，从《缺陷汽车产品召回管理规定》到《缺陷汽车产品召回管理条例》及其实施办法，究竟有什么意义和必要性呢？

8. 消费者是产品的实际使用者，也是缺陷产品造成损害的直接承受者，实施办法征求意见稿中如何体现消费者在缺陷产品召回制度中的能动作用?

9. 如何更好地完善我国缺陷汽车产品召回制度,从而保护公民的权利呢?

10. 如何更好对缺陷汽车产品召回制度实施监督?

11. 缺陷汽车召回制度在我国已经发展了10年,10年来我们在召回方面的发展是非常明显的,但同时也暴露出一些问题,比如召回调查周期过长及召回效率问题,如何解决这些问题?

二、听证会参加人员

1. 听证人:市人大法制委员会组成人员(不少于3名)。[①]

2. 听证会参加人:各部门单位和社会各界人士均可报名参加,根据报名先后顺序和正反意见基本对等原则确定5名听证会参加人。

3. 听证会旁听人:听证会设立旁听席,根据报名情况,确定5名旁听人参加旁听。

4. 邀请常委会有关部门以及其他有关单位负责人参加听证会,听取意见。

5. 请有关新闻宣传单位参加听证会,进行宣传报道。

三、听证会时间、地点

1. 时间:2014年10月13日(星期一)下午1:00。

2. 地点:沈阳市LN大厦1009室。

四、筹备工作

(一)文件材料方面

1. 起草立法听证会的公告。

2. 起草立法听证制度情况介绍,汇总有关立法参考材料,起草立法听证内容说明。

3. 编印规定(草案)及其说明,汇总常委会组成人员审议意见。

4. 编印法制委员会立法听证规则、立法听证会程序和有关注意事项。

5. 起草听证会主持人主持词。

(二)会务工作方面

1. 9月13日前通过新闻媒体发布听证会公告。

2. 10月6日前确定听证会听证人、参加人、旁听人并编辑成册。

3. 10月11日前协调安排布置会场,设置会标,设置会场席次,准备音像设备。

4. 安排外地参加听证人员的食宿。

5. 与办公厅秘书处、行政接待处、宣传处等处室协调配合好相关工作。

五、会后工作

1. 10月16日前汇总听证会参加人、旁听人意见和建议。

2. 10月29日前起草完成听证报告。

3. 11月3日前根据听证报告,研究提出对规定(草案)的修改意见。

关于召开《缺陷汽车产品召回管理条例实施办法(草案)》听证会公告

为了广泛征求和听取社会各界的意见和建议,更好地实施《缺陷汽车产品召回管理条例》增强行政立法的透明度和科学性,提高立法质量,特举行《缺陷汽车产品召回管理条例

---

① 教师点评:此处设计的听证机构以及听证人与后面具体的听证机构以及听证人不符。

实施办法(草案)》立法听证会,欢迎社会各界人士、有关单位代表报名参加。现公告如下:

1. 时间:2014年10月13日(星期一)下午1:00。
2. 地点:沈阳市LN大厦1009室。
3. 听证事项:

本次听证会主要针对《缺陷汽车产品召回管理条例实施办法(草案)》中公众较为关心、实践中存在不同意见的问题进行听证。听证议题主要包括:(1)召回调查周期过长及召回效率问题;(2)汽车被召回后公民的用车问题和赔偿问题;(3)环保召回;(4)召回汽车的处理。

4. 听证程序

第一阶段:陈述人陈述。

第二阶段:听证代表提问。

第三阶段:旁听人员补充提问。

5. 听证代表的组成和产生

本次听证会安排听证代表5人,包括:中国工业汽车协会专家1名,全国人大代表1名,全国政协委员1名,新闻媒体代表1名,全国律协代表1名。[①]

6. 报名办法

从即日起接受听证参加人和旁听人报名。报名可采用电话、网络、传真或者书信等方式。报名人员在报名时应当告知作为听证参加人还是听证旁听人参加会议。申请作为听证参加人参加听证会的,应当准备书面发言材料,并在会前书面告知发言的主要论点和理由。

报名截止时间:2014年9月30日18:00。

7. 报名电话及通信地址

地址:北京市西城区平安里西大街33号 国务院法制办公室[②]

邮编:100035

电话:010-83097599 传真:010-84233796

电子邮箱:zjgg@chinalaw.gov.cn

8. 其他

听证会设立旁听席,欢迎各界人士、有关单位代表报名,作为听证旁听人参加旁听。听证旁听人遴选后产生,人数为8人左右。

国务院法制办公室[③]
2014年9月15日

关于召开《缺陷汽车产品召回管理条例实施办法(草案)》听证会通知

(一) 时间:2014年10月13日

(二) 地点:沈阳市LN大厦1009室

[①] 教师点评:在尚未发出听证公告的情况下,如何能够确定听证代表的身份?是否应当在报名参加听证会的公民中选择听证代表?

[②] 教师点评:此处与前面设计的听证机构不符。

[③] 教师点评:此处与前面设计的听证机构不符。

(三)听证的内容:面向社会各界征求立法意见,提高立法质量
(四)参加听证的有关要求
1. 当事人认为听证主持人、听证员和记录员与听证事项有利害关系可能影响公正的,有申请回避的权利,申请回避的,应当说明理由。
2. 经听证主持人同意,当事人可以就经办机构提出的理由、依据和有关材料及意见进行质证、申辩,提出维护其合法权益的事实、理由和依据。
3. 享有最后陈述的权利。
4. 遵守听证纪律。
5. 未经听证主持人允许,不得中途退场。
6. 有权审阅听证笔录、补正有误之处,在确认无误或者补正后应当当场签字或签章。
7. 被申请人有权就听证事项的事实、理由、依据和有关材料等作出陈述和说明。
8. 被申请人应当指派人员参加听证,不得放弃听证。
9. 届时请准时参加,逾期不到场且无正当理由的,视为放弃听证。

(五)联系方式
地址:北京市西城区平安里西大街33号 国务院法制办公室
信箱:北京市1750信箱
电子邮箱:zjgg@chinalaw.gov.cn
电话:010-83097599 传真:010-84233796

国务院法制办公室[①]
2014年10月13日

《缺陷汽车产品召回管理条例实施办法(草案)》听证记录

主持人:尊敬的各位听证会参加人、旁听参加人、新闻媒体的朋友们,大家下午好!《缺陷汽车产品召回管理条例实施办法(草案)》听证会现在开始。

我是本次听证会的主持人徐烨,首先我将参加本次听证会的人员构成情况向大家作以介绍:参加今天听证会的听证会参加人应到21人,实到21人。

听证人有:国务院法制办公室主任**林春艳**同志、中国工业汽车协会秘书长**高忠言**同志、国务院法制办公室副主任**商丽娟**同志;听证代表有:中国工业汽车协会专家**高自娟**同志、全国人大代表**陈鸿骁**同志、政协委员**李金格**同志、新闻媒体代表**周玥**同志、律师朋友**沈东连**同志。[②]

此外,我们还从自愿报名的市民中选取了8位市民朋友作为今天听证会的旁听人,旁听今天的听证会,他们分别是:**侯志伟、侯秀红、陈悦、赵听、张彬、李春丽、董银鹏、尹朝阳**,再次感谢各位的到来!

此外参加会议的工作人员还有:记录人**司杨杨**,资料校对人:**马麟、邢娜、傅洋**。

为保证听证会正常进行,首先由我宣读听证会的会议纪律:

---

① 教师点评:此处与前面设计的听证机构不符。
② 教师点评:未区分听证机构人员以及听证代表。同时,听证机构人员与听证方案中确定的听证人员不符。

一、全体参加人员须佩戴会务组制发的代表证入场参加会议。遵守会场纪律，服从主持人安排。

二、参会人员应提前10分钟进入会场，会议期间请关闭通信工具。

三、会场内请勿吸烟，不得随意走动，不要喧哗或进行其他妨碍听证秩序的活动。

四、参会人员发言时请先举手示意，经主持人同意后发言；发言时请讲普通话，做到观点鲜明、简明扼要、不重复，时间请控制在5分钟之内。

五、发言不得超越听证的法律、法规范围，不得进行人身攻击或诽谤。参会人员发言时有不妥当言论的，或陈述与听证事项无关的言论，或者起哄扰乱会场秩序的，听证主持人可以予以制止、责令其停止发言直到责令其退场。

会场纪律宣读完毕，接下来，我们将根据《缺陷汽车产品召回管理条例》委托中国汽车工业协会为本次起草制定实施办法提出的参考意见，依照立法听证程序听取各位听证会参加人的意见和建议，论证其必要性、可行性。

第一阶段：陈述人陈述

主持人：下面请陈述人依次发言。首先有请中国汽车工业协会秘书长高忠言介绍起草《缺陷汽车产品召回管理条例实施办法（草案）》（下简称实施办法）的背景情况。

高忠言：10年前的2004年10月1日，《缺陷汽车产品召回管理规定》正式实施，去年1月1日，四部门的规定升级为《缺陷汽车产品召回管理条例》。到今年10月1日，中国汽车召回制度实施整整10年。10年间，我国共计进行汽车召回793次，召回汽车1688.5万辆，其中，我国因受质检总局缺陷调查影响，共计召回缺陷汽车产品83次，占总召回次数793次的10.5%，召回汽车541.3万辆，占召回总数量的32.1%。

今年截至9月30日，共进行召回125次，召回汽车213.5万辆。其中，因国家质检总局缺陷调查影响召回15次，召回汽车111.5万辆，占召回数量的52.2%。

据美国运输部数据显示，2012年美国共召回逾1780万件与运输相关的产品，涉及汽车、儿童汽车座椅、轮胎及其他车辆设备。由此可见，在召回制度成熟的美国汽车社会，每年的召回规模在千万辆（件）以上。质检总局有关领导也曾经公开表示，不可否认，我国汽车召回工作与美国、日本等发达国家相比还存在较大差距，仍有部分企业未主动履行召回义务，相当多的企业从未实施过召回。

据相关数据统计，2013年我国汽车产销量双双突破2000万，居全球首位，我国已经连续5年成为全球最大的新车市场。可以预见，中国缺陷汽车产品召回在一段时间内还将呈现增长的趋势。

保证产品质量、汽车安全，这是社会责任，也是汽车企业的基本责任。汽车产业是国民经济的支柱产业，也是需对消费者负责任的产业。为增强《召回条例》的可操作性和提高实施效果，协会建议尽快出台实施办法。我们相信，一旦《召回条例实施办法》正式出台，汽车行业一定会认真执行，广大汽车企业也一定更能担当起对产品质量、汽车安全性的主体责任。汽车行业希望《召回条例实施办法》更加科学严谨，更有利于缺陷产品召回的监管和公共利益的维护，更有利于汽车行业健康可持续发展。

主持人：谢谢高忠言秘书长的说明。下面请国务院法制办公室副主任**商丽娟**介绍"实施办法"的主要内容。

商丽娟：《缺陷汽车产品召回管理条例实施办法（草案）》是根据《缺陷汽车产品召回管

理条例》制定的,《缺陷汽车产品召回管理条例》于2012年10月10日由国务院第219次常务会议通过,自2013年1月1日起正式施行。随着时间的推移及社会现实的需求,国务院法制办公室现出台《缺陷汽车产品召回管理条例实施办法(征求意见稿)》来面向社会各界公众征求意见。该意见稿共六章,分别为总则、信息管理、缺陷调查、召回实施与监督、法律责任、附则等内容,共43条。其中,第一章,从最宏观角度明确了缺陷汽车产品召回的召回主体(生产者)和主要监管主体(国家质量监督检验检疫总局)。第二章,具体规定了有关缺陷汽车产品召回工作的相关信息管理制度,明确了几方主体各自在信息管理方面的权利、义务、职责等。第三章,主要明确对缺陷汽车产品进行缺陷调查的相关实施主体、实施期限等。第四章,主要涉及缺陷汽车产品召回制度的具体实施与监督制度,这也是本实施办法的主要核心内容部分。第五章,明确了有关缺陷汽车产品召回制度的法律责任问题,尤其指明生产者和零部件生产商的具体责任形式与限额等。第六章为附则内容。《缺陷汽车产品召回管理条例实施办法(草案)》的完整稿已经先期向在座各位予以公布了,现请各位踊跃发言,发表自己的意见和建议。或者提出相关问题,我们将一一予以解答。

主持人:谢谢商丽娟主任的说明。下面请国务院法制办公室主任林春艳介绍"实施办法"的预期效果。

林春艳:在2004年的时候我国国家质量监督检验检疫总局等四部委出台了《缺陷汽车产品召回管理规定》。但由于该规定立法层级较低,实施效果不太理想。接着在2012年10月30日,《缺陷汽车产品召回管理条例》经国务院通过并颁布,共29条,于2013年1月1日施行。现在国务院法制办对《缺陷汽车产品召回管理条例实施办法》召开听证会,一定会强化、整合和优化对缺陷汽车产品的召回和管理,更好地保障人体健康和人身财产安全,会对保护汽车消费者合法权益具有更重要的意义。

主持人:谢谢林春艳主任的说明,感谢以上各位的陈述,接下来我们进入听证代表提问阶段。

第二阶段:听证代表提问

主持人:下面请各位听证代表在规定的时间内进行提问。

一、政协委员(**李金格**)提问:这个召回条例规定很大程度地考虑到汽车安全问题,如果实施得好,一定能为社会以及公民的安全带来利益。但是安全固然重要,相信老百姓们肯定更关心汽车被召回后的自己的用车问题和赔偿问题。请问这个问题是否有规定?

国务院法制办公室主任(**林春艳**)回答提问:没错,这个主要就是针对汽车安全隐患提出的规定。你所说的这个问题我们考虑过,安全并兼顾百姓利益,也是我们追求的立法目的,所以我们在召回规定之后会进一步完善善后工作,由生产者和经营者对他们作出补偿。对于具体的补偿细节,我们会在此次听证会之后进行进一步讨论。

二、人大代表**陈鸿骁**提问:作为一名人大代表,我的本职工作就是代表人民的利益,反映人民的心声。缺陷汽车危害无穷,使多少无辜的人命丧黄泉,让多少幸福的家庭支离破碎!但是很多无良的汽车生产商,钻法律的空子,逃避法律的处罚,现在我们即将出台的《缺陷汽车产品召回管理条例实施办法》无疑是规范汽车行业生产经营,保护人民生命财产的好法律!但是我看了本案后有一点建议。我认为本案第35条对生产者违反本办法规定,第36条对零部件生产者违反本办法规定所作出的罚款处罚过轻。两条中首先都给了非法主体限期改正的机会,不改才仅仅是处1万元至3万元以下的罚款,实在是过轻了。汽车安全是人命关天的事,不可掉以轻心,对于汽车生产商和零部件生产者而言,1 到 3 万无关痛痒,不足以引以为戒。我认为要小惩大诚,对汽车生产商和零部件生产者不按本案规定处理相关事宜,不积极配合缺陷产品调查的,处以缺陷汽车或缺陷零部件销售总额的 10% 的罚款。

国务院法制办公室主任(**林春艳**)回答提问:本实施条例的草案第 14 条第 1 款"生产者获知汽车产品可能存在缺陷的,应当立即组织调查分析,并将调查分析结果报告质检总局"。这条说明,生产者在生产出有缺陷的产品时,他们当时并不知道缺陷的存在,不存在"故意"这一主观的心态,不具有可罚性。当然生产者如果明知是缺陷产品而故意生产,造成人民群众人身和财产损害的我们也一定会严惩,这一点在《中华人民共和国刑法》中有所体现,本法的第 38 条"违反本办法规定,构成犯罪的,依法追究刑事责任。"也有所体现。

三、**沈东连**律师提问:关于第 15～16 条,想提出拙见:地方是否不应该只是受委托进行检测监督,而是有一定的行政自主权。汽车存在缺陷一定程度上会威胁公民的生命健康安全,所有案件都层报质检总局,效率低,且个案有不同程度的影响,分布不均匀,不宜每件都由质检总局先处理,不然效率低,案件冗乱,且资源浪费,更有可能由于效率低会造成不良影响。因此,我个人建议一定条件下,地方也应有自己的相关解决机制或机构,主动应对相关召回问题,从而提高工作效率,尽快为公民解决问题,服务到位。

中国工业汽车协会秘书长(**高忠言**)回答提问:这位律师代表的提问很有前瞻性啊。所有案件都层报质检总局确实加重了质检总局的负担,不过考虑到现在我国汽车产品召回数量不是太大,另外还有地方保护主义等问题,所以现阶段还是由质检总局负责比较合适,等到我国的汽车产品召回制度成熟了,召回案件和数量多了,可能会把一定级别的召回放权到地方。我们协会也正在协同有关部门调查研究如何进一步提高整个流程的效率问题,相信很快就会有一个比较令人满意的方案。

四、中国工业协会专家**高自娟**提问:中国目前汽车召回制度缺乏完整的体系,仅有此实施办法一个,下一步我们需要如何完善汽车召回体制?

国务院法制办副主任(**商丽娟**)回答提问:由于我国汽车行业起步晚,发展相对落后,在此实施办法的基础上,我们需要"车辆法""车辆产品质量法"等相关法律的支撑,并建立独立第三方汽车质量认证机构,以使我国缺陷汽车召回制度与国际上普遍做法看齐,完善我国缺陷汽车召回制度。

中国工业协会专家**高自娟**建议:

1. 在以后的立法进程中,逐步制定"车辆法""车辆产品质量法",与此实施办法做到相互支撑。

2. 建立独立第三方汽车产品质量认证机构,使公众对此制度更加信赖。

3. 建立完善的缺陷汽车产品信息采集制度,并加大此信息对公众的开放程度,为缺陷汽车产品召回提供可靠依据。

4. 细化缺陷汽车产品评价制度,弥补法律漏洞,防止生产者逃避法律责任。

五、新闻媒体人**周玥**提问:按照国际上汽车召回的通用定义,汽车召回范围一般指的是涉及汽车安全和环保的缺陷,但在公布的草案中,我发现此草案中的召回范围只是提到了安全,并没有提及环保问题。请问在该实施办法中为什么没有涉及环保问题?

国务院法制办公室主任(**林春艳**)回答提问:环保召回是欧美等发达国家治理汽车尾气的一项重要措施。在欧美国家,汽车厂家需保证产品正常行驶 8 万公里后,尾气排放仍能达到环保要求,否则就要进行召回。而在我国,虽然也要求汽车在出厂后的一段时间里尾气排放达标,但没有法律法规硬性规定达不到要求即将产品召回。关于环保问题我们以后会在相关法律法规中作进一步规定。

主持人:感谢各位代表的提问。

第三阶段:补充提问

主持人:现在五位听证代表都表达了自己的主要意见,下面请需要进行补充发言的<u>旁听人员继续发表意见</u>[①]。

旁听人侯志伟提问:我的问题是汽车存在安全隐患被召回,那些被召回的汽车怎样处理?会不会只是简单改装后,又给我们使用?

国务院法制办公室主任(**林春艳**)回答提问:当然不能!我们的宗旨是为人民服务,为群众办事!汽车召回主要由于安全性能方面存在问题,我们绝对不会拿人民的生命开玩笑,对待这个问题必须认真谨慎!召回的汽车会重返工厂,检查问题,解决问题!对汽车中的每个问题,都不能马虎,因为这关系人的生命,不能忽视!

旁听人侯秀红提问:缺陷汽车召回在国外十分普遍,随着我国人民生活水平的提高,大家对"汽车召回"也经历了一个从了解到期待的过程。从2004年《缺陷汽车产品召回管理规定》正式实施已经10年了,从《缺陷汽车产品召回管理规定》到《缺陷汽车产品召回管理条例》及其实施办法,究竟有什么意义和必要性呢?

国务院法制办副主任(**商丽娟**)回答提问:首先是维护公共安全和公共利益的需要,目前,我国的汽车保有量已超过2 000万辆,但前两年在全国道路交通事故死亡人数总体下降的情况下,因机械故障导致的交通事故死亡人数仍居高不下。实施办法能从制度上避免因汽车缺陷造成人身、财产损失,维护公众利益,并将已发生的损害控制在最小范围和程度内,这个制度也有利于汽车制造企业发展。

其次,实施办法是应对WTO挑战,完善我国法律制度的需要。汽车召回制度是欧美等发达国家的成熟做法。在国外,汽车召回是较为普遍的现象。要促进我国汽车制造企业提高竞争力,就必须加快制定类似这样符合世贸规则、符合国民待遇原则的相关法规。

旁听人陈悦提问:消费者是产品的实际使用者,也是缺陷产品造成损害的直接承受者,实施办法征求意见稿中如何体现消费者在缺陷产品召回制度中的能动作用?

中国工业汽车协会秘书长(**高忠言**)回答提问:召回程序的制定是召回制度实施的前提,只有完善的召回程序才能保障召回制度的实现。实施办法征求意见稿第6条规定,任何单位和个人有权向产品质量监督部门和出入境检验检疫机构投诉汽车产品可能存在的缺陷等有关问题。这就将消费者作为召回启动程序的主体作用体现出来。当然,这是完善召回制度的初步探索,更加积极有效地发挥生产者、销售者、监督管理部门和消费者主体作用需要在将来的立法工作中不断得到细化。

旁听人赵听提出问题:你好,我是宝马大中华区总裁,我想问一下你怎样看待汽车产品召回制度对中国汽车工业发展的影响?

中国工业汽车协会秘书长(**高忠言**)回答提问:相比欧美国家,我国汽车产业起步晚,企业数量多,规模小,技术落后,售后服务体系不健全。根据国家质检总局缺陷产品管理中心

---

① 教师点评:未能区分听证代表与旁听人员在听证会上的权利。旁听人员可以就听证事项在听证会后提交书面意见。

的统计,在2012年实施召回的车辆中,其中国产汽车数量占92.8%。由此可见,我国汽车产品质量亟待提高,国内汽车产业结构亟待优化升级。实施产品召回制度将会促进国内产品质量的提高,优化汽车产业结构调整。通过产品召回,经营者将增加技术和资金投入,将重心放在产品质量的改善上。经营者在实施产品召回时会使其生产成本大幅增加,而一些中小企业因为无法承受资金和技术所带来的负担而导致破产,因此汽车产业将借此通过企业破产兼并重组来重新配置资源,优化产业结构。

旁听人**张彬**提问:如何更好地完善我国缺陷汽车产品召回制度,从而保护公民的权利呢?

国务院法制办公室主任(**林春艳**)回答提问:你的这个问题问得有点广,我们本次的立法目的就是想更好地完善我国缺陷汽车产品召回制度,在这个实施办法中我们规定了生产者在发现缺陷产品时的义务,规定了经营者在发现缺陷产品时的义务,规定了质量监督管理局的监督义务,这些会增强汽车制造商的诚信法律意识,强化企业的社会责任。这些最终的目的都是更好地完善我国缺陷汽车产品召回制度,更好地保护公民权利。

旁听人**傅洋**提问:如何更好地监督缺陷汽车产品召回制度实施?

国务院法制办副主任(**商丽娟**)回答提问:首先,在汽车生产企业中设立监督检验机制,严格质检,完善产品安全标准体系,健全产品安全监管模式,同时要提升企业文化(包括团队意识、集体荣誉感、品牌感召力),在生产的每一个环节,每一个工作人员都尽心尽责,尽量减少汽车缺陷的出现,在汽车流入市场前的源头上就尽可能地减少缺陷危害的出现。

其次,加强召回制度立法,增强行政监管力度;加强各政府部门间的沟通与协调,建立信息共享机制;建立国家产品伤害监测系统,在医院收集与产品有关的人身伤亡信息,统计引发伤亡的汽车型号厂家,为缺陷汽车产品的召回提供数据信息,在确切的数据信息面前,我们相信某些不良厂家也会采取召回制度,更好地完善产品结构及性能等等。

再次,建设缺陷产品信息平台,加强产品安全科学研究,构建消费者宣传教育网络,进一步加大宣传力度,有效引导消费者对召回制度的正确认识。

旁听人**董银鹏**提问:缺陷汽车召回制度在我国已经发展了十年,十年来我们在召回方面的发展是非常明显的,但同时也暴露出一些问题,比如召回调查周期过长及召回效率问题,您认为如何解决这些问题?

中国工业汽车协会秘书长(**高忠言**)回答提问:就我国目前召回的现状来看,的确存在周期过长和召回工作的时间过长问题,广大的消费者在汽车的使用中应该注意自己使用过程中车辆性能的变化以及汽车的异样,遇到有影响和可能影响汽车使用的情况应该及时通知生产者或销售者,以便他们及时作出备案和记录,为汽车质量的调查和检测赢得时间,这样就可能在很大程度上缩短汽车召回的调查周期。另外,在召回工作的问题上,因为我国在召回汽车方面相比国外还存在一些譬如经验不足和资金支持不够等问题。汽车召回需要经过取证分析作出报告、验证等一系列需要证据和实验数据支持的过程,这就需要很大的人力和调查环境及召回方面的技术人才,我们在这方面的经验还不是很丰富,目前正着力培养这方面的人才参与到这个过程当中。另外,资金支持也是很大的一个方面,因为调查取证需要确凿的证据支持,我们必须很严谨地得出数据,我们向国家申请比较专业的实验室已经在建设当中,设备调试安装之后即可投入使用,这会极大提升我们的召回效率。

旁听人**尹朝阳**提问:本实施办法仅对质检总局以及汽车生产者在缺陷汽车产品召回程

序中的责任和义务进行了详细的规定,而对汽车经营者在其中的作用有所忽略,请问该如何进一步细化汽车经营者的责任?

国务院法制办公室主任(**林春艳**)回答提问:对于汽车经营者的义务,此实施办法是有所体现的,第25条规定:经营者获知汽车产品存在缺陷的,应当立即停止销售、租赁、使用缺陷汽车产品,并协助生产者实施召回。第12条规定:销售、租赁、维修汽车产品的经营者应当建立并保存其经营的汽车产品型号、规格、车辆识别代码、数量、流向、购买者信息、租赁、维修等信息。第33条规定:对未消除缺陷的汽车产品,生产者和经营者不得销售或者交付使用。第13条规定:经营者、汽车产品零部件生产者应当向质检总局报告所获知的汽车产品可能存在缺陷的相关信息,并通报生产者。

主持人:还有需要提问的吗?

听证会参加人员:没有了。

主持人:我们用了近两个小时的时间,在大家的共同努力下完成了今天听证会的全部议程,再次感谢各位听证会参加人、旁听人的支持,也非常感谢各位新闻媒体朋友们的支持与参与,另外还要感谢所有在场的工作人员的努力,谢谢大家。听证机关将根据听证会的实际情况,认真梳理听证代表提出的意见、建议,及时形成书面听证报告作为政府决策的有力依据。最后请各位参会人员在听证笔录上签字。我们会在听证会结束后的五个工作日内,将听证会笔录通过本部门网站向社会公开。

今天的听证会到此结束,谢谢大家。

记录人:司杨杨
2014 年 10 月 13 日

教师点评:

1. 在程序把握方面,听证会程序设计得科学、完整,对程序性规定把握的程度较好,基本掌握了立法听证会的程序和规则。

2. 在文书完成度方面,准备的文书包括听证会实施方案、听证会公告、听证会通知以及听证会会议记录,基本涵盖整个听证所需文书,但是缺少听证会报告。听证报告是整个听证会的内容总结和归纳,是立法听证会比较重要的一个文件。听证报告中有关听证会争论的主要问题及其处理意见和建议,应当在规章、法规的立法公众参与情况中重点说明,作为市政府常务会议或者全体会议讨论规章、法规草案时的重要参考。

3. 在听证会模拟程序方面,存在以下问题:

(1) 听证会人员组成基本合理,听证代表的选择体现了行业特点,既包括人大代表、政协委员,也包括中国工业汽车协会专家以及新闻媒体、律师行业代表。但是,听证代表中缺少消费者代表。

(2) 听证程序完整。主持人对整个听证程序的把握较好,具体细致地介绍了听证会的参加人,又将各类参加人的权利义务交代清楚,同时也规定了听证会的纪律要求。

(3) 听证会讨论内容不集中。模拟听证会没有归纳听证的中心问题,导致整个听证会讨论的内容分散,没有就集中讨论征求意见的中心内容。因此,导致听证代表提问也不具体、细致。

(4) 未合理区分听证代表和旁听公民的权利。听证机构根据实际情况确定立法听证会旁听人员,需要旁听的公民、法人和其他组织可以在举行立法听证会前向听证机构申请旁听。旁听人员可以在立法听证会结束后就听证事项向听证机构提交书面意见。旁听公民在听证会上的权利与听证代表不同,听证代表在听证会上具有平等发言权,而旁听公民只能在会议结束后向听证机构提交书面意见,而不能在听证会上发言。模拟听证会未能区分旁听公民和听证代表,而赋予旁听公民在会议上提问、发言的权利了。

4. 在作业准备认真程度方面,存在不认真、不细致的问题。例如,在听证方案、听证公告、听证通知中存在听证机构和报名机构不一致等情况。

七、实训拓展

(一) 拓展阅读

中国最高立法机关首次举行立法听证会[①]

具有不同行业背景、收入各异、甚至操着不同地方口音的20名公众代表27日聚集北京,在中国最高立法机关首次举行的立法听证会上就个税起征点究竟应该是多少钱发表意见。

这些从近5 000名报名者中遴选出来的代表与个税法修正案草案起草部门、财税部门的代表一道参加立法听证会。

全国人大常委会正在审议的个税法修正案草案提出,把现行的800元/月的个人收入所得税减除费用标准(起征点)提高到1 500元。参加听证会的代表们提出的标准却有天壤之别,从800元到3 000元,相差接近4倍之多。

主持听证会的全国人大法律委员会主任委员杨景宇对此解释说,听证会的本意就是让不同的观点在听证会上尽可能地得到反映。他说,在常委会审议法律案过程中举行听证会,听取社会各界的意见,这在全国人大常委会立法历史上还是第一次。

"这也是全国人大常委会坚持群众路线、充分发扬民主、增强立法工作透明度,推进民主立法的一项重大举措。"他说。

差别自然有差别的道理。提出3 000元标准的是产业工人代表宋景昌,来自河北省秦皇岛南戴河旅游度假区管委会。他说,1 500元的起征点,不能应对现阶段产业工人收入水平和实际生活的需要。3 000元标准"具有5~12年的合理稳定期"。福建省闽江学院院长杨斌则认为,现行的800元标准意味着个税征收对象范围包括城市中等收入以上家庭,排除了城市中等偏下收入家庭和一般农户。但是他建议调整税率,减轻中等收入的税赋负担。"广大纳税人均有纳税能力,符合公平原则。"公共陈述人中,有的来自上海、深圳,还有的来自内蒙古、西藏,中东西部各有代表。他们中有大学教授、律师、公务员、公司职员,还有工人、农民工。既有来自飞利浦(中国)投资有限公司的外资白领江泓,也有重庆进城务工人员吴志才。出人意料的是,江泓建议的标准是166元,而吴志才建议提高到2 000元。这位22岁的单身工人说,他每月收入1 500元,基本生活支出1 000元,"如果要养家糊口,加上赡养在农村的父母,工资肯定不够"。

是否实行全国统一的个税减除费用标准也是争论的焦点。有代表认为应该允许不同地区实行不同的个税减除费用标准,因为各地经济发展不均衡,同一标准不符合实际。但是更多的代表认为,实行统一税率是保障公平的必需条件,也有利于维护中央权威。

---

① 资料来源:新华网,2005年09月27日。

虽然代表们背景不同,他们同政府部门的代表一样,都享有8分钟的发言时间,超时者被自动报警器警报出局。主持人说,这是为了维护听证会的"公平原则"。唯一享有例外的是来自山西省太原市一家煤矿的职工郭贵林。主持人特许这位操着浓重山西口音的代表把他最关键的建议说完。他建议起征点定在2 000元,这样在井下作业的农民工可以少缴税六、七十块钱。"这六、七十块钱对他们来说就是一整袋白面。"

近年来,中国地方立法机关在立法听证方面不断探索。自2000年《立法法》颁布至2004年年底,全国已有24个省级人大常委会共对39件地方性法规草案举行过38次立法听证会,内容涵盖了市场管理、消费者权益保护、环境资源保护、城市公用设施建设、拆迁管理和见义勇为等诸多方面。

全国人大代表彭镇秋对新华社记者说,立法听证不仅有利于立法的完善,还有助于群众在这个过程中,学会运用法律手段,表达各自的利益诉求,学会在表达自己观点、主张的同时,捍卫别人说话的权利。"这是一种民主的学习,法律的学习。"

"无论是立法机关、政府部门还是平头百姓,大家在一个共有的规范化、程序化的形式载体中,学习、体验了如何表达意见、协调利益、以求公平正义的法律实现。这是立法听证会本身具有的效应和超越其自身形式的意义。"他说。

27日的听证会没有最后形成统一的观点,没有总结。大会的另一位主持人刘积斌说,代表们的发言将会形成听证报告,提交全国人大常委会,"作为立法时的重要参考和依据"。

(二) 拓展思考

1. 行政立法听证会与行政许可听证会、行政处罚听证会的联系和区别。
2. 如何提高立法听证结论的效力?

八、实训文书

(一) 听证方案

**关于举行《××市职业卫生监督管理条例(草案)》立法
听证会的工作方案**

4月22日召开的市政府第十九届四次常务会议,审议并原则通过了《××市职业卫生监督管理条例(草案)》[以下简称规定(草案)]。为了进一步发扬立法民主,提高立法质量,广泛听取社会各界对规定(草案)有关内容的意见和建议,使法规规定更具有科学性、合理性和可行性,保护广大人民群众的人身安全和其他合法权益,市人大法制委员会拟组织召开立法听证会,现将主要工作初步安排如下:

一、听证会主要内容

围绕常委会组成人员提出的审议意见,结合《中华人民共和国职业病防治法》《使用有毒物品作业场所劳动保护条例》等有关法律、法规,结合本市实际现状和存在的问题,着重对职业病监管的主体责任、监管制度和劳动者权益保障条款以及处罚规定相关内容的合理性和可行性,听取各方面的意见和建议:

1. 根据我市实际,规定(草案)对违法行为设定的罚款幅度是否合理适当?
2. 哪些违法行为应从重处罚?哪些违法行为应从轻处罚?

3. 在本规定中是否对执法人员的执法行为进行规范？如需规范,怎样设定？

二、听证参加人员

1. 听证人:市人大法制委员会组成人员(不少于3名)。

2. 听证会参加人:各部门单位和社会各界人士均可报名参加,根据报名先后顺序和正反意见基本对等原则确定5名听证会参加人。

3. 听证会旁听人:听证会设立旁听席,根据报名情况,确定5名旁听人参加旁听。

4. 邀请常委会有关部门以及其他有关单位负责人参加听证会,听取意见。

5. 请有关新闻宣传单位参加听证会,进行宣传报道。

三、听证会时间、地点

1. 时间:2013年9月26日。

2. 地点:市人大常委会主楼多功能厅。

四、筹备工作

(一) 文件材料方面

1. 起草立法听证会的公告。

2. 起草立法听证制度情况介绍,汇总有关立法参考材料,起草立法听证内容说明。

3. 编印规定(草案)及其说明,汇总常委会组成人员审议意见。

4. 编印法制委员会立法听证规则、立法听证会程序和有关注意事项。

5. 起草听证会主持人主持词。

(二) 会务工作方面

1. 8月27日前通过新闻媒体发布听证会公告。

2. 9月19日前确定听证会听证人、参加人、旁听人并编辑成册。

3. 9月24日前协调安排布置会场,设置会标,设置会场席次,准备好音像设备。

4. 安排外地参加听证人员的食宿。

5. 与办公厅秘书处、行政接待处、宣传处等处室协调配合好相关工作。

五、会后工作

1. 9月29日前汇总听证会参加人、旁听人意见和建议。

2. 10月12日前起草完成听证报告。

3. 10月16日前根据听证报告,研究提出对规定(草案)的修改意见。

(二) 听证公告

关于召开《××市职业卫生监督管理条例(草案)》听证会的公告

为了广泛征求和听取社会各界的意见和建议,增强行政立法的透明度和科学性,提高立法质量,加强我市职业卫生的安全。××市政府法制办公室将举行《××市职业卫生监督管理条例(草案)》立法听证会,欢迎社会各界人士、有关单位代表报名参加。现公告如下:

1. 时间:2013年9月26日(星期四)上午8:10。

2. 地点：××××××。

3. 听证事项：

(1) 关于本法的适用范围及对象。

(2) 关于职业病危害的预防和控制的方法。

(3) 对于劳动者健康安全的保障措施。

(4) 对于危害劳动者安全的行业、地区的监督检查和惩罚。

4. 参加人

(1) 听证代表：对听证事项有明确意见和建议的人士均可报名，听证会组织者依据代表不同观点的各方都有适当名额的原则，在申请报名的人员中遴选产生。听证会组织者也可邀请部分有代表性的听证参加人。听证参加人为5人。

(2) 旁听公民：听证会设立旁听席，欢迎各界人士、有关单位代表报名，作为听证旁听人参加旁听。听证旁听人依据报名先后顺序确定，人数为5人左右。

5. 报名办法

从即日起接受听证参加人和旁听人报名。报名可采用电话、网络、传真或者书信等方式。报名人员在报名时应当告知作为听证参加人还是听证旁听人参加会议。申请作为听证参加人参加听证会的，应当准备书面发言材料，并在会前书面告知发言的主要论点和理由。

报名截止时间：2013年9月25日18:00。

6. 报名电话及通信地址

地址：××市政府法制办公室法规处；

邮编：××××××；

电话：×××××××；(传真)：×××××××；

电子邮箱：××××××。

××市人民政府法制办公室
2013年9月5日

九、实训法规

1.《中华人民共和国立法法》

2.《行政法规制定程序条例》

3.《规章制定程序条例》

4.《法规规章备案条例》

（请扫描二维码或访问 http://2d.hep.cn/1353451/1）

第三章 行政许可实训

一、实训目标

1. 理解行政许可设定原则、事项及范围,明确实施主体及对象,了解具体行政行为与抽象行政行为的区别。
2. 全面掌握依申请的行政许可的设立程序。
3. 加深对行政法理论知识理解和运用的同时,培养具体行政行为应用思维能力。

二、实训素材

随着经济快速发展,第三产业餐饮服务越来越普遍,但消费者受欺骗的状况时有发生,为关注自我健康,关心市场安全,重视行业规范,本次以××市C区品味居家常菜馆申请餐饮服务许可证为素材,实训行政许可流程。

三、实训准备

(一) 理论准备

1. 行政许可的基本原则

(1) 许可法定原则

许可法定原则是合法性原则在行政许可法中的具体体现。主要包含两种意思:一是设定行政许可,应当依照法定的权限、范围和程序,即应当严格依照行政许可法规定的权限范围、设定行政许可的范围、条件以及程序设定行政许可。二是实施行政许可,应当依照法定的权限、条件和程序。

(2) 公开、公平、公正原则

公开原则首先要求设定行政许可的规范性文件必须公布,未经公布的,不得作为行政许可的依据。其次,行政许可的实施过程和结果应当公开,公众有权查阅(涉及国家秘密、商业秘密和个人隐私的情况除外)。

公平、公正原则要求行政机关平等对待申请人,符合法定条件、标准的,申请人有依法取得行政许可的平等权利,行政机关不得歧视。有数量限制的行政许可,两个或者两个以上申请人的申请均符合法定条件、标准的,行政机关应当根据受理行政许可申请的先后顺序作出准予行政许可的决定。但是,法律、行政法规对优先顺序另有规定的,依照其规定。

(3) 便民原则

便民,就是公民、法人和其他组织在行政许可过程中能够廉价、便捷、快速地申请并获得行政许可。它要求行政机关实施行政许可,应当做到:第一,能够统一、综合办理的,简化程序、手续;第二,行政机关为申请人提供方便,如一次补正制度,当场发证的,应及时、当场发证;第三,符合条件的,应及时受理、审核,不拖延;第四,严格办证时限;第五,提供优质服务。

(4) 救济原则

救济是指当事人受到行政许可的损害时,请求国家机关予以补救的制度。《中华人民共和国行政许可法》(以下简称《行政许可法》)规定了广泛的权利救济方式,如第7条规定公民、法人或者其他组织对行政机关实施行政许可,享有陈述权、申辩权;有权依法申请行政复议或者提起行政诉讼;其合法权益因行政机关违法实施行政许可受到损害的,有权依法要求赔偿。

(5) 信赖保护原则

信赖保护原则是指行政相对人对行政权力的正当合理信赖,应当予以保护。《行政许可法》规定,公民、法人或者其他组织依法取得的行政许可受法律保护,行政机关不得擅自改变已经生效的行政许可。行政许可所依据的法律、法规、规章修改或者废止,或者准予行政许可所依据的客观情况发生重大变化的,为了公共利益的需要,行政机关可以依法变更或者撤回已经生效的行政许可。由此给公民、法人或者其他组织造成财产损失的,行政机关应当依法给予补偿。

(6) 限制转让原则

《行政许可法》明确规定,依法取得的行政许可,除法律、法规规定依照法定条件和程序可以转让的外,不得转让。此原则表明,一般情况下,行政许可不得转让他人,但在某些特定条件下,可以按照法律法规的规定进行转让。

(7) 监督检查制度

县级以上人民政府应当建立健全对行政机关实施行政许可的监督制度,加强行政机关行政许可的监督检查。行政机关应当对公民、法人或其他组织从事行政许可事项的活动实施有效监督。

2. 行政许可的设定

(1) 行政许可的设定事项

《行政许可法》第12条、第13条从可以设定和可以不设定两个方面对设定事项进行了规定:

可以设定行政许可的事项,共分六大类。第一类,普通许可事项:直接涉及国家安全、公共安全、经济宏观调控、生态环境以及直接关系人身健康、生命财产安全等特定活动,需要按照法定条件予以批准的事项。第二类,特许事项:有限自然资源的开发利用,公共资源的配置以及直接关系公共利益的特定行业的市场准入等,需要赋予特定权利的事项。第三类,认可事项:提供公众服务并且直接关系公共利益的职业、行业,需要确定具备特殊信誉、特殊条件或者特殊技能等资格、资质的事项。第四类,核准事项:直接关系公共安全、人身健康、生命财产安全的重要设备、设施、产品、物品,需要按照技术标准、技术规范,通过检验、检测、检疫等方式进行审定的事项。第五类,登记事项:企业或者其他组织的设立等,需要确定主体资格的事项。第六类,其他事项:法律、行政法规规定可以设定行政许可的其他事项。

通过下列方式能够予以规范的,可以不设行政许可:公民、法人或者其他组织能够自主决定的;市场竞争机制能够有效调节的;行业组织或者中介机构能够自律管理的;行政机关采用事后监督等其他行政管理方式能够解决的。

(2) 设定行政许可的主体

由于行政许可的设定带有明显的立法属性,有权设定行政许可的主体一般也具有一定的立法职能。根据《行政许可法》的规定,在我国,有权设定行政许可的主体和相应的法律形式为:

全国人大及其常委会通过制定法律的形式,来设定行政许可。

国务院一般通过制定行政法规的形式来设定行政许可。在必要时国务院还通过发布决定的方式设定行政许可,此许可为临时许可,应当及时变为法律、行政法规的形式。

地方人大及常委会通过制定地方法规来设定行政许可。这些地方人大及常委会包括:省级地方人大及常委会、省政府所在地市的人大及常委会、经济特区人大及常委会和国务院规定的较大市的人大及常委会。

省级人民政府可以通过制定政府规章来设定行政许可。需要注意的是政府规章只能设定临时性的行政许可,一年后该临时许可需要继续执行的,应上升为地方法规。

3. 行政许可的实施主体

行政相对人想获得相应的权利和资格,就必须向相应行政主体进行申请。行政许可的实施主体主要有三种:

(1) 法定的行政机关

行政许可一般由具有行政许可权的行政机关在其法定职权范围内实施。

(2) 被授权的具有管理公共事务职能的组织

法律、法规授权的具有管理公共事务职能的组织,在法定授权范围内,以自己的名义实施行政许可。

被授权实施行政许可的具有管理公共事务职能的组织应当具备下列条件:第一,该组织必须是依法成立的;第二,被授权实施的行政许可事项应当与该组织管理公共事务的职能相关联;第三,该组织应当具有熟悉与被授权实施的行政许可有关的法律、法规和专业的正式工作人员;第四,该组织应当具备被授权实施的行政许可所必需的技术、装备条件等;第五,该组织能对实施被授权实施的行政许可引起的法律后果独立地承担责任。

(3) 被委托的行政机关

行政机关在其法定职权范围内,依照法律、法规、规章的规定,可以委托其他行政机关实施行政许可。受委托行政机关在委托范围内,以委托行政机关的名义实施行政许可。

委托实施行政许可必须遵循以下规则:委托主体只能在其法定职权范围内委托实施行政许可;委托实施行政许可的依据是法律、法规和规章;委托机关应当对被委托实施行政许可的行为负责监督,并对被委托机关的行政许可行为的后果承担法律责任;被委托实施行政许可的行政机关不得将行政许可实施再转委托给其他组织或者个人;委托行政机关应当将被委托行政机关和被委托实施行政许可的内容予以公告。

(二) 实践准备

1. 将学生分为两组,一组代表申请人,另一组代表行政许可部门,按照部门分工,划分工作职责,做好准备工作。

2. 熟悉《行政许可法》《最高人民法院关于审理行政许可案件若干问题的规定》等相关

法律及司法解释的规定。

3. 掌握依申请的行政许可的一般程序。

4. 按照角色制作相关法律文书。

四、实训要点

行政许可行为是一种依申请的行政行为。行政许可是由行政相对人向行政机关申请,并由行政机关进行审查、决定的具体行政行为。因此,行政许可分为以下四个程序。

(一)申请

行政许可的申请一般是以书面形式提出。为了方便申请人,可以以信函、电报、电传、传真、电子数据交换和电子邮件提出,也可以由申请人委托代理人提出。在行政许可申请中申请人应当如实反映有关情况,按照法律法规的规定提供有关资料。同时,行政机关应当公开行政许可规定,提供申请书格式文本,答复申请人的疑问。行政机关不得要求申请人提交与申请的行政许可事项无关的材料。

(二)受理

行政机关经对公民、法人或者其他组织提出的申请进行形式审查,审查内容包括申请事项是否属本行政机关管辖范围;是否属于依法需要取得行政许可的事项;是否按规定提交了申请材料;申请材料是否符合规定的格式。根据不同情况,按《行政许可法》第32条分别作出处理:

1. 申请事项依法不需要取得行政许可的,应当即时告知申请人不受理。

2. 申请事项依法不属于本行政机关职权范围的,应当即时作出不予受理的决定,并告知申请人向有关行政机关申请。

3. 申请材料存在可以当场更正的错误的,应当允许申请人当场更正。

4. 申请材料不齐全或者不符合法定形式的,应当当场或者在5日内一次告知申请人需要补正的全部内容,逾期不告知的,自收到申请材料之日起即为受理。

5. 申请事项属于本行政机关职权范围,申请材料齐全、符合法定形式,或者申请人按照本行政机关的要求提交全部补正申请材料的,应当受理行政许可申请。

行政机关受理或者不予受理行政许可申请,应当出具加盖本行政机关专用印章和注明日期的书面凭证。

(三)审查

行政机关应当对申请人提交的申请材料进行审查。行政机关根据法定条件和程序,需要对申请材料的实质内容进行核实的,行政机关应当指派两名以上工作人员进行核查。

依法应当先经下级行政机关审查后报上级行政机关决定的行政许可,下级行政机关应当在法定期限内将初步审查意见和全部申请材料直接报送上级行政机关。上级行政机关不得要求申请人重复提供申请材料。

行政机关对行政许可申请进行审查时,发现行政许可事项直接关系他人重大利益的,应当告知该利害关系人。申请人、利害关系人有权进行陈述和申辩。行政机关应当听取申请人、利害关系人的意见。

(四)决定

行政机关受理行政许可申请并进行审查后,应当在法定期限、按照规定程序作出行政许可决定。作出准予行政许可需要颁发有关行政许可证件的,行政机关应当在法定期限内颁发、送达。行政机关作出的准予行政许可决定,应当予以公开,公众有查阅权。行政机关作出不予行政许可的决定应当说明理由、告知救济权。不予行政许可必须作出书面决定,说明理由并告知申请人享有申请行政复议、提起行政诉讼的权利。

五、实训过程

(一) 申请人填写申请表

根据《行政许可法》规定,依申请的行政许可,需要当事人依申请事项不同填写相关申请材料并上交相关行政部门。

××市C区品味居家常菜馆法定代表人(负责人或者业主)按规定填写餐饮服务申请书。(具体格式如下)

餐饮服务许可证申请书

申请单位 _____

申请日期 _____

××市食品药品监督管理局

申请单位		经济性质	
法人代表		单位负责人	
单位地址		单位电话	
建筑面积		邮编	
职工人数		体检人数	
联系人及电话		原许可证号	
申请许可项目:			

申请人保证书
本申请人保证:本申请表中所申报的内容和所附资料均真实、合法,如有不实之处,我单位愿负相应的法律责任,并承担由此造成的一切后果。   　　　　法定代表人(签字):　　　　　　　　　　　　　　申请人(盖章)   　　　　　　年　月　日　　　　　　　　　　　　　　　　　年　月　日

申请材料:
- □1. 企业名称预先核准通知书复印件或营业执照复印件;
- □2. 法定代表人或者负责人资格证明(董事会决议、章程或任命文件、身份证复印件);
- □3. 地形图(或地理位置图)、总平面图;
- □4. 经营场所、场地平面布局图、工艺流程图、设备布置图;
- □5. 经营人员健康体检合格证明;
- □6. 食品安全管理组织、机构资料及工作制度;
- □7. 国家法定检验机构出具的餐饮具消毒效果检测报告及检测项目的资质证明;
- □8. 房屋产权证明或房屋租赁协议;
- □9. 委托申报的,应提供授权委托书;
- □10. 其他资料。

受理日期 　　年　月　日 受理人员:	经办人审查意见 □批准 □不予批准 审批许可项目: 审查人员: 　　　　　　年　月　日

复核意见： 　　　　　　　　　　负责人签字：
审批意见： 　　　　　　　　　　主管局长签字：　　　　　　　　年　月　日
发证日期：　　年　月　日 许可证编号：×餐证字　　　　第　　　号

(二) 行政许可部门审查和立案

××市食品药品监督管理局C区分局接收××市C区品味居家常菜馆餐饮服务申请书后，进行形式审查，并填写接收凭证，符合申请条件的应送达行政许可受理通知书(具体格式如下)。

行政许可受理通知书

　　　　　　　　　　　　　　　　　　　　　　　　_____许受字[ ]第　号

申请人：_____

　　经审查，你(单位)提交的许可申请材料基本符合受理要求，决定予以受理。本机关将按照有关法律法规、规章和标准、规范，对提交的材料和经营场所进行审查、核实。

　　对于本次申请未提供的或不符合法定形式的以下材料：

　　应在相关审核验收前提供，否则将作为不予批准之理由。

　　请你(单位)于___年___月___日之后10日之内，持本通知书到本行政审批服务中心领取相关审查决定。

申请人签字：　　　　　　　　　　　　　　　　　　　　　　受理人签字：

　　　　　　　　　　　　　　　　　　　　　　　　　　　　　　　(盖章)
　　　　　　　　　　　　　　　　　　　　　　　　　　　　　年　月　日

(三) 行政许可部门调查和颁发许可证

××市食品药品监督管理局C区分局分配工作人员到××市C区品味居家常菜馆进行现场核查,并制作现场核查笔录(具体格式如下),经当事人核对无误签字;核查后符合申请条件的,在规定工作日内制作餐饮服务许可证(具体格式如下)。

行政许可审查记录

编号:

申 请 人:_____
审查地点:_____
审查时间:_____
审查记录:经对你单位提交的许可申请材料和现场审查情况如下:

申请人签字:_____　　　　　　　　　　审查人员签字:_____
　　　　年　月　日　　　　　　　　　　　　　　　　　年　月　日

行政许可决定书

_____许准字 [   ] 第   号

申请人:_____

申请人地址:_____

审核意见:经对许可申请提交材料审查和现场审查(《行政许可审查记录》编号:_____),对你(单位)提出的许可申请事项,我机关决定予以批准。

准予许可项目:

告 知 事 项

  1. 许可延续:如需延续许可有效期,应在许可证有效期届满30日前提出延续申请。

  2. 变更:经营者在许可有效期满前要求变更许可内容的,需提出变更申请。对符合法定条件和要求的,行政部门应当依法予以变更,但对准予许可时的经营场所、工艺、布局、流程、设备等条件不得擅自更改,如发生上述条件变更或改变许可项目,应重新报批许可手续。

  3. 收回或吊销:被许可人取得行政许可后,应当严格按照许可的条件和要求从事相应的活动。不符合申请许可时的条件和要求的,应当责令改正;逾期不改正的,应当依法收回或者吊销行政许可。

  4. 撤销:被许可人以欺骗、贿赂等不正当手段取得行政许可的,以及法律、法规、规章规定可以撤销行政许可的其他情形。违反前款规定被撤销行政许可的,申请人在三年内不得再次申请该行政许可。

  5. 注销:许可有效期届满未延续的,以及法律、法规、规章规定的应当注销许可的其他情形。

(盖章)

年   月   日

(四) 送达

制作好餐饮服务许可证后送达当事人,当事人应在送达回执(具体格式如下)上签字。

<table>
<tr><td colspan="2" align="center">送 达 回 执</td></tr>
<tr><td colspan="2" align="right">_____送字 [ ] 第　号</td></tr>
<tr><td colspan="2">申请人：_____
送达文件：_____
_____
_____

</td></tr>
<tr><td>送达方式：_____
受送达人签字：_____</td><td>送达时间：___年__月__日
送达人签字：_____</td></tr>
<tr><td colspan="2" align="right">

（盖章）
年　月　日</td></tr>
</table>

六、实训点评

在实训过程中需要注意以下问题：

1. 申请人在提交《餐饮服务许可证申请书》时，要同时提交申请附件材料。

2. 由两名以上行政工作人员进行现场审查，在现场检查时须出示证件，根据《餐饮服务许可证审查规范》对现场进行有针对性的检查，客观填写《行政许可审查记录》，经申请人核对无误后签字。

3. 行政人员得根据申请人提交的申请材料以及《行政许可审查记录》对申请进行审核，作出是否许可的决定。如决定许可，制作《行政许可决定书》；如决定不许可，制作《不予许可决定书》，告知不予许可的理由以及救济途径。

4. 相关法律文书须进行送达。

七、实训拓展

1. 行政许可行为的特点。
2. 行政许可听证的范围和程序。
3. 行政许可的监督检查措施。

八、实训文书

1. 行政许可委托书
2. 行政许可申请书
3. 行政许可申请材料清单
4. 行政许可申请材料补正告知书
5. 行政许可受理(不予受理)审批表
6. 行政许可受理(不予受理)凭证
7. 行政许可陈述、申辩告知书
8. 行政许可延长期限审批表
9. 行政许可延长期限通知书
10. 行政许可听证公告
11. 行政许可听证告知书
12. 行政许可听证通知书
13. 行政许可听证会笔录
14. 准予(不准予)行政许可决定审批表
15. 准予行政许可决定书
16. 不准予行政许可决定书
17. 行政许可准予(不准予)延续审批表
18. 行政许可延续决定书
19. 行政许可不准予延续决定书
20. 行政许可准予(不准予)变更审批表
21. 行政许可变更决定书(用于当事人申请变更情形)
22. 行政许可变更决定书(用于行政许可机关职权变更情形)
23. 行政许可不准予变更决定书
24. 行政许可证件送达(领取)登记表
25. 行政许可撤回审批表
26. 行政许可撤回决定书
27. 行政许可撤销审批表
28. 行政许可撤销决定书
29. 行政许可注销审批表
30. 行政许可注销决定书
31. 行政许可办结报告

(请扫描二维码或访问
http://2d.hep.cn/1353451/2)

九、实训法规

《中华人民共和国行政许可法》

(请扫描二维码或访问
http://2d.hep.cn/1353451/3)

第四章　行政处罚实训

第一节　行政调查

一、实训目标

1. 通过模拟训练行政处罚案件的调查取证过程，使学生了解行政处罚案件行政调查的主要注意事项，掌握行政调查的适用范围、具体流程、主要方法、基本要求、工作策略与技巧。

2. 训练相关文书的写作，如行政处罚询问笔录、现场检查笔录、扣押物品清单等，通过训练能够独立完成相关调查工作需要的文书。

3. 培养学生行政工作的基本素养，并体会依法行政、保护相对人合法权益等重点事项，使学生对行政机关的行政调查取证工作有较为全面、深入的认识。

二、实训素材

2010年4月20日，有人举报在沈阳市××路×号×小区1号楼3-6-2室有人制造、销售冒牌化妆品。经××区工商局查证，蒋某从2009年3月开始租住此屋，在未经"薇姿""尚朵"商标注册人许可情况下，从广州和河北购进原料和包装物，擅自加工"薇姿""尚朵"牌脱毛膏、防晒霜，并通过上网的方式联系客户对外销售。截至被查获时，非法营业额6 012元，未获利。××区工商局依据《商标法》《行政处罚法》的规定，责令当事人停止违法行为，并作出如下处罚决定：没收专门用于制造侵权商品的打印机1台，手动膏液灌装机1台，塑料膜封口机2台；对侵犯他人注册商标专用权行为罚款4 000元。

三、实训准备

（一）理论准备

1. 行政调查的含义及特征

行政调查指行政主体作出各种决定前，所为各种形式之资料、情报搜集、整理活动。广义之行政调查，可谓在各种行政决定前阶段之行政程序中皆存在，狭义的行政调查指在行政处分及行政制裁前所为的构成要件事实调查。我们在这里采取狭义行政调查含义。在行政处罚案件中，查明违法案件事实，是正确处理行政违法案件的基础。各行政机关在行使其行政管理职权过程中，必须经过广泛收集调取能够反映行政相对人违法事实真实经过的证据，并对各种证据进行科学分析和综合判断，才能对案件违法事实作出符合客观实际的结论。

因此行政调查是行政机关的重要工作手段,也是行政处罚决定做出的前提和基础,在行政执法过程中处于核心地位。它具有以下特征:

(1) 行政调查的主体是行政机关。行政调查是指行政主体为了实现行政目的,依职权对行政相对人进行的信息收集活动,是行政机关不可或缺的一项权能,广泛运用于行政机关的各种管理活动中。行政调查是法律赋予行政机关的重要职权,行使调查的主体是行政机关。

(2) 行政调查取证工作是依法进行的一项专门工作。不仅要求有实体法的授权,而且还必须按照程序法的规范,依法收集证据。

(3) 行政调查的方式只能采取法律法规授予的措施,具体的措施包括询问、现场检查、抽样、鉴定、检阅、复制、收集、提取和扣押、封存等。不同的行政机关依据不同的法律法规,会有不同的行政调查措施,例如公安机关在治安管理处罚案件的调查过程中可以采取传唤、强制传唤的措施。但是无论何种措施的实施,都必须符合法定授权、依据法定程序,不得采取任何逼供、诱供的方法获取证据。

(4) 行政调查的内容是法定的。行政调查的任务是收集调取证据,而证据的种类则在《行政诉讼法》中有明确具体的规定。即证据有书证,物证,视听资料,证人证言,当事人的陈述,鉴定意见,勘验笔录、现场笔录。同时,不同的国家行政机关对本机关证据的规定依照其工作特点也有补充规定,如《工商行政管理机关行政处罚程序规定》(国家工商行政管理总局令 28 号)规定计算机数据可以作为证据使用。任何行政机关在实施行政处罚行为前,案件调查过程中,只能依法收集调取证据,对收集到的没有法律法规依据的证据种类不能作为行政处罚的定案依据。

2. 行政调查的原则及调查范围

(1) 行政调查必须遵循全面、客观、公正、及时的原则。调查行政处罚案件必须收集能反映案件事实的一切证据材料,既要收集违法行为构成要件证据、又要收集影响案件处罚幅度的证据;既要收集行政相对人违法的证据,又要收集当事人无违法行为的证据。客观原则是指一定要从案件的实际情况出发,尊重客观事实,真实的收集、保存、记录各种证据。公正的收集证据指既要收集对当事人不利的证据,也要收集对当事人有利的证据。及时取证是行政效率原则的要求,及时取证才能避免证据的丢失,才能及时作出处罚,也是依法行政、合理行政的必然要求。

(2) 行政调查依调查对象的物理属性一般分为对人的调查、对物的调查和对场所的调查。对人的调查,主要涉及对公民、法人或其他组织的身份、资格等相关信息的收集。对物的调查主要是对物的种类、数量、形状、样貌、品质等物理属性的调查,往往需要对物的扣押、鉴定、检验等。如《中华人民共和国食品安全法》(以下简称《食品安全法》)第 87 条规定,县级以上人民政府食品药品监督管理部门应当对食品进行定期或者不定期的抽样检验,并依据有关规定公布检验结果,不得免检。通常说的调查包括居住场所、生产场所、营业场所等。这种调查非常普遍地适用于各个行政处罚领域。如《中华人民共和国环境保护法》(以下简称《环境保护法》)第 24 条规定,县级以上人民政府环境保护主管部门及其委托的环境监察机构和其他负有环境保护监督管理职责的部门,有权对排放污染物的企业事业单位和其他生产经营者进行现场检查。

3. 行政调查的框架范围及工作标准

对于行政处罚案件来说,案发时间大多在违法行为实施之后。行政调查的主要范围也是围绕违法行为构成要件的事实及从轻、减轻、不予处罚的事实调查取证,运用收集到的各种证据对已发生的违法事实进行"复原"。

依照我国现有法律规定违法行为主要包括违法主体要件、违法客体要件、违法主观方面要件和违法客观方面要件等四个构成要件,因此行政处罚的调查行为也主要针对这四要件进行,这也是行政调查工作的主要方向和框架范围。具体地说主要围绕下面几个问题:

(1) 何人——违法主体是谁(确定行为人是否具备行政责任能力)。针对法人及其他组织要调查是否依法成立、是否具备法人资格、属性,名称、住所、经营(办公场所)、法定代表人或负责人、经营范围、职能范围、组织形式等等。针对自然人要调查身份证编号、姓名、年龄、性别、民族、文化程度、住所或现住址,是否是个体工商户及其注册时间、地点、执照注册号、经营范围、经营地址等。

(2) 何时——违法行为发生时间,违法行为是否在追究时效内。

(3) 何地——违法行为发生地,明确管辖。

(4) 何事——行为指向的对象。这是判定违法性质和管辖的重要依据。因为行为指向的对象不同,触犯的法律规范也不同,管辖的机关也不同。

(5) 何目的——违法动机是什么,预期目标是什么,这可能会影响处罚的定性及幅度。

(6) 何手段——违法行为人采用的作案技巧和方法,这是判定违法行为情节轻重的重要依据。

(7) 何后果——违法行为对社会、他人造成什么样的危害后果,是否有主动消除或减轻违法行为危害后果的行为等。

行政处罚案件的行政调查工作必须达到两个工作标准,一是涉案的违法事实必须查清,即上文所说的何人、何时、何地、何事、何目的、何手段、何后果必须查证清楚,这是调查工作的最基本要求。二是所调查的证据材料必须确实、充分。收集调查的证据要真实,证据之间必须相互印证、相互关联、形成证据体系。

4. 行政调查的程序

行政调查从总体上讲没有什么捷径可走,只是在调查的具体活动中要掌握一些技巧,同时须履行法定程序。一般的调查程序为:

(1) 取得依法调查权。行政调查前,应事先取得有权机关签发的行政调查令,或经过有权机关的批准,即行政调查必须依法进行。

(2) 事先通知。在行政调查作出之前,行政调查主体(包括行政机关或其工作人员或得到行政授权、委托的个人与组织)一般应当事先依照法定途径、方式(发布、公布、口头通知或送达等)让相关行政相对人了解即将进行的行政调查之某些事项的程序步骤。

除特殊行政调查外,一般行政调查的事先通知表现为:①在命令当事人到场陈述或提供文书、物品等资料之前,应以书面或口头形式通知当事人,以便让当事人有一个准备时间。②行政主体在进行实地检查、勘验等之前,除非情况紧急或事先通知将会影响检查、勘验等目的之外,应通知当事人。

(3) 表明身份。行政调查主体在进行调查时,应主动向对方当事人出示有效的身份证明(包括出示工作证件、授权证书或佩戴公务标志等),以证明其所具有的进行行政调查的主体资格和行为资格。

(4) 收集信息。行政调查主体通过要求当事人陈述、进行统计、检查、现场勘察、鉴定等方法来了解事实情况、提取证据资料等。收集信息是行政调查之目的所在,也可以说是行政调查的核心。收集信息过程中要做好调查笔录、调查过程中的抽样、检验、扣押物证等应向被调查人出具相应文书。

(5) 事后告知。行政调查主体在行政调查完结之时,必须将某些权利告知行政相对人的一个程序步骤。这些权利主要包括:①行政相对人对于行政调查的陈述权;②行政相对人对不利于自己调查的申辩权;③行政相对人对于违法或不合理行政调查的申诉权及其他可获之救济权利。

(二) 实践准备

1. 按照学生人数的多少,将学生分成若干小组,并确定扮演的不同角色。
2. 组织学生按组进行行政调查的模拟。
3. 学生结合案例了解不同类型行政调查的注意事项。
4. 查阅《行政处罚法》《行政处罚法实施条例》《最高人民法院关于行政诉讼证据若干问题的规定》及实训素材中涉及的各行政机关本部门相关的法律、法规和规章。

四、实训要点

1. 针对行政处罚的简易程序和普通程序,行政调查的方式不同,要区分对待。
2. 符合行政处罚简易程序的案件,适用当场调查程序。具体程序是:

(1) 执法人员注意着装,表明身份,出示证件。

(2) 当场调查违法事实,作出调查笔录,收集必要的证据。

(3) 当场作处罚决定之前,应当告知当事人拟作出行政处罚的事实、理由、依据以及依法享有的权利。

(4) 制作《当场处罚决定书》。

(5) 必须报所属行政机关备案。

3. 符合行政处罚一般程序的案件,需要注意的调查流程是:

(1) 行政调查一般是在办案部门领导的主持下,由办案人员和相关人员共同分析、谋划、商讨来制定调查计划。

(2) 详细分析案情,明确调查任务,确定调查方向和方法,做好调查人员的编组、办案工具的配备,针对当事人的反调查能力,调查人员编组要得力。

(3) 要分析调查取证时的不利因素和环境,提出克服障碍的办法,做好应急预案,防止意外情况发生。

(4) 针对不同的调查方法,要掌握不同的取证策略。

采用现场检查的方式时,应注意:①执法人员出示执法证,说明来意。②向在现场的当事人及员工,特别是当事人的核心人员宣传法律法规,争取现场检查中的配合。③当事人拒不当场接受调查时,应当有第三人在场。④发现与违法活动相关的货物,或发现与违法行为相关的业务函电、账册、电子信息等资料时,立即依法采取控制措施。⑤制作完整的现场检查笔录,有条件的还应拍照或录像。

采用询问的方式时,应注意:①询问人必须是行政管理机关指定的办案人员,要求两人以上。②询问应个别进行,并制作询问笔录。③充分保障被询问人的合法权益。落实告知、核对、确认三项权利。

五、实训过程

1. 与学生分析实训素材中的基本案情。
2. 分组讨论,明确上述案例中需要行政机关调查取证的内容,可以采取的调查方式,并由学生代表发言予以确认。
3. 以上述讨论确认问题为中心,各组准备相关人员配备、调查计划提纲并做相应准备。
4. 通过小组演练,由不同学生扮演不同角色,模拟完成上述案件调查工作,并提交所涉及的法律文书。

六、实训点评

1. 本案要通过询问当事人、现场检查、查封扣押违法所得和非法财物等方式进行调查取证时,需要 2 个以上工作人员参加,并出示证件。
2. 强调案发前的资料收集和分析研究,即在实施行政调查前采取隐蔽的方法广泛收集当事人的相关资料,分析当事人实施违法行为的各个环节,推测其违法行为的证据的存放、反调查能力,详细了解当事人办公场所、营业场所的布局、经营活动规律等,为现场检查及应对突发情况奠定良好的基础。
3. 强调第一时间固定核心证据。本案涉及无照经营及制造销售假冒伪劣商品,调查过程中要对生产、经营场所先行登记保存,它的核心证据是现场规模及相关设备、标的物状况、数量、涉案资金的数额和往来状况,行政执法人员应立即组织现场检查、记录、拍照、勘验、查阅统计相关材料等方式进行证据固定。
4. 在调查取证后要客观填写《现场检查笔录》《调查询问笔录》《证人证言》《财物清单》《实施行政强制措施通知书》《证据先行登记保存通知》等文书,文书内容经行政相对人确认无误后双方签字。
5. 调查取证过程必须注意程序合法性,制作各种文书必须规范。

七、实训拓展

(一) 拓展阅读

行政调查工作只有踏踏实实,一步一个脚印地围绕证据调查范围收集证据,才是调查取证的正途。但在调查取证中也要注意以下几个方面:(1)调查取证要面向事实;切忌主观臆断。(2)调查人员要始终抓住调查取证的主动性;切忌被当事人牵着鼻子走。(3)调查取证中要把握证据的固定性;切忌丢三落四、手续不齐。(4)调取证据要围绕违法行为的主线详略得当;切忌主次不分、弃本求末。(5)调取的证据要环节清晰、关联紧密,力求互相印证;切忌孤立片面、互相矛盾。

此外我们一直强调行政调查程序的合法性问题,我国现有很多具体行政行为制度也是为了保障行政程序的合法性:(1)表明身份制度;(2)告知制度;(3)说明理由制度;(4)回避制度;(5)合议制度;(6)听证制度;(7)审执分离制度;(8)救济制度;(9)顺序制度;(10)限时制度。

(二) 拓展思考

什么是"钓鱼执法"?"钓鱼执法"是否合法?

八、实训法规

1. 《中华人民共和国行政处罚法》第 31 条、第 34 条、第 37 条
2. 《中华人民共和国税收征收管理法》第 58 条、第 59 条
3. 《公安机关办理行政案件程序规定》第 40～45 条
4. 《公安派出所执勤执法工作规范》第 78 条
5. 《工商行政管理机关行政处罚程序规定》第 21 条、第 22 条、第 24～34 条、第 36 条、第 41 条、第 43 条

（请扫描二维码或访问 http://2d.hep.cn/1353451/4）

第二节　行政处罚简易程序

一、实训目标

1. 了解行政处罚简易程序具体流程及特点，掌握行政处罚简易程序的适用条件。
2. 掌握行政处罚简易程序与一般程序在适用范围、行政处罚决定书书写等方面的区别。
3. 掌握与行政处罚简易程序相关的理论知识，深化依法行政、处罚法定和保障相对人合法权益的行政法理论。

二、实训素材

李某是货车司机。2013 年 11 月 10 日，李某从济南运输水果到沈阳，途经检查站时，被执法人员查处。李某超速，遂罚款 100 元。处罚决定书的内容为：根据有关规定，罚款 100 元，此罚款于 12 月 10 日前缴至济南商业银行储蓄网点，到期不缴罚款的，每日按罚款的 3% 加处罚款，当事人如不服本处罚决定，可在接到本处罚决定书 10 日之内依法向有关机关申请行政复议，也可依法直接向人民法院起诉。当事人既不向有关机关申请复议也不起诉，又不履行本决定的，本机关将依法申请强制执行。

三、实训准备

（一）理论准备

1. 行政处罚简易程序的适用条件

简易程序是为事实确凿并有法定依据，处罚较轻情形设置的，其主要特点是当事人的程序权利简单，执法人员可以当场决定给予处罚。我国《行政处罚法》对行政处罚简易程序的适用条件作了明确的规定。《行政处罚法》第 33 条规定：违法事实确凿并有法定依据，对公民处以 50 元以下、对法人或者其他组织处以 1 000 元以下罚款或者警告的行政处罚的，可以当场作出行政处罚决定。

2. 行政处罚简易程序的实施机关

有权实施行政处罚决定的机关在符合简易程序的条件下，都可以适用简易程序对当事人作出行政处罚决定。其实施机关有三类，即行政机关、法律法规授权的组织和受行政机关

委托的组织。详见行政处罚一般程序一节。

3. 行政处罚简易程序处罚的种类

行政处罚简易程序是针对当事人程序权利简单、事实确凿并有法定依据、处罚较轻的情形下实施的程序。因此，与行政处罚一般程序相比较，行政处罚简易程序的处罚种类只限于罚款和警告两种，对公民的罚款限制在50元以下，对法人或其他组织的罚款限制在1000元以下。

4. 行政处罚简易程序的处罚决定

在行政处罚中适用简易程序时，执法人员可以当场作出行政处罚决定并依照法律规定填写行政处罚决定书。执法过程中执法人员应当向当事人出示执法身份证件，作出行政处罚决定之后报所属行政机关备案。

5. 行政处罚简易程序处罚决定书

(1) 制作

行政处罚简易程序中所使用的行政处罚决定书都是事先有预定格式，编有号码的行政处罚决定书，在执法中执法人员需按照预定格式填写，并由执法人员签名或盖章。这种预定格式、编有号码的行政处罚决定书应当载明当事人的违法行为、行政处罚依据、罚款数额、时间、地点以及行政机构名称。

(2) 送达

行政处罚简易程序的处罚决定书是当场作出的，作出之后应当场交付当事人。

(二) 实践准备

1. 学生分组，进行一次适用简易程序进行行政处罚的模拟，做好模拟各个环节的准备工作。

2. 查阅《行政处罚法》《行政处罚法实施条例》等有关法律、法规和规章。

四、实训要点

(一) 简易程序实施的法定要件

依照《行政处罚法》的规定，简易程序的处罚种类只限于罚款和警告两种，对公民的罚款限制在50元以下，对法人或其他组织的罚款限制在1000元以下。但是也有例外的规定，如《治安管理处罚法》第100条规定："违反治安管理行为事实清楚，证据确凿，处警告或者200元以下罚款的，可以当场作出治安管理处罚决定。"因此不同行政机关实施简易程序的条件必须符合法律规定。

(二) 简易程序实施的法定程序

1. 向违法行为人表明执法身份。

2. 收集证据。

3. 口头告知违法行为人拟作出行政处罚决定的事实、理由和依据，并告知违法行为人依法享有的陈述权和申辩权。

4. 充分听取违法行为人的陈述和申辩。违法行为人提出的事实、理由或者证据成立的，应当采纳。

5. 填写当场处罚决定书并当场交付被处罚人。

6. 当场收缴罚款的，同时填写罚款收据，交付被处罚人；未当场收缴罚款的，应当告知被处罚人在规定期限内到指定的银行缴纳罚款。

7. 当场作出行政处罚决定的,在规定时间内向所属机关备案。

但是需要注意,不同的行政机关在实行简易程序时有各自的要求和注意事项,因此在实训过程中也应区分把握。

五、实训过程

1. 让学生预习相关实训素材中涉及的法律法规和规章,并通读案例。
2. 将同学分为若干组,两人一组,一人扮演司机李某,一人扮演执法人员。
3. 各组模拟实训素材中行政执法人员的执法过程。
4. 每组调换角色,体会行政人员与行政相对人的角色在行政执法过程中的不同状况。
5. 各组制作《现场检查笔录》《现场调查询问笔录》《当场行政处罚决定书》等文书,掌握文书制定的具体要求。
6. 集体研讨行政执法中存在的问题。

六、实训点评

1. 执法人员执法时须出示执法证件。
2. 调查取证填写《现场检查笔录》或《现场调查询问笔录》后,须行政相对人核实无误后签字。
3. 行政处罚简易程序的当场处罚并不意味着当场收缴罚款,必须符合法律规定的条件才能够当场收缴罚款。
4. 当场收缴罚款须提供符合要求的收据。
5. 注意执法礼仪,提升行政人员素养。

七、实训拓展

1. 行政处罚简易程序与行政处罚一般程序的区别是什么?
2. 简易程序中行政执法人员要现场收缴罚款需满足什么条件?
3. 简易程序中行政相对人有何权利?应如何保障当事人权利的实现?

八、实训法规

1.《中华人民共和国治安管理处罚法》第 101 条
2.《工商行政管理机关行政处罚程序规定》第 61～64 条

(请扫描二维码或访问
http://2d.hep.cn/1353451/5)

第三节 行政处罚一般程序

一、实训目标

1. 了解行政处罚设定的原则和种类,掌握有权实施行政处罚的主体,掌握行政处罚一般程序中行政机关对外行使职能时的流程,同时要掌握行政机关内部的相关程序。

2. 能够书写行政处罚相关法律文书,如行政处罚决定书、行政处罚询问笔录、现场检查笔录等。

3. 掌握关于行政处罚一般程序涉及的重要理论知识,如行政处罚设定的依据及原则、一事不再罚原则、行政处罚种类中的其他处罚等。

4. 培养学生的行政素养,使其对行政机关的处罚工作有较为全面的理解。

二、实训素材

2003 年 8 月 29 日,×××市食品药品监督管理局 B 分局执法人员对该市各大药房进行现场检查。检查时在 A 药房营业柜内发现标示为黑龙江珍宝岛药业股份有限公司生产,规格为 10 毫克/10 支/盒,批号为 B20130408 的"复方芩兰口服液"13 盒;标示为哈药集团世一堂制药厂生产,规格为 12 克/10 袋/盒,批号为 1304513 的"感冒清热颗粒"6 盒等药品,现场该药房未能提供该批药瓶的购进票据及相关材料。经调查,上述药品是张三从一名业务员手中购进,当时未索取任何购进手续及销售单位的资质证明材料。购进标示为黑龙江珍宝岛药业股份有限公司生产,规格为 10 毫克/10 支/盒,批号为 B20130408 的"复方芩兰口服液"购进 20 盒,购进价格 9 元/盒,销售价格 19 元/盒,销售了 7 盒,剩余 13 盒。标示为哈药集团世一堂制药厂生产,规格为 12 克/10 袋/盒,批号为 1304513 的"感冒清热颗粒"购进 20 盒,购进价格 8.5 元/盒,销售价格 15 元/盒,销售 14 盒,剩余 6 盒。

三、实训准备

(一) 理论准备

1. 行政处罚的基本原则

(1) 处罚法定原则

我国行政处罚实行法定原则,行政处罚的设定和实施必须依法进行。该原则有三方面含义:第一,在我国实施行政处罚的是特定行政主体,即指依法享有行政处罚权的行政机关及法律、法规或规章授权的组织。任何个人、社会团体、企事业单位非经合法授权,不得进行行政处罚,否则是无效的。第二,行政机关在实施处罚时,要特别注意不能越权。行政处罚只能由特定的行政主体在法定范围内实施,并非任何行政主体对所有领域和事项都拥有行政处罚权。第三,公民、法人或其他组织的行为,只有法律明文规定应予行政处罚的才受处罚,否则不受处罚。第四,行政处罚的适用,必须严格依照有关行政违法构成的实体法和适用行政处罚的程序法进行,否则行政处罚无效。

(2) 公正公开原则

公正原则的基本要求,是公民、法人或者其他组织所应承担的违法责任与所受到的行政处罚相适应。任何畸轻畸重,违法责任与行政处罚失当的,都属于背离公正原则的行政处罚。公开原则的基本要求是关于行政处罚的有关规定必须向社会公开,未经公布的规定不能作为行政处罚的依据。

(3) 处罚与教育相结合原则

处罚与教育相结合原则的基本要求,是行政处罚的设定和实施要同时发挥其强制制裁与促进认识转变的作用,使被处罚者不再危害社会和自觉守法,防止将行政处罚变为对行政违法行为的简单报复。首先是必须给予惩罚,其次是通过处罚促使当事人变为守法者。法律规定被处罚人必须有责任能力,是可以教育和感化的人。任何放弃教育努力的处罚或者以罚代教的做法都不符合处罚与教育相结合的原则。

(4) 保障当事人程序权利原则

保障当事人程序权利原则的基本要求,是正确处理惩罚与保护的相互关系,使无辜的人不受行政处罚,使违法行为人受到公正处理,使遭受违法处罚的人得到及时补救。尊重当事人的程序权利是行政处罚有效的条件之一。

2. 行政处罚实施主体

(1) 行政机关

行政处罚由违法行为发生地的县级以上地方政府具有处罚权的行政机关管辖,法律和行政法规另有规定的除外。依照《行政处罚法》规定,国务院或经国务院授权的省、自治区、直辖市人民政府可以决定一个行政机关行使有关行政机关的行政处罚权,但限制人身自由的行政处罚权只能由公安机关行使。

(2) 法律法规授权组织

根据法律、法规的规定,可以授权具有管理公共事务职能的组织在法定的授权范围内实施行政处罚。如行政机关的内设机构、派出机构,事业单位,社会团体,公司、企业等具有管理公共事务职能的都可以被授权。

(3) 受委托组织

行政机关依照法律、法规或者规章的规定,可以在其法定权限范围内委托具有管理公共事务的事业组织实施行政处罚。受委托组织在委托范围内,以委托行政机关名义实施行政处罚,不得再委托其他任何组织或者个人实施行政处罚。委托行政机关对受委托的组织实施行政处罚的行为应当负责监督,并对该行为的后果承担法律责任。

3. 行政处罚的种类

行政处罚的种类有警告、罚款、没收违法所得、没收非法财物、责令停产停业、暂扣或者吊销许可证、暂扣或者吊销执照、行政拘留和法律、行政法规规定的其他行政处罚。

4. 行政处罚的适用

行政机关实施行政处罚时,应当责令当事人改正或者限期改正违法行为。不得对当事人的同一个违法行为给予两次以上罚款的行政处罚。

不满14周岁的人有违法行为的,精神病人在不能辨认或者不能控制自己行为时有违法行为的,违法行为轻微并及时纠正,没有造成严重后果的,不予行政处罚。已满14周岁不满18周岁的人有违法行为的,主动消除或者减轻违法行为危害后果的,或者受他人胁迫有违法行为的,配合行政机关查处违法行为有立功表现的,应依法从轻或者减轻行政处罚。

当事人对行政机关给予的行政处罚,享有陈述权、申辩权,行政机关不得拒绝听取当事人的陈述和申辩,行政机关应当对当事人提出的事实、理由和证据进行复核,行政机关也不得因当事人的申辩而加重处罚。

违法行为构成犯罪,人民法院判处拘役或者有期徒刑时,行政机关给予当事人行政拘留的,应当依法折抵相应刑期;人民法院判处罚金的,行政机关已经给予当事人罚款的,应当折抵相应罚金。

（二）实训准备

1. 按照学生人数的多少，将学生分成若干小组，并确定扮演的不同角色。
2. 组织学生按角色进行一次行政处罚一般程序的模拟演练。
3. 实训前将实训素材的基本案情资料传发给学生，学生结合案例做好行政处罚中各个环节的准备。
4. 要求学生检索相关的法律依据，确定实训素材的性质和相关行政机关行政处罚程序的要求。
5. 查阅本素材可能需要的行政执法文书的写作要求，并以书面方式提交。

四、实训要点

行政处罚一般程序是行政机关的执法流程与行政相对人接受处罚、维护合法权益相结合的流程。除当场作出行政处罚决定的案件外均适用一般程序，不同行政机关对行政处罚案件的具体要求会有细微差别，但大都经过以下几个步骤。实训中，大家不仅要掌握行政机关依法行政的要点，还要注意保护行政相对人的合法权益。同时要做好相关法律文书的制作保存工作。

（一）立案阶段

1. 捕捉或排查案件线索，对符合立案条件的违法行为予以立案是行政处罚案件的第一步。案件来源有多种渠道：如行政机关依职权主动发现案件线索，或行政机关依法受理投诉、申诉、举报、领导交办、其他机关移送的案件等。
2. 行政机关对受理的案件线索要统一登记，填写《案件来源登记表》。并对受理的案件线索进行初查，确定其是否具备立案条件。对案件一般要审查以下几点：(1)是否有明确的涉案行为人及其涉嫌的违法行为事实存在；(2)是什么性质的违法行为，发生在什么地方，是否属于本行政机关管辖，是否符合级别管辖和地域管辖范围；(3)是否存在一事不再罚的情形；(4)是否需给予行政处罚，是否超过处罚期限，是否有免责情节等；(5)是否适用一般程序。
3. 对于应给予行政处罚并符合立案条件的案件，及时办理立案手续，对于不符合立案条件的按相关规定处理。如对没有违法事实发生，或违法情节轻微不予立案的，将不立案的理由回复案件线索提供者。对超越管辖范围的，移送有管辖权的行政管理机关。

（二）调查取证阶段

调查取证阶段在行政处罚案件中处于核心地位，内容参见本章第一节调查取证。

此外，案件调查终结后，办案机构对于违法事实成立，应当予以行政处罚的，要写出调查终结报告，并草拟行政处罚建议书，连同案卷交由审核机构核审。对违法事实不成立，应当予以销案。违法行为轻微，没有造成危害后果，不予行政处罚的，或案件不属于本机关管辖要移交其他行政机关管辖的，或涉嫌犯罪，应移送司法机关的，写出调查终结报告，说明拟作处理的理由，报行政管理机关负责人批准。至此，案件进入处理阶段。

（三）案件审核阶段

案件核审是行政机关内部监督的重要方式，是行政机关实行"办案、核审、决定"三分离制度的重要措施。办案机构调查终结后，将案件调查终结报告、行政处罚建议书连同卷宗送审核机构（一般为法制机构）核审，审核机构负责人指定具体承办人员负责核审工作并提出核审意见。核审机构核审完毕,及时退卷,办案机构应将案卷、拟作出的行政处罚建议及核审意见报行政管理机关负责人审查决定。

(四)告知拟处罚阶段

行政机关得向当事人告知行政处罚的事实、理由、法律依据和所享有的权利,当事人有陈述申辩的权利,行政机关要认真听取当事人的陈述和申辩,并记录在案。

(五)内部批准决定阶段

行政机关结合当事人的陈述申辩理由,改变处罚意见并重新履行告知程序(重大复杂案件集体讨论决定)。报行政机关负责人或有权机构批准处罚决定。

(六)作出行政处罚决定阶段

行政机关制作并送达处罚决定书,行政相对人对行政处罚决定不服,可申请行政复议或行政诉讼。

(七)执行阶段

行政机关根据行政处罚决定,具体执行行政处罚决定。

(八)归档阶段

行政机关完善档案材料,将行政处罚案件材料依法归档保存。

五、实训过程

(一)立案

根据提供的案例,被分入行政执法人员组的同学作出行政处罚立案决定。

(二)调查取证

在此阶段,可通过询问、现场检查等方式进行。必要时,应制作《现场检查笔录》《调查询问笔录》《证人证言》《抽样取证通知》《证据先行登记保存通知》《证据先行登记保存登记表》《鉴定书》等文书。

(三)审查调查报告

(四)告知当事人

制作《行政处罚告知书》,告知当事人。

(五)当事人陈述、申辩(或进入听证程序)

告知当事人后,当事人有权陈述、申辩。如符合听证条件,且当事人提出听证要求的,转入听证程序。

(六)作出行政处罚决定

(七)送达处罚决定

送达处罚决定书时,应填制《送达回证》。

(八)执行

(九)结案归档

六、实训点评

(一)总体点评

1. 立案阶段

根据提供的案例,被分为行政执法人员组的同学作出行政处罚立案决定,立案工作的要点:(1)对案件进行初步核实后,确认有违法事实,且需给予行政处罚;(2)确定本机关有权限及管辖权;(3)制作案例受理登记表等相关文书;(4)报负责人审查批准,确定2名以上具体承办人员。

2. 调查取证阶段

本阶段的工作任务是全面、及时、合法地调取证据,使具体行政行为所认定的事实有确凿的、合法有效的证据予以证明。要注意调查取证程序是否符合法律规定:(1)由2名以上执法人员参加调查取证;(2)出示有关证件;(3)严格按照法定程序收集证据;(4)全面充分收集证据,足以证明违法行为事实;(5)制作各种笔录等法律文书;(6)写案件调查报告。

3. 审查调查报告

审查的重点:(1)所办案件是否具有管辖权,部门管辖、级别管辖、地域管辖等都要注意;(2)当事人的基本情况是否清楚;(3)案件事实是否清楚、证据是否充分;(4)适用法律是否正确;(5)程序是否合法;(6)处罚是否适当。

4. 告知当事人并听取当事人陈述、申辩

制作《行政处罚告知书》,告知当事人权利义务。告知当事人后,当事人有权陈述、申辩。如符合听证条件,且当事人提出听证要求的,转入听证程序。

5. 作出行政处罚决定

对行政处罚决定书的要求:(1)相对人信息要简明规范。(2)案件查处情况要扼要表述。(3)相对人的违法事实要完整清晰。(4)证明违法事实的证据要逐一列举。(5)处罚(或听证)告知情况要详细交代。(6)案件定性处罚的依据、自由裁量的理由要充分说明。(7)行政处罚的履行方式、期限以及救济途径要明确告知。

6. 送达及执行

送达及执行应注意:(1)向当事人有效送达行政处罚决定书,取得送达回执,填制《送达回证》。(2)告知当事人复议和诉讼的权利、时限及机关。(3)执法人员不得自行收缴罚款,应出具财政部门统一制作的罚款收据,当事人在法定期限内不履行的,可每日加处罚款额3%,并申请强制执行。

(二) 作业点评

2012年8月6日,M省L市某质监局对阳光机砖厂所生产销售的砖瓦产品进行了现场抽样检验,经检验鉴定该机砖厂的产品质量不合格,质监局随即对该机砖厂进行立案查处。经查,阳光机砖厂系王某于2009年11月12日登记注册的个体工商户。2013年1月5日,L市质监局以(M)质技监罚字(2012)第028号处罚决定书对阳光机砖厂处以停止生产并罚款40 000元的处罚。阳光机砖厂在法定期间内未提起行政诉讼,亦未履行处罚决定书,质监局遂于2013年5月18日向××区人民法院申请强制执行(M)质技监罚字(2012)第028号处罚决定书。

要求:完成相关法律文书的制作并形成工商行政案件案卷。

质量技术监督
立案审批表
（M）质监立字[2012]第30号

案由	阳光机砖厂产品质量不合格案	
案情摘要	2012年8月6日，L市质监局对位于L市××区的阳光机砖厂生产的砖瓦进行了现场抽样检验，检验鉴定该厂的产品质量不合格，我局认为阳光机砖厂生产质量不合格的砖瓦并进行了销售，情节严重，违反了《产品质量法》第32条。	
承办人意见	本案中阳光机砖厂生产销售不合格的砖瓦，违反了《产品质量法》第32条，建议立案查处本案。 承办人：项少龙　荆俊	2012年8月16日
承办机构意见	同意立案 负责人：乌应元	2012年8月18日
审批意见	同意立案 审批人：吕小伟	2012年8月20日

质量技术监督
行政处罚决定书
(M)质监罚字 [2012] JA028 号

当事人：<u>阳光机砖厂</u>

营业执照或其他资质证明：<u>营业编号：37082960024×××</u>

组织机构代码(身份证)号：<u>371803196422×××</u>

法定代表人(负责人)：<u>王某</u>　性别：<u>男</u>　职务：<u>厂长</u>

地址(住址)：<u>M省L市×区人民路</u>　邮编<u>330000</u>　电话：×××××××××

违法事实：<u>生产销售质量不合格的砖瓦</u>

主要证据：<u>抽样检查现场调查笔录、抽样检查鉴定结论、个体工商户营业执照复印件、阳光机砖厂负责人身份证复印件、涉案物品照片、监督检查抽样检验结果、涉案物品清单、现场检查笔录、调查笔录。</u>

你(单位)上述行为已违反了《<u>中华人民共和国产品质量法</u>》第<u>32</u>条的规定：<u>生产者生产产品不得掺杂、掺假，不得以假充真，以次充好，不得以不合格产品冒充合格产品。</u>

依据《<u>中华人民共和国产品质量法</u>》第<u>50</u>条的规定：<u>在产品中掺杂、掺假，以假充真，以次充好，以不合格产品冒充合格产品，责令停止生产、销售，没收违法生产、销售的产品，并处违法生产、销售产品货值金额等值以上三倍以下的罚款，</u>本局决定对你(单位)给予以下行政处罚：<u>停止生产并罚款 40 000 元。</u>

请于收到本决定书之日起 15 日内将罚没款缴到<u>建设</u>银行，地址：×区建设路 20 号，账号：<u>622248887999577×××</u>。逾期不缴纳罚款的，根据《中华人民共和国行政处罚法》第 51 条第(1)项的规定，每日按罚款数额的 3% 加处罚款，并将依法申请人民法院强制执行。

如对本行政处罚决定不服，可于收到本决定书之日起 60 日内向 M 省质量技术监督局或者 L 市人民政府申请复议，也可以于 3 个月内依法向×区人民法院提起行政诉讼。

(印章)

2013 年 1 月 5 日

本文书一式两份。一份送达当事人，一份行政部门存档。

质量技术监督
送 达 回 证

案由	阳光机砖厂产品质量不合格案		
受送达人	王某		
送达地点	M省L市×区人民路20号		
送达文书名称、文号	送达方式	收件人签字	送达人
行政处罚决定书	直接送达	王某 2013年1月12日	乌果
备注	1. 代收人签收的应在此栏注明理由。 2. 非直接送达的需在此栏注明情况。		

质量技术监督
监督检查抽样单

<table>
<tr><td rowspan="3">被检查单位</td><td>单位名称</td><td colspan="3">阳光机砖厂</td></tr>
<tr><td>地址</td><td>M省L市××区</td><td>邮编</td><td>330000</td></tr>
<tr><td>负责人</td><td>王某　职务　厂长</td><td>电话</td><td>×××××××××××</td></tr>
<tr><td rowspan="6">被抽样产品情况</td><td>产品名称</td><td>砖瓦</td><td>型号规格</td><td>20*30 cm</td></tr>
<tr><td>生产企业</td><td colspan="3">阳光机砖厂</td></tr>
<tr><td>生产日期或出厂批号</td><td>20120806</td><td>产品执行标准编号</td><td>JC746-1999</td></tr>
<tr><td>产品等级</td><td>二等</td><td>包装方式</td><td>无</td></tr>
<tr><td colspan="4">产品生产许可证编号：　　　　　　产品质量认证编号：</td></tr>
<tr><td colspan="4">是否为合格待销产品：☑是　　　□否</td></tr>
<tr><td rowspan="6">抽样及样品情况</td><td>抽样方法</td><td colspan="3">□按标准规定抽样（抽样依据的标准编号）：
□按双方约定以随机的方式抽样（注明约定的抽样方法，可使用附页）：</td></tr>
<tr><td rowspan="2">样本量</td><td rowspan="2">100</td><td>检验样本数量</td><td>90</td></tr>
<tr><td>备用样本数量</td><td>10</td></tr>
<tr><td>抽样基数</td><td>2000</td><td>样本等级</td><td>二等</td></tr>
<tr><td>抽样地点</td><td colspan="3">M省L市××区</td></tr>
<tr><td>抽样样品是否要求返还</td><td>□是</td><td colspan="2">☑否</td></tr>
<tr><td rowspan="3">封样情况</td><td>包装方式</td><td>纸包装</td><td>封条数量</td><td>3条</td></tr>
<tr><td>备用样本封存地点</td><td>L市质监局</td><td>封条部位</td><td>封口</td></tr>
<tr><td colspan="2">抽样人：项少龙

（印章）
2012年8月6日</td><td colspan="2">对抽样过程和上述内容有无异议？
无
供样人：王某
（印章）
2012年8月6日</td></tr>
<tr><td>备注</td><td colspan="4"></td></tr>
</table>

本文书一式三份。一份送达当事人，一份随检验委托书交检验机构，一份行政部门存档。

质量技术监督
检验(检定)(鉴定)结果告知书

(M)质监检(鉴)告字[2012]第 35 号

王某：

你(单位)<u>生产销售的砖瓦</u>,经 L 市检测中心检验(检定)(鉴定),被判定为<u>不合格</u>产品。

你(单位)如对该检验(检定)(鉴定)结果有异议,请在接到本告知书之日起<u>15 日</u>内,依法向我局或者 <u>M 省质量技术监督厅</u>提出书面复检申请。逾期即视为放弃该权利。

特此告知。

附:检验(检定)(鉴定)报告
　　报告编号:2012081020

(印章)

2012 年 8 月 12 日

本文书一式两份。一份送达当事人,一份行政部门存档。

质量技术监督

现场检查笔录

被检查单位(人):<u>阳光机砖厂</u>

营业执照或其他资质证明:<u>营业执照编号:37082960024××××</u>

组织机构代码(身份证)号:<u>××××××××××××××××××</u>

地址:<u>M省L市×区人民路</u>　电话:<u>××××××××</u>

法定代表人(负责人):<u>王某</u>　性别:<u>男</u>　职务:<u>厂长</u>

检查时间:<u>2012</u>年<u>8</u>月<u>6</u>日<u>9</u>时<u>30</u>分至<u>12</u>时<u>30</u>分

检查场所:<u>阳光机砖厂</u>

检查情况:<u>2012年8月6日9时30分开始检查砖瓦制作工序并随机对成品中抽取出100片砖瓦进行检测,并按照法律规定对抽样的砖瓦进行封存、登记。</u>

被检查单位(人)签署意见并签字:王某

执法检查人员(签字):项少龙

记录人员(签字):荆俊　　　　　　　　　　　有关见证人员(签字):管少龙

质量技术监督

先行登记保存证据通知书

(M)质监登字[2012]第39号

王某：

你(单位)<u>生产销售的砖瓦</u>涉嫌(存在)<u>产品质量不合格</u>问题。

根据《中华人民共和国行政处罚法》第37条第2款的规定，现决定对你(单位)的有关物品予以登记保存(物品名称、数量详见物品清单)。

在登记保存期间，任何人不得动用、调换、转移、损毁被登记保存物品。擅自动用、调换、转移、损毁被登记保存物品的，将依法追究有关责任人员的法律责任。

1. 登记保存地点：<u>L市质监局</u>
2. 登记保存期限：七日
3. 本通知书附《涉案物品清单》文号：<u>2012081811</u>

(印章)

2012年9月1日

本文书一式两份。一份送达当事人，一份行政部门存档。

质量技术监督

查封（扣押）（封存）决定书

(M)质监查(扣)(封)字[2012]第38号

王某：

你单位<u>生产销售的砖瓦涉嫌(存在)产品质量不合格</u>问题。

根据《<u>中华人民共和国产品质量法</u>》第<u>50</u>条的规定，现决定对你(单位)的有关物品予以查封(扣押)(封存)。(物品名称、数量详见物品清单)。

1. 查封(扣押)(封存)地点：<u>L市质监局</u>
2. 查封(扣押)(封存)期限：<u>30日</u>
3. 本决定书附《涉案物品清单》文号：<u>2012081811</u>

在查封(扣押)(封存)期间，任何人不得隐匿、转移、变卖、损毁本决定所列物品，否则将依法追究有关责任人员的法律责任。

如对本决定不服，可以于收到本决定书之日起60日内依法向东营市质量技术监督局或者河口区人民政府申请行政复议，也可以于3个月内依法向河口区人民法院提起行政诉讼。

(印章)

2012年8月28日

本文书一式两份。一份送达当事人，一份行政部门存档。

质量技术监督
送 达 回 证

案由	阳光机砖厂产品质量不合格案			
受送达人	王某			
送达地点	M省L市×区人民路20号			
送达文书名称、文号	送达方式	收件人签字		送达人
查封(扣押)(封存)决定书	直接送达	王某 2012年9月5日		乌果
备注	1. 代收人签收的应在此栏注明理由。 2. 非直接送达的需在此栏注明情况。			

质量技术监督 通知书			
被通知单位(人)	王某		
通知事由	阳光机砖厂砖瓦质量不合格一案进行调查		
应到时间	2012年9月10日9时00分		
应到处所	L市质监局办公大楼三楼303室		
联系电话	××××××××××	联系人	赵盘
应提供的材料	[√] 1. 提供营业执照复印件1份； [ ] 2. 提供组织机构代码证复印件1份； [√] 3. 提供负责人身份证复印件1份； [√] 4. 如企业法定代表人或负责人不能按时前往,委托代理人前往时,须提供代理委托书1份,同时带单位公章及委托代理人身份证复印件1份； [√] 5. 提供有关证件复印件盖公章； [√] 6. 提供自<u>2012</u>年<u>7</u>月<u>6</u>日至<u>2012</u>年<u>8</u>月<u>6</u>日<u>砖瓦</u>产品的出入库单据或进货、售货发票； [√] 7. 涉案产品原材料或设备的资质、质量合格证明。		
	（印章） 2012年9月9日		

本文书一式两份。一份送达当事人,一份行政部门存档。

质量技术监督
调 查 笔 录

共 2 页 第 1 页

时间：2012 年 8 月 16 日 9 时 00 分至 10 时 30 分
地点：L 市质监局办公楼三楼 303 室
调查人员：荆善、乌言着　　记录人员：乌言着
被调查人：王某　性别：男　年龄：20　职务：厂长
证件名称：身份证　编号：××××××××××××××××
电话：×××××××××
地址（住址）：M 省 L 市 × 区人民路 19 号
工作单位：阳光机砖厂

　　调查记录：我们是 L 市质监局的执法人员，这是我们的行政执法证。现对阳光机砖厂砖瓦质量不合格一案作调查。你享有以下权利：如执法人员少于两人或执法证件与身份不符的，你有权拒绝调查；依法享有陈述、申辩权利，可以向我们提出陈述或申辩意见。同时，你应承担以下义务：如实提供有关资料，回答询问，不得拒绝、阻挠调查，请你配合我们，你是否听清楚了？

　　答：听清楚了。

　　问：请问你在公司的身份及分管工作是什么？

　　答：我是厂长，管理公司的所有事务。

　　问：你厂生产的砖瓦是几等品？

　　答：二等品。

　　问：砖瓦的执行标准是什么？

　　答：按 JC746-1999 的标准生产。

被调查人签署意见并签字：以上记录与我所述一样。

调查人员（签字）：项少龙、荆俊　　　　　　　　　　　记录人员（签字）：荆俊

质量技术监督

笔 录 页

共 2 页 第 2 页

问:砖瓦销售多少年?

答:从 2009 年开始。

问:这批与以前的流程是否一样?

答:生产线在 2010 年改进过,质量有所提高,流程大致一样。

问:对这批抽样有何意见?

答:无意见。

问:还有其他补充的吗?

答:没有了。

以上事实与我所说一样。

签字:王某

质量技术监督 取 证 单				
证据名称	砖瓦			
取证时间	2012年8月28日		提供证据单位意见：	
取证地点	M省L市×区19号		
取证人	乌言着		提供人签字：	
提供人	王某		（单位印章）	
（证据粘贴处） 加盖骑缝章				

告知：1. 如果属于当事人或者知情人（组织）提供的，提供人签字后表示已经确认本证据单上的证据材料是其提供的，保证所提供的证据材料以及所证明的事实是真实的，并承担相应的法律责任。

  2. 本件非原件的，本件上应由原件持有人签字（盖章）确认与原件无误。

质量技术监督
行政处罚告知书

(M)质监罚告字[2012]第 40 号

王某:

  经我局调查、审理确认,你(单位)生产的砖瓦质量不合格。

  上述行为已违反了《中华人民共和国产品质量法》第 32 条的规定,根据《中华人民共和国产品质量法》第 50 条的规定,拟给予以下行政处罚:责令停止生产并罚款 40 000 元。

  根据《中华人民共和国行政处罚法》第 32 条的规定,对上述处罚事项,你(单位)享有陈述和申辩的权利。

  根据《中华人民共和国行政处罚法》第 42 条第 1 款的规定,对符合听证条件的,你(单位)享有要求举行听证的权利。如要求听证,应于收到本告知书之日起 3 日内向本局提出,逾期未提出的,视为放弃上述权利。(注:听证,仅适用于责令停产停业、吊销许可证、给予 3 万元以上罚款的行政处罚)

(印章)

2012 年 12 月 20 日

本文书一式两份。一份送达当事人,一份行政部门存档。

质量技术监督

行政处罚案件听证通知书

(M)质监听字[2012]第 98 号

王某：

  你(单位)于 2013 年 1 月 16 日向本局提出听证申请,根据《中华人民共和国行政处罚法》第四十二条规定,本局决定于 2013 年 1 月 20 日 10 时不公开举行听证会。请你(单位)凭本通知准时参加,若无正当理由不出席听证的,视为撤回听证申请。

  听证会地点:L 市人民政府办公大楼一楼 109 室。

  经本机关负责人指定,本次听证会由乌庭芳担任听证主持人。如申请听证主持人回避,请于听证会开始前提出回避申请。

  负责人参加听证会的,需提交负责人证明以及身份证复印件;委托代理人参加听证会的,需提交授权委托书以及委托代理人身份证复印件。

(印章)

2013 年 1 月 15 日

本文书一式两份。一份送达当事人,一份行政部门存档。

质量技术监督
行政处罚案件听证笔录

共1页 第1页

案由：阳光机砖厂产品质量不合格案

时间：2013 年 1 月 20 日 9 时 00 分至 10 时 30 分

地点：L 市人民政府办公大楼一楼 109 室　　方式：不公开

主持人：乌庭芳　　职务：书记　　记录人：琴清

当事人：王某　　代表人（负责人）：王某

案件承办人员：项少龙、荆俊

其他参与人：张三、王五、马六、李四、赵八、陈九

记录如下：调查人员提出的事实：2012 年 8 月 6 日，我们去阳光机砖厂进行例行的质量抽样检查，后发现阳光机砖厂生产的抽样检查的那批次砖瓦，不符合 JC746-1999 的产品执行标准。我局立案调查，经过现场调查和询问笔录得知，阳光机砖厂生产销售的砖瓦产品质量不合格。根据《中华人民共和国产品质量法》第 32 条和第 50 条规定，建议对阳光机砖厂处以停止生产并罚款 40 000 元。

　　当事人王某的陈述、申辩：我从 2009 年申请登记阳光机砖厂以来，一直遵纪守法，每年质量技术监督局例行抽样检查我都是合格的，这批次的砖瓦我也是按照原来的生产方式，生产流水线生产的，我没有故意去生产不合格的砖瓦。现发现有不合格产品，我回去之后会严格地按照标准去检查生产作业的，所以我希望看我是初犯，且一直表现都很好，不处罚我停止生产。

当事人及委托代理人对以上记录的意见：以上听证记录与我参与的听证一致。

当事人及委托代理人（签字）：王某

案件承办人员（签字）：项少龙　荆俊

其他听证参加人员（签字）：张三、王五、马六、李四、赵八、陈九

质量技术监督
涉案物品清单
(M)质监物字[2012]第 69 号

序号	名称	规格型号	单位	数量	物品状态	备注
1	砖瓦		片	40 000	封存	

(印章)
2012 年 12 月 12 日

本文书一式两份。一份送达当事人,一份行政部门存档。

质量技术监督
涉案物品处理记录

处理时间：<u>2013</u>年<u>2</u>月<u>12</u>日<u>10</u>时<u>00</u>分至<u>12</u>时<u>00</u>分

处理地点：<u>L市×区人民路20号</u>

处理物品：<u>砖瓦</u>

物品来源：<u>查封扣押阳光机砖厂的砖瓦</u>

物品原所有人：<u>王某</u>

处理物品依据：<u>(M)质监罚字(2012)JA028号</u>

处理方式：<u>捣毁</u>

批准人：<u>乌应元</u>　职务：<u>局长</u>

处理情况记录：

　　于2013年2月12日10时00分至12时00分，我局将查封扣押阳光机砖厂的40 000片质量不合格的砖瓦，在×区人民路20号，捣毁，并有其机砖厂两名工人见证，我局对该过程进行了全程录像，并邀请了L市电视台对此过程进行了实时报道。

承办人(签字)：项少龙　　　　　　　物品接收人(签字)：荆俊

记录人(签字)：荆善　　　　　　　　其他人员(签字)：王五、李六、张七

质量技术监督

催告执行通知书

(M)质监催执字[2012]第40号

王某：

你(单位)于 2013 年 1 月 12 日收到我局(M)质监罚字(2012)第 JA028 号行政处罚决定书后，在法定期限内未履行如下行政处罚决定：停止生产并罚款 40 000 元。

根据《中华人民共和国行政强制法》第 54 条规定，请你(单位)于接到本通知后 10 日内依法履行上述行政处罚决定。逾期不履行，我局将依法申请 ×× 区人民法院强制执行。

特此通知。

(印章)

2013 年 4 月 12 日

本文书一式两份。一份送达当事人，一份行政部门存档。

质量技术监督
强制执行申请书
(M)质监执申字[2012]第 43 号

申请人:<u>L市质监局</u>
法定代表人:<u>乌应元</u>　职务:<u>局长</u>
委托代理人:<u>纪嫣然</u>　职务:<u>律师</u>
被申请人:<u>王某</u>
法定代表人(负责人):<u>王某</u>　职务:<u>厂长</u>　联系电话:<u>××××××××××</u>

　　申请人于 <u>2013</u> 年 <u>1</u> 月 <u>5</u> 日对被申请人做出<u>停止生产并罚款 40 000 万元</u>行政处罚决定,并已于 <u>2013</u> 年 <u>1</u> 月 <u>12</u> 日依法送达被申请人。

　　被申请人在法定期限内未履行该决定。申请人依据《中华人民共和国行政强制法》规定,于 <u>2013</u> 年 <u>4</u> 月 <u>12</u> 日催告当事人履行行政处罚决定,被申请人逾期仍未履行。

　　根据《<u>中华人民共和国行政强制执行法</u>》第 <u>53</u> 条的规定,特申请贵院对下列行政处罚决定予以强制执行:

1. <u>责令阳光机砖厂停止生产;</u>
2. <u>罚款 40 000 元。</u>

　　此致
L 市 × 区人民法院
　　附:(M)监罚字(2012)第 JA028 号行政处罚决定书

(印章)

2013 年 4 月 30 日

本文书一式两份。一份送达人民法院,一份行政部门存档。

质量技术监督
案件调查终结报告

共1页 第1页

案由：阳光机砖厂产品质量不合格

当事人基本情况：阳光机砖厂是王某在2009年11月12日登记注册的个体工商户,以生产销售砖瓦等机砖产品。

案情及违法事实：2012年8月6日,我局工作人员项少龙、荆俊到×区阳光机砖厂进行抽样检查,鉴定结果其生产销售的砖瓦质量不合格。

证明对象及证据材料：(1) 检验结果告知书,证明砖瓦质量不合格；(2) 调查笔录,证明砖瓦为阳光机砖厂生产。

定性及处罚依据：阳光机砖厂生产销售的砖瓦质量不合格,依据《产品质量法》第50条处罚。

拟处理意见(含自由裁量理由)：依据《中华人民共和国产品质量法》第32条和第50条规定,处阳光机砖厂停止生产并罚款40 000元。

案件承办人(签字):项少龙

承办部门负责人(签字):乌应元

2012年12月13日

质量技术监督 案件初审意见表					
案由	阳光机砖厂产品质量不合格案				
立案时间	2014年8月12日	调查终结时间	2012年12月13日	交审时间	2012年12月14日
初审内容	初审意见	具体建议			
所办案件是否具有管辖权	是√/否	由L市质监局管辖			
违法主体认定是否正确	是√/否	正确			
办案程序是否符合法定要求	是√/否	符合			
案件事实是否清楚，证据是否确实、充分，执法文书是否规范	是√/否	事实清楚，证据确实、充分			
适用法律依据是否准确	是√/否	适用《中华人民共和国产品质量法》第50条			
行政处理建议是否合法、适当	是√/否	是			
处罚裁量是否合理、公正	是√/否	根据实际情况处罚公正			
是否涉嫌犯罪需要移送司法机关	是/否√	不涉及犯罪，不需要			
总体意见和建议： 事实清楚、证据确实充分，适用法律正确。 案审办负责人：乌应元　　　　　　　　　　　　　　2012年12月13日						
案件承办机构意见： 事实清楚、证据确实充分，适用法律正确。 负责人签字：吕小伟　　　　　　　　　　　　　　　2012年12月15日						

质量技术监督 结案审查表			
案由	阳光机砖厂产品质量不合格案		
立案日期	2012年8月12日	处罚决定日期	2013年1月5日
处罚决定文号	(M)质监罚字[2012]JA028号	案件承办人员	项少龙、荆俊
行政处罚内容	停止生产并处罚款40 000元		
处罚执行方式结果	强制执行 承办机构负责人：乌应元　　　　　　　　　　　　2013年4月15日		
审批意见	同意 审批人：肖月潭　　　　　　　　　　　　　　　2013年4月20日		
备注			

	质量技术监督 行政处罚案件报批书 (M)质监报批字 [2012] 第 89 号	
报批事项	责令阳光机砖厂停止生产并罚款 40 000 元	
申报部门 意见及理由	阳光机砖厂于 2012 年 8 月 6 日的抽样检查中检查出,其生产销售质量不合格的砖瓦,根据《中华人民共和国产品质量法》第 32 条和第 50 条的规定对其进行处罚。 乌应元 2013 年 5 月 1 日	
审批部门 案审办意见	同意处罚 负责人:赵盘	2013 年 5 月 3 日
审批意见	同意 案审委主任委员:孙十、钱六	2013 年 5 月 10 日
备注		

本文书一式两份。一份审批部门存档,一份申报部门存档。

\multicolumn{2}{c}{**质量技术监督 行政处理决定审批表**}
案由	阳光机砖厂产品质量不合格案
作出处理 决定类别	☑ 依法给予行政处罚　　☐ 不予行政处罚 ☐ 案件移送　　　　　　☐ 提出行政建议
行政处罚是否 经过重新审理	☐ 当事人未提出陈述、申辩或者听证申请 ☑ 案件经复核(听证)并重新审理
当事人主要 违法事实及 案审委处理 意见和理由	阳光机砖厂生产销售的青瓦经我局检查为不合格产品,依据产品质量法责令停止生产并罚款40 000元 案件承办部门负责人:项少龙　　　　　　2013年4月1日
案审办 意见	处罚合法合理 案审办负责人:乌应元　　　　　　2013年4月6日
案审委 意见	同意决定 案审委主任委员:孙十、钱六　　　　　　2013年4月8日
行政机关 主要负责人 意见	同意 审批人:吕小伟　　　　　　2013年5月13日

质量技术监督
采取（解除）行政措施审批表

案由	阳光机砖厂产品质量不合格案		
涉案物品	☑ 产品　　　　　　 ☐ 包装容器	☐ 原材料　　　　　 ☐ 运输工具	☐ 生产工具 ☐ 经营场所
拟采取的行政措施	☐ 登记保存　　　　 ☐ 解除登记保存	☑ 查封　　　　☑ 扣押 ☐ 解除查封　　☐ 解除扣押	☐ 封存 ☐ 解除封存
理由和法律依据	理由：该厂生产的砖瓦质量不合格 法律依据：《中华人民共和国产品质量法》第50条 案件承办人：项少龙、荆俊　　　　　　　　　　　　　2012年9月5日		
承办机构意见	同意查封扣押 负责人：乌应元　　　　　　　　　　　　　　　　　　2012年9月7日		
审批意见	同意 审批人：赵盘　　　　　　　　　　　　　　　　　　　2012年9月10日		

行政处罚听证会报告书

案由	阳光机砖厂产品质量不合格案	听证主持人	乌庭芳
		听证员	纪嫣然
		记录人	琴清

时间：<u>2013</u>年<u>1</u>月<u>20</u>日<u>9</u>时<u>00</u>分至<u>10</u>时<u>30</u>分
地点：<u>L市人民政府办公大楼一楼109室</u>　方式：<u>不公开</u>
主持人：<u>乌庭芳</u>　职务：<u>书记</u>　记录人：<u>琴清</u>
当事人：<u>王某</u>　代表人（负责人）：<u>王某</u>
案件承办人员：<u>项少龙、荆俊</u>
其他参与人：<u>张三、王五、马六、李四、赵八、陈九</u>
听证会基本情况：

一、听证预备

1. 查明听证各方参加人员到会情况；

2. 宣布听证会纪律。

二、主持人宣布听证会开始

1. 听证主持人宣布案由并说明是否公开听证；

2. 介绍听证主持人、听证员和书记员；

3. 主持人核对案件调查人、当事人、第三人及其他听证参加人员身份；

4. 告知案件调查人员和当事人的权利和义务。

三、听证调查与辩论

1. 进行听证调查；

2. 各方陈述结束，进行举证和质证；

3. 就陈述和举证时出现的焦点、矛盾和其他关键性问题，向调查人、当事人、第三人及证人发问，查明事实，核定证据；

4. 进行听证辩论，各方就违法事实是否存在，责任大小和行政处罚建议是否合法、适当等具体问题进行。

四、听取当事人最后陈述

五、参加听证各方核实听证笔录并签字

听证会结论及处理意见:
  根据听证会笔录,认为阳光机砖厂产品质量不合格一案的行政处罚合法合理,当事人王某应根据行政处罚决定书履行其义务,停止生产并及时缴纳罚款。

听证会主持人签字:乌庭芳
听证员签字:纪嫣然

2013 年 1 月 20 日

负责人审批意见:

同意

负责人签字:朱姬
2013 年 1 月 29 日

备注:

教师点评:
  本案中,阳光机砖厂是王某登记注册的个体工商户,我国《行政处罚法》《行政诉讼法》《行政诉讼法解释》中,对个体工商户为行政处罚相对人时处罚决定书如何列写并无明确规定。由于个体工商户按照法律规定可以起字号,有字号的应当登记,没有字号的只登记经营者(业主)姓名。因为个体工商户有字号和经营者(业主)的区分,导致行政机关对其行政处罚中出现不规范和不统一现象,进而诱发此类案件中个体工商户主体资格问题。对没有字号的个体工商户的行政处罚,处罚决定书上只能列经营者的姓名,故将经营者(业主)列为行政处罚相对人没有问题。但有争议且实践中极易出现问题的正是对有字号的个体工商户的处罚。实践中,行政机关为避免相关问题,在对个体工商户的行政处罚法律文书中,其处罚相对人应先列写经营者(业主)姓名,随后标明其个体工商户字号的负责人。如某某人(某某字号的经营者)。这种列写方式是最适当、最符合法律规定,也是最不容易引起争议的方式。

行政处罚要以核实的证据为基础,紧扣违法行为的构成要件,清晰表述当事人的基本情况,说明处罚主体资格是否合法;说清违法行为事实,按照时间、地点、行为、后果等基本要素,对行为人的具体行为表现、涉案标的数量金额、违法所得等情况具体陈述,并对有证据证明的当事人的主观意图、违法手段、违法后果等做客观评述。

对于行政处罚的所依据的法律、法规或者规章,要全面准确引述,指明当事人的行为具体违反哪个法律、哪条的哪一项禁止性规定,具体构成什么违法行为。特别是在法律、法规、规章之间产生竞合或者同一法律规范中出现法条竞合时,更要从违法行为构成的要件入手详细阐述相关法理。

行政处罚案件要全面履行案件处理程序要求。行政机关不仅要认真履行外部执法程序,同时也要完成内部相关审批程序。立案、调查取证、调查终结和补充侦查、案件核审、报机关负责人批准处罚建议、将拟处罚决定告知(含听证告知)当事人、听取当事人陈述申辩并复核、改变处罚意见的重新履行告知程序、报行政机关负责人批准处罚决定、制作并送达处罚决定书、执行等程序既包含内部程序,也包含外部程序,但不是所有的行政处罚案件都必须经过这些程序。此外,每一个程序中,对行政机关的行为都有相应要求,需要执法人员严格履行。以抽样取证为例,抽样取证时要求有办案人员两人以上,并出示行政执法证件;应有当事人在场;要当场制作笔录,并由当事人、在场人、办案人签章;抽取的样品应使用专用封签当场封样,由当事人、在场人、办案人签字盖章。此外抽样取证还要完成审批、备案、对抽样物品的备份、保管等相关手续。

七、实训拓展

思考交通行政部门出具的交通事故责任认定书的性质。

八、实训文书

(一) 行政处罚决定书

×××市食品药品监督管理局B分局处罚决定书

被处罚单位(人):×××市A药房

地址:××××××××××××××××××××××××

联系方式:×××××××××××

法定代表人:××× 性别:男 年龄:×× 职务:××××××

2003年8月29日,×××市食品药品监督管理局执法人员对该市各大药房进行现场检查。检查时在A药房营业柜内发现标示为黑龙江珍宝岛药业股份有限公司生产,规格为10毫克/10支/盒,批号为B20130408的"复方芩兰口服液"13盒;标示为哈药集团世一堂制药厂生产,规格为12克/10袋/盒,批号为1304513的"感冒清热颗粒"6盒等药品,现场该药房未能提供该批药品的购进票据及相关材料,经请示主管领导批准,对该批药品采取先行登记保存处理。

经调查核实,标示为B20130408的"复方芩兰口服液"购进20盒,购进价格9元/盒,销售价格19元/盒,销售了7盒,剩余13盒。标示为哈药集团世一堂制药厂生产,规格为12克/10袋/盒,批号为1304513的"感冒清热颗粒"购进20盒,购进价格8.5元/盒,销售价格15元/盒,销售14盒,剩余6盒。以上药品是张三从一业务员手中购进的,当时未索取销售单位的资质证明材料,业务员已经联系不上,所以无法提供任何合法购进票据。

该药房的上述事实,有张三的《调查笔录》《现场检查记录》《先行登记保存物品清单》价签等在卷佐证,并有先行登记保存的标示为黑龙江珍宝岛药业股份有限公司生产,规格为10毫克/10支/盒,批号为B20130408的"复方芩兰口服液"13盒;标示为哈药集团世一堂制药厂生产,规格为12克/10袋/盒,批号为1304513的"感冒清热颗粒"6盒等药品作为物证。

综合以上事实和证据,×××市A药房涉嫌从不具有药品经营资格的企业购进药品的行为违反了《中华人民共和国药品管理法》第34条的规定,根据《中华人民共和国行政处罚法》第23条的规定,责令该药房立即停止从不具有药品经营资格的企业购进药品的行为,依据《中华人民共和国药品管理法》第80条的规定,拟对A药房作出以下行政处罚:

1. 没收违法购进的药品"复方芩兰口服液"13盒,"感冒清热颗粒"6盒。
2. 没收违法所得:"复方芩兰口服液"19元/盒×7盒=133.00元,"感冒清热颗粒"15元/盒×14盒=210元。
3. 并处违法购进药品货值金额[(19元/盒×20)+(15元/盒×20)]=680元的4倍罚款(680元×4)=2720元。

共计罚没人民币:3063元。

请在接到本决定之日起15日内到×××银行×××市分行缴纳罚没款,逾期每日按罚款数额的3%加处罚款。

如不服本处罚决定,可在接到本决定书之日起60日内依法向×××市食品药品监督管理局(或者B区政府)申请行政复议或者3个月内向B区人民法院起诉,逾期既不申请行政复议或起诉,又不履行处罚决定的,我局申请人民法院强制执行。

盖章(公章)

××××年××月××日

(二) 调查终结报告

关于×××市A药房涉嫌从不具有药品经营资格的企业购进药品案的调查终结报告

一、当事人基本情况

当事人名称:×××市A药房

企业负责人:×××

企业地址:××××××××××××××××××

性质:药品经营单位

二、案件来源及案件性质

案件来源:监督检查发现

案件性质:涉嫌从不具有药品经营资格的企业购进药品案

三、案件调查阶段基本情况

2003年8月29日,×××市食品药品监督管理局B分局执法人员对该市各大药房进行现场检查。检查时在A药房营业柜内发现标示为黑龙江珍宝岛药业股份有限公司生产,规格为10毫克/10支/盒,批号为B20130408的"复方芩兰口服液"13盒;标示为哈药集团世一堂制药厂生产,规格为12克/10袋/盒,批号为1304513的"感冒清热颗粒"6盒等药品,现场该药房未能提供该批药品的购进票据及相关材料,经请示主管领导批准,对该批药品采取先行登记保存处理。

2013年8月30日,对A药房涉嫌从不具有药品经营资格的企业购进药品的违法行为进行立案调查,并于当日对该药房送达了《先行登记保存物品处理通知书》,由×××签收。

2013年8月30日,×××市食品药品监督管理局执法人员对A药店店长×××进行了本案有关情况的调查,并制作了《调查笔录》。经调查核实,标示为B20130408的"复方芩兰口服液"购进20盒,购进价格9元/盒,销售价格19元/盒,销售了7盒,剩余13盒。标示为哈药集团世一堂制药厂生产,规格为12克/10袋/盒,批号为1304513的"感冒清热颗粒"购进20盒,购进价格8.5元/盒,销售价格15元/盒,销售14盒,剩余6盒。以上药品是张三从一业务员手中购进的,当时未索取销售单位的资质证明材料,业务员已经联系不上,所以无法提供任何合法购进票据。

四、证据

1.《现场检查笔录》《调查笔录》《先行登记保存物品审批表》《先行登记保存物品清单》《先行登记保存物品通知书》《先行登记保存物品处理通知书》。

2. 该药房资质证明:《药品经营许可证》(复印件)、《药品经营质量管理认证证书》(复印件)、《经营执照》(复印件)。

3. 先行登记保存的,标示为黑龙江珍宝岛药业股份有限公司生产,规格为10毫克/10支/盒,批号为B20130408的"复方芩兰口服液"13盒;表示为哈药集团世一堂制药厂生产,规格为12克/10袋/盒,批号为1304513的"感冒清热颗粒"6盒。

4. 销售价签。

5. 销售小票。

五、拟处罚决定

综合以上事实和证据,×××市A药房涉嫌从不具有药品经营资格的企业购进药品的行为违反了《中华人民共和国药品管理法》第37条的规定,根据《中华人民共和国行政处罚法》第23条的规定,责令该药房立即停止从不具有药品经营资格的企业购进药品的行为,依据《中华人民共和国药品管理法》第80条的规定,拟对A药房作出以下行政处罚:

1. 没收违法购进的药品"复方芩兰口服液"13盒,"感冒清热颗粒"6盒。
2. 没收违法所得:"复方芩兰口服液"19元/盒×7盒=133元,"感冒清热颗粒"15元/盒×14盒=210.00元。
3. 并处违法购进药品货值金额[(19元/盒×20)+(15元/盒×20)]=680元的4倍罚款(680元×4)=2 720元。

共计罚没人民币:3 063元。

案件承办人:
年 月 日

（三）先行登记保存证据物品处理通知书

先行登记保存证据物品处理通知书

_____ 罚登处通字 [ ] 第 号

_____:
   你(单位)因_____
_____行为,违反了《××××××法》_____的规定。本机关于___年___月___日至___年___月___日,对先行登记保存证据物品清单所列物品以_____保存方式,存放于_____。
   依照《××××××法》_____的规定,对被先行登记保存证据物品处理清单所列物品予以_____。

附:先行登记保存证据物品处理清单

被先行登记保存证据人:_____年___月___日

(行政机关印章)
年 月 日

(四) 行政处罚事先告知书

行政处罚事先告知书

　　　　　　　　　　　　　　　　　　　　_____ 罚先告知 [ ] 第　号

_____：

　　你(单位)因_____的行为,违反了_____的规定。

　　从你(单位)违法行为的事实、性质、情节、社会危害程度和证据看,你(单位)的情节属于轻微(认为是一般的认定为一般,认为是严重的认定为严重,属于特别严重的认定为特别严重)。

　　根据_____的规定,本机关拟对你(单位)作出_____的处罚。

　　根据《中华人民共和国行政处罚法》第 32 条的规定,你(单位)可以自收到本告知书之日起 3 日内到_____(地点)进行陈述、申辩,逾期不陈述、申辩的视为放弃陈述申辩权利。

行政机关印章
年　月　日

第四节　行政处罚听证程序

一、实训目标

1. 了解举行行政处罚听证会的条件。

2. 掌握行政处罚听证会的程序及启动行政处罚听证会的程序。
3. 掌握行政处罚听证会相关的文书写作方法。

二、实训素材

某餐饮公司存在严重违法经营，食品不符合质量标准，致数人食品中毒，且卫生环境差，饭店负责人拒不改正。食品药品监督管理局欲对该餐饮公司作出吊销营业执照的处罚，在作出处罚决定前，食品药品监督管理局告知该餐饮公司有要求听证的权利。次日，该餐饮公司提出听证要求，食品药品监督管理局依照法律的规定，依法组织了听证。听证会后，对该餐饮公司作出了吊销营业执照的行政处罚。

三、实训准备

(一) 理论准备

1. 行政处罚听证简介

行政处罚听证程序，是在行政机关作出行政处罚决定之前，公开举行专门会议，由行政处罚机关调查人员提出指控、证据和处理建议，当事人进行申辩和质证的程序。行政处罚听证程序并不是一种独立、完整的行政处罚程序，它是一般程序中的一种特殊程序，它并非行政处罚的必经程序，其适用的范围是有限的，其设立的主要目的是进一步核实和查清真相，以保证行政处罚的处理结果合法、公正。在我国，针对一些行政处罚案件可以适用行政处罚听证程序，以此来保障当事人的权利，但在实践中，行政处罚听证运用得还不是很多，效果也不太显著，行政处罚听证程序还有待进一步完善。

2. 行政处罚听证原则

行政处罚法并未具体规定行政处罚听证所遵循的一般原则。一般情况下，行政处罚听证应当公开进行，但涉及国家秘密、商业秘密或者个人隐私的除外。

3. 行政处罚听证条件(听证范围)

在我国，并非所有的行政处罚都可以启动行政处罚听证程序。我国行政处罚法明确规定了行政处罚听证的条件。只有在行政机关对当事人作出责令停产停业、吊销许可证或者执照、较大数额罚款等行政处罚决定之前，经当事人要求需要听证的，才由行政机关组织听证。对罚款并未规定具体的数额。

4. 行政处罚听证启动

行政机关在对当事人作出责令停产停业、吊销许可证或者执照、较大数额罚款等行政处罚决定之前，应当告知当事人有要求举行听证的权利。当事人要求听证的，应当在行政机关告知后 3 日内向行政机关提出，行政机关应当依法组织听证。

5. 行政处罚听证机构

根据我国行政处罚法规定，由作出行政处罚的机关依法组织听证。

6. 行政处罚听证参加人

听证主持人应由行政机关指定的非本案的调查人员担任，当事人认为主持人与本案有直接利害关系的，有权申请回避。

本案调查人员应当参加听证会，提出当事人违法的事实、证据和行政处罚建议。

当事人可以亲自参加听证，也可以委托 1～2 人代理，在听证会上进行申辩和质证。

（二）实践准备

1. 将学生分为若干组，以分小组、分角色的方式进行听证准备；
2. 查阅《行政处罚法》《行政处罚法实施条例》等相关法律、法规。

四、实训要点

1. 听证机构是拟作出适用听证程序进行行政处罚的行政机关的法制办公室（处、科）。
2. 听证申请人应具备的相应的资格、条件：听证申请人必须是行政机关拟对其作出行政处罚的公民、法人或其他组织。
3. 需要举行行政处罚听证会的行政处罚案件必须符合《行政处罚法》及各行政机关相关法律法规规定的条件。
4. 听证申请人需办理的手续及注意事项：(1)听证申请人应当在收到行政机关听证告知书之日起3日内，向发出听证告知书的行政机关书面提出听证要求。(2)听证申请人以邮寄挂号信方式提出听证要求的，以寄出的邮戳日期为准。(3)听证申请人直接送达听证申请的，以行政机关收到的日期为准。
5. 听证机关应履行的义务：(1)行政机关拟作出适用听证程序的行政处罚前，应当向当事人送达载明下列主要事项的听证告知书：当事人的姓名或者名称，当事人的违法行为，行政处罚的理由、依据和拟作出的行政处罚决定，告知当事人有要求听证的权利，告知提出听证要求的期限和听证组织机关。听证告知书必须盖有行政机关的印章。听证告知书可以直接送达、委托送达或者以邮寄挂号信方式送达。(2)当事人在法定期限内提出听证要求的，行政机关应当受理。(3)行政机关决定予以听证的，听证主持人应当在当事人提出听证要求之日起2日内确定举行听证的时间、地点和方式，并在听证举行的7日前，将听证通知书送达当事人。(4)听证人员在听证预备阶段必须完成核对听证参加人身份、宣读听证纪律、征询当事人是否申请听证人员回避等事项。(5)当事人申请听证主持人回避的，听证主持人应当宣布暂停听证，报请机关负责人决定是否回避，申请听证员、书记员回避的，由听证主持人当场决定。
6. 举行听证时，由案件调查人员提出当事人违法的事实、证据和适用听证程序的行政处罚建议；当事人进行陈述、申辩和质证。
7. 听证应当制作听证笔录。听证结束后，听证人员应当把听证笔录交当事人和案件调查人员审核无误后签名或盖章。当事人拒绝签名的，由听证主持人在听证笔录上说明情况。听证笔录中有关证人证言部分，应当交证人审核无误。

五、实训过程

1. 主持人宣布听证会开始。由主持人介绍此次听证会的内容及基本流程，到场参加听证会的餐饮公司代表、执法人员、陈述人、旁听观众等。
2. 执法人员发表观点。调查人员和作出行政行为的执法人员就对餐饮公司的行政处罚行为所依据的事实、理由和法律根据进行说明。
3. 餐饮公司代表陈述。餐饮公司的代表就此次被处罚的事实进行陈述和申辩。
4. 听证会结束。听证会结束后，各方应仔细阅读听证笔录，确定无误后，在听证笔录上签字。
5. 作出行政处罚决定，送达给餐饮公司，并告知其救济途径。

六、实训点评

在实训过程中需要注意以下问题：

1. 行政处罚听证的条件。只有在行政机关对当事人作出责令停产停业、吊销许可证或者执照、较大数额罚款等行政处罚决定时，当事人才能申请听证。
2. 行政处罚听证程序的启动方式及启动程序。当事人要求听证的，应当在行政机关告知后3日内向行政机关提出，行政机关应当依法组织听证。
3. 听证双方的权利和义务。
4. 听证结论的内容及效力。

七、实训拓展

1. 行政处罚听证会与行政许可听证会、行政立法听证会的联系和区别。
2. 行政处罚听证结论的效力。

八、实训文书

(一) 行政处罚听证告知书

行政处罚听证告知书

＿＿＿＿＿＿ 罚告字 [ ] 第 号

＿＿＿＿＿＿：

　　你(单位)于＿＿年＿＿月＿＿日至＿＿年＿＿月＿＿日，因＿＿＿＿＿＿＿＿＿＿＿＿＿＿＿＿＿＿＿＿＿＿＿＿＿＿＿行为，违反了《××××××法》的规定。

　　违法行为等次：根据你(单位)违法行为的事实、性质、情节、社会危害程度和相关证据，你(单位)的违法行为为轻微(属于一般的认定为一般、属于严重的认定为严重，属于特别严重的认定为特别严重)。

　　拟给予处罚的依据和种类：本机关依照《××××××法》＿＿＿＿＿＿＿＿＿＿的规定，拟对你(单位)作出下列行政处罚：

1. ××(适用轻微、一般、严重或者特别严重的处罚标准)
2. ××(适用轻微、一般、严重或者特别严重的处罚标准)

……

　　申请听证的期限：如你(单位)要求听证，应当自收到本告知书之日起三日内向我厅(局)提出申请。逾期视为放弃听证权利。

　　联系人＿＿＿＿＿＿　电话＿＿＿＿＿＿＿　地址＿＿＿＿＿＿＿＿＿＿＿＿
　　被告知人＿＿＿＿＿＿　　　　　　　　年　月　日

　　　　　　　　　　　　　　　　　　　　　　　　　行政机关印章
　　　　　　　　　　　　　　　　　　　　　　　　　　年　月　日

(二) 行政处罚听证通知书

行政处罚听证通知书

_____ 听通字 [ ] 第　号

被通知人(个人)姓名_____性别_____
所在单位_____地址_____
被通知人(单位)名称_____地址_____
法定代表人或负责人_____职务_____
本机关于_____年___月___日___时___分在_____公开(或不公开)举行_____一案听证会。请准时参加。当事人无正当理由不参加听证会,视为放弃听证权利。

行政机关印章
年　月　日

附:一、当事人的听证权利
1. 要求或者放弃听证。
2. 申请听证主持人、听证员、书记员、鉴定人员、翻译人员回避。
3. 委托律师或者其他人员代为参加听证。
4. 在听证会上对案件涉及的事实、适用法律及有关情况进行陈述和申辩。
5. 在听证会上对案件调查人员提出的证据进行质证或者提出新的证据。
6. 在听证会结束前,有权陈述最后意见。
二、当事人的听证义务
1. 遵守听证会纪律。
2. 如实回答听证主持人的询问。
3. 申请有关人员回避,必须说明申请回避的理由。
4. 当事人委托他人代理参加听证的,必须在听证会举行前向听证机关提交委托代理人的身份证明和由当事人签名或者盖章的委托代理书。

（三）行政处罚听证会笔录

行政处罚听证会笔录
案由 ×××

时间：　　　　　　　　　　地点：
听证主持人：　　　　　听证员：　　　　记录员：
案件调查人员：
案件当事人：　　　　　　法定(委托)代理人：
第三人：　　　　　　　　法定(委托)代理人：
听证记录：

一、听证主持人核对、介绍参加人员并告知权利

听证主持人宣布：听证会现在开始。核对听证参加人身份(略)。关于_____一案，本机关受理当事人 ××× 要求听证的申请后，依法指定 ××× 为听证主持人，××× 为听证员，××× 为记录员，根据有关法律规定，现决定公开(不公开)举行听证。

当事人在听证中享有下列权利：1. 有权要求放弃听证；2. 有权申请听证主持人、听证员、记录员、翻译人员、鉴定人员回避，但必须说明理由；3. 有权对本案涉及的事实、适用法律和有关情况进行陈述和申辩；4. 有权对本案调查人员提出的证据进行质证或者提出新的证据；5. 在听证会结束前，有权陈述最后意见。请问，你(你们)听清了没有？

当事人：听清了(有时可能未听清楚)。

听证主持人：当事人是否申请回避？

当事人：不申请回避(有的可能申请回避)。

二、案件调查人员提出当事人的违法事实

听证主持人：现在由调查人员 ××× 提出当事人的违法事实。

调查人员：____年__月__日，我们在检查中发现(也可以由举报发现等)，当事人 ××× 于____年__月__日在 ××× 地点实施了 ××× 违法行为，有充分的证据证实(可记录证据①、②……)，根据 ×× 法(或 ×× 条例或 ×× 规章)×× 条的规定，拟作出如下行政处罚(如罚款、吊销许可证等)。

三、当事人申辩和质证

听证主持人：现在由当事人进行申辩和质证。

当事人：(针对调查人员提出的违法事实、证据提出相反意见，可能举出相反证据证明他未实施违法行为，也可能要求从轻处罚，记录时要逐项记录清楚)。

四、听证参加人审核听证笔录

听证主持人：现在请当事人 ××。作最后陈述。

最后陈述完毕。

听证主持人：现在，听证笔录已形成，请各位听证参加人审核后签名。

(随即由听证主持人、调查人员、记录员、当事人签名，有的案件还应由翻译人员、鉴定人员等签名)。

(四）其他行政处罚文书

1. 行政处罚委托书
2. 举报（投诉）案件登记表
3. 行政处罚案件立案审批表
4. 询问笔录
5. 勘验笔录
6. 现场（检查）笔录
7. 鉴定委托书
8. 鉴定结论
9. 查封、扣押物品清单
10. 解除查封、扣押通知书
11. 抽样取证审批表
12. 抽样取证通知书
13. 抽样取证物品清单
14. 抽样取证物品处理通知书
15. 抽样取证物品处理清单
16. 先行登记保存证据审批表
17. 先行登记保存证据通知书
18. 先行登记保存证据物品清单
19. 先行登记保存证据物品处理通知书
20. 先行登记保存证据物品处理清单
21. 行政处罚事先告知书
22. 陈述（申辩）笔录
23. 行政处罚听证告知书
24. 行政处罚听证通知书
25. 行政处罚听证会笔录
26. 重大复杂案件集体讨论笔录
27. 调查终结报告
28. 行政处罚审批表
29. 案件移送函
30. 移送案件涉案物品清单
31. 行政处罚决定书
32. 送达回证
33. 强制执行决定书

（请扫描二维码或访问
http://2d.hep.cn/1353451/6）

34. 强制执行申请书
35. 当场处罚决定书
36. 行政处罚案件结案审批表
37. 行政处罚案件结案报告

九、实训法规

1.《中华人民共和国行政处罚法》
2.《工商行政管理机关行政处罚程序规定》
3.《卫生行政处罚程序》

（请扫描二维码或访问
http://2d.hep.cn/1353451/7）

第五章 行政复议实训

第一节 行政复议受案范围

一、实训目标

1. 使学生能熟练掌握行政复议案件的受案范围,能够结合案例分析确定特定的行政争议是否属于行政复议的受案范围。

2. 明确行政复议的定位,注意行政复议受案范围与行政诉讼受案范围的区别,正确处理现实生活中对行政管理行为不服时应采取何种措施,培养学生依法行政的理念。

3. 引导学生思考我国行政复议受案范围现在存在的问题及今后《中华人民共和国行政复议法》(以下简称《行政复议法》)修改的方向。

二、实训素材

案例一:

杨某系原D市第五中学(现为D五中学)职工。2005年,杨某以D五中学对其作"除名处理",不给其安排工作、发放工资,还强行收缴其住房,但长期不送达相关处理文书,侵犯其人身权、财产权为由,向D市教育局申诉。2005年5月20日,D市教育局办公室对杨某作出信访回复,该回复认为原D市教育委员会于1992年作出的《对D市第五中学〈关于对我校职工杨某作除名处理的报告〉的批复》符合法律规定。杨某不服,向C省教育厅申诉。C省教育厅于2005年6月28日答复杨某:"已将上访材料转送D市教育局,责成其按照当时的有关法律法规、政策规定和事实依据重新答复你本人。"2005年8月18日,D市教育局办公室再次对杨某作出信访答复,该答复载明:"我们再一次对事实进行了调查核实。查明,1992年原D市第五中学根据你的旷工事实向原D市教育委员会报送的《关于对我校职工杨某作除名处理的报告》和原D市教育委员会于当年作出的《对D市第五中学〈关于对我校职工杨某作除名处理的报告〉的批复》符合D人法〔1984〕4号文件规定。"该信访答复已送达杨某。2005年9月9日,杨某就D市教育局于2005年8月18日作出的信访答复向D市政府申请行政复议,请求撤销或者确认该信访答复违法,并责令D市教育局在一定期限内重新作出具体行政行为。

案例二:

张某认为其所在的Y居委会换届选举存在问题,先后向有关部门进行反映。J市人民政府J办事处、J市第五届居委会换届选举工作领导小组办公室、Y街道工作委员会均出具过答复意见。2007年9月15日张某不服J市民政局2007年7月4日作出的《关于对张某等人反映Y居委会选举中有关问题的答复》,向J市人民政府申请行政复议,J市人民政府2007年10月17日作出《行政复议不予受理决定书》,以申请事项不属于行政复议范围为由,决定不予受理。H省(J市所在省)民政厅2007年10月16日对张某因不服J市民政局上述《答复》向其提出的行政复议申请,作出《关于对张某行政复议申请的答复意见》。2007年11月3日张某因不服J市人民政府和H省民政厅的答复意见,向H省人民政府申请复议。H省人民政府认为该申请事项属于信访事项,故转由信访处理。张某认为H省人民政府逾期没有作出复议决定,提起行政诉讼。

案例三：

2004年5月20日,程××等206人认为海南省××县人民政府多次违法克扣工资及离退休费,损害了他们的合法权益,因此向海南省人民政府申请复议,要求被申请人××县人民政府按中央及本省的有关规定补发被克扣的工资及离退休费。海南省人民政府于2004年6月9日作出琼府复受[2004]字第1号《行政复议不予受理决定书》,认为申请人的复议请求不在行政复议受理范围内,根据《行政复议法》第8条和第17条的规定,决定不予受理。程××等50人收到《行政复议不予受理决定书》后不服,认为海南省人民政府对复议申请人的申请不过问、不复议、不受理,属行政不作为,故提起行政诉讼。

三、实训准备

（一）理论准备

1. 行政复议的基本原则

行政复议基本原则,是指由《行政复议法》确立和体现的,反映行政复议基本特点,贯穿于行政复议全过程,并对行政复议具有普遍规范和指导作用的基本行为准则。根据《行政复议法》第4条的规定,确立了合法、公正、公开、及时、便民五项行政复议基本原则。

（1）合法原则

行政复议必须依法进行,这是依法行政原则在行政复议领域的体现。具体而言,合法原则对于行政复议的主要要求包括:第一,主体合法。行政复议机关必须是依法设立并依法履行行政复议职责的行政机关;第二,行政复议行为合法,复议机关必须在查明案件事实的基础上,适用正确的法律、法规或者规章作出复议决定;第三,行政复议的程序必须合法。行政复议机关审理行政复议案件必须严格按照法定程序进行,包括步骤、顺序、形式和期限等。

（2）公正原则

公正是指公平正义、不偏不倚,要求复议机关必须平等对待行政复议的各方当事人,特别是不能因为与行政机关同属行政系统而偏向行政机关一方。同时考虑到相对人所处的相对弱势的地位,必须对相对人进行必要的保护。行政复议法规定的回避规则、申辩规则、举证规则和救济制度都是公正原则的体现。

（3）公开原则

公开原则,是指行政复议的过程、结果应当向复议当事人公布,使其了解。将行政复议活动置于公众的监督下,可以有效地防止行政复议活动的暗箱操作,增强公众对行政复议的信任感。同时,公众的了解和参与也有助于向公众进行法制宣传,增强公众的法制观念。行政复议过程的公开内容包括复议过程中的复议申请书、答复书、相关的证据及依据等;行政复议决定的公开内容包括复议决定以及决定所依据的事实、理由与法律依据等。

(4) 及时原则

及时原则,是指行政复议机关在查明事实、分清是非的基础上,在法定期限内迅速地审结行政复议案件并作出行政复议决定。确立及时原则,既是保护申请人合法权益的需要,也是提高行政效率的需要。及时原则要求行政复议机关及时审查决定是否受理;及时审理并作出行政复议决定;及时处理行政复议决定执行中的问题。

(5) 便民原则

便民原则要求行政复议机关为行政复议申请人提起申请以及参加复议活动提供便利,充分保证相对人申请和参与行政复议的权利得以实现。提起行政复议的便利表现为:管辖上,原则上让申请人自己选择;申请形式上,规定了可以口头申请;申请期限上,放宽了申请复议的期限。参加复议活动的便利表现为:申请人、第三人可以委托代理人参加行政复议;行政复议机关受理行政复议申请,不得向申请人收取任何费用。

2. 行政复议范围

(1) 具体行政行为

有十种情形是明确可以申请行政复议的:①行政处罚案件;②行政强制措施案件;③行政许可证管理案件;④行政确权案件;⑤侵犯法定经营自主权案件;⑥农业承包合同案件;⑦违法要求履行义务案件;⑧行政许可案件;⑨不履行法定职责案件;⑩行政给付案件。

《行政复议法》第 6 条明确规定:"有下列情形之一的,公民、法人或者其他组织可以依照本法申请行政复议:(一)对行政机关作出的警告、罚款、没收违法所得、没收非法财物、责令停产停业、暂扣或者吊销许可证、暂扣或者吊销执照、行政拘留等行政处罚决定不服的;(二)对行政机关作出的限制人身自由或者查封、扣押、冻结财产等行政强制措施决定不服的;(三)对行政机关作出的有关许可证、执照、资质证、资格证等证书变更、中止、撤销的决定不服的;(四)对行政机关作出的关于确认土地、矿藏、水流、森林、山岭、草原、荒地、滩涂、海域等自然资源的所有权或者使用权的决定不服的;(五)认为行政机关侵犯合法的经营自主权的;(六)认为行政机关变更或者废止农业承包合同,侵犯其合法权益的;(七)认为行政机关违法集资、征收财物、摊派费用或者违法要求履行其他义务的;(八)认为符合法定条件,申请行政机关颁发许可证、执照、资质证、资格证等证书,或者申请行政机关审批、登记有关事项,行政机关没有依法办理的;(九)申请行政机关履行保护人身权利、财产权利、受教育权利的法定职责,行政机关没有依法履行的;(十)申请行政机关依法发放抚恤金、社会保险金或者最低生活保障费,行政机关没有依法发放的;(十一)认为行政机关的其他具体行政行为侵犯其合法权益的。"

(2) 抽象行政行为

抽象行政行为原则上不能作为行政复议对象,但有三项例外:国务院各部门的规定、县级以上地方各级人民政府及其工作部门的规定、乡镇人民政府的规定。即《行政复议法》第 7 条规定:"公民、法人或者其他组织认为行政机关的具体行政行为所依据的下列规定不合法,在对具体行政行为申请行政复议时,可以一并向行政复议机关提出对该规定的审查申请:(一)国务院部门的规定;(二)县级以上地方各级人民政府及其工作部门的规定;(三)乡、镇人民政府的规定。前款所列规定不含国务院部、委员会规章和地方人民政府规章。规章的审查依照法律、行政法规办理。"

关于此规定应注意理解以下三点:第一,行政相对人提出对抽象行政行为进行审查,必须是在具体行政行为申请复议时一并提出,不得单独提出,且提出审查的抽象行政行为是规章以下的"规定",排除法律、法规、规章的审查。第二,行政复议机关可以对法律、法规、规章等规范性文件主动进行审查。第三,相对人要求进行的审查只能是抽象行政行为的合法性,不包括合理性。

3. 行政复议的排除事项

依据《行政复议法》规定,下列行为不属于行政复议范围:(1)国防、外交等国家行为;(2)行政机关制定、发布的具有普遍约束力的决定、命令;(3)行政机关对所属公务员和其他工作人员作出的录用、考核、任免、升降、辞退、回避、退休等人事处理决定和工资福利待遇等事项的处理决定;(4)上级行政机关对下级行政机关的请示等作出的答复性意见;(5)不具有强制力的行政指导行为;(6)上级行政机关责令下级行政机关依法履行法定职责的行为;(7)行政机关对信访问题作出的没有规定新的权利、义务的重复处理行为或者解释性答复;(8)行政机关落实历史遗留政策问题的行为;(9)公安、国家安全等机关依照《中华人民共和国刑事诉讼法》(以下简称《刑事诉讼法》)明确授权实施的行为;⑩调解行为以及法律规定的仲裁行为,行政机关与公民、法人或其他组织之间的民事纠纷;⑪没有行政管理职能的机关、组织作出的确认、鉴定以及其他涉及公民、法人或者其他组织权利、义务的行为;⑫对公民、法人或者其他组织的权利、义务不产生实际影响的行为。

(二) 实践准备

1. 让各组同学在实训前理解并掌握重复处理行为、内部行政行为、国家行为、部分行政行为的特征与性质,能够准确判断行政复议申请人提出复议申请的事项是否属于受案范围。

2. 将学生分成若干小组,每组同学选取一个案例学习并讨论行政复议案件受案条件;

3. 阅读行政法教材中有关行政复议的理论知识,熟练掌握《行政复议法》《行政复议法实施条例》等相关法律、法规及相关司法解释。

四、实训要点

对复议申请是否属于《行政复议法》规定的复议范围的审查,是复议机关审查中最重要的内容。但是在审查时有两种截然不同的选择:一种是只有列入行政复议范围的事项才可以行政复议,另一种是只要未列入行政复议排除范围的事项都可以复议。

行政复议机关必须严格按照《行政复议法》第6条规定的范围进行审查,不能以各种借口将符合复议范围的申请排除在受理范围之外,同时也不能盲目扩大复议范围。根据有关法律规定,需要通过其他方式和途径解决问题的,应告知申请人求助有关机关处理,不能随意受理其复议申请。

如果申请行政复议属于行政复议范围,行政机关要进一步审查其他事项,如是否属于本机关管辖,以确定是否需要转送或者告知。如果申请行政复议的事项不属于行政复议范围的,则要以此为由,作出不予受理的决定。

在行政复议机关内部,作出不予受理决定需要经过行政复议不受理审批程序。根据《行政复议法》第17条的规定,不予受理决定应当由行政复议机关作出,其表现形式为《不予受理行政复议申请决定书》。

五、实训过程

1. 将学生分组,各组通读案例。
2. 各小组讨论,明确各案例是否属于行政复议受案范围,并表明立场。
3. 根据学生观点,将学生分为正反两组,正方由支持案例属于行政复议范围的同学组成,反方由赞成案例不属于行政复议范围的同学组成。
4. 正方同学为复议申请人,反方同学为复议机关,双方通过辩论表达自己的观点。
5. 辩论后,双方互换角色和观点,进行下一轮观点交流。
6. 最后双方各派代表总结发言,并看各方学生观点有无改变。

六、实训点评

(一) 案例一点评

首先,判断本案中驳回当事人申诉的信访答复是否属于行政复议的受案范围。根据《行政复议法》第6条、第7条的规定,行政机关驳回当事人申诉的信访答复,属于行政机关针对当事人不服行政行为的申诉作出的重复处理行为,并未对当事人的权利义务产生新的法律效果,不是行政复议法所规定的可以申请行政复议的行政行为。因此,本案当事人杨某不服行政机关作出的上述信访答复,申请行政复议,行政复议机关D市人民政府应当作出不予受理决定。

(二) 案例二点评

《行政复议法》规定公民、法人或者其他组织对行政机关的行政行为不服可以申请复议,但没有规定对行政复议结论不服时可以再次申请复议。J市人民政府已经就张某申请行政复议作出决定不予受理的决定,以及H省(J市所在省)民政厅也就张某不服J市民政局上述答复向其提出的行政复议申请,作出《关于对张某行政复议申请的答复意见》。因此,张某对复议机关的答复意见不服,再次向H省人民政府提出的复议,实质是一种信访申诉行为,不受《行政复议法》的调整,要求判令H省人民政府限期作出复议决定没有法律依据。

(三) 案例三点评

依据《行政复议法》《行政复议法实施条例》,国务院《关于机关、事业单位离退休人员增加离退休费的通知》(国发〔1995〕32号),人事部、财政部《关于机关、事业单位离退休人员增加离退休费的通知》(人发〔1997〕91号)以及国务院办公厅转发人事部、财政部《关于从2001年10月1日起调整机关事业单位工作人员工资标准和增加离退休人员离退休费三个实施方案的通知》的精神,调整机关事业单位工作人员工资标准和增加离退休人员离退休费均属行政内部行为及人事处理决定。××县人民政府根据该县的财政收入对离退休费如何处置属内部行政行为及人事方面的处理行为。海南省政府依照《行政复议法》第8条的规定,认定申请复议的问题属于行政机关作出的行政处分或者其他人事处理决定,申请人应依照有关法律、行政法规的规定提出申诉。故作出不予受理决定,并无不当。

七、实训拓展

1. 城市房屋拆迁过程中的行政行为是否属于行政复议受案范围?
2. 行政复议范围确定的原则有哪些?
3. 行政复议受案范围的法理依据有哪些?
4. 我国行政复议受案范围有何瑕疵?应如何完善?

八、实训法规

《中华人民共和国行政复议法》第6~8条

(请扫描二维码或访问 http://2d.hep.cn/1353451/8)

第二节　行政复议申请及受理程序

一、实训目标

1. 掌握行政复议申请人、行政复议被申请人及行政复议机关的确定方法。
2. 掌握行政复议申请程序的具体规定,如申请方式、权利义务告知事项。
3. 掌握行政复议申请的审查与处理,行政机关的职责任务及相应的法律义务。
4. 掌握行政复议申请程序过程中的文书写作要求。

二、实训素材

案例一:

赵××原为某市一中外合资企业合同工,1999年3月26日被聘到该公司企管部工作,工资标准2 500元/月,试用期为3个月,期间工资按80%执行。试用期满后,公司将其调入综合管理部工作。1999年9月,公司鉴于其本人工作表现,决定予以辞退。赵××以该公司未按2 500元/月的工资标准发放工资和未给其办理社保为由,向市劳动局投诉,要求对公司予以查处,保护其本人合法权益。市劳动局调查后,对该公司进行了处罚,同时责成妥善处理赵××反映的有关情况。申请人认为市劳动局对公司处罚过轻,向市人民政府申请行政复议。

案例二:

肖某,生前系××县煤矿工人。2006年11月1日,肖某驾驶"广州宏达"助力车从其家沿龙小线往××县城方向行驶,前往煤矿上零点班,当晚22时13分车行至龙小线4 Km+300 m路段时,因注意前方动态不够,撞于同方向占道停车的变型运输机尾部,造成肖某当场死亡。2006年11月10日,××县公安局交通警察大队作出×公交[2006]10041号事故认定书,认定变型运输机驾驶员和肖某两人负同等责任。2007年3月26日,钟某(死者肖某之妻)向××市劳动和社会保障局申请工伤认定。2007年7月30日,××市劳动和社会保障局以肖某无证驾驶助力车系属违反治安管理行为,作出不认定为工伤

(亡)的决定。

钟某不服,向××市人民政府申请行政复议。

××市人民政府复议认为,肖某无证驾驶机动车的违法行为,其性质属于道路交通安全违法行为,不属于违反治安管理行为;××市劳动和社会保障局不认定肖某为工伤(亡),适用法律错误,肖某驾驶助力车在上班途中遭遇交通事故身亡,属于《工伤保险条例》第14条第(六)项应当认定为工伤的情形。

2007年11月9日,××市人民政府依照《行政复议法》第28条第1款第(3)项的规定,撤销××市劳动和社会保障局×市劳社伤认字[2007]第211号工伤认定决定,认定肖某为工伤(亡)。

三、实训准备

(一)理论准备

1. 行政复议申请人

对行政主体作出的具体行政行为不服,依据法律、法规的规定,以自己的名义向行政复议机关提起行政复议的公民、法人或其他组织。须满足以下具体条件:(1)本人认为自身合法权益受到侵害;(2)必须与具体行政行为有法律上的利害关系。

2. 行政复议被申请人

行政复议被申请人,是作出被申请行政复议的具体行政行为的行政机关。公民、法人或其他组织对其作出的具体行政行为不服提出复议申请,并由行政复议机关通知其参加行政复议的行政主体,具体包括:

(1) 作出具体行政行为的行政机关是被申请人。

(2) 两个或两个以上行政机关以共同名义作出同一具体行政行为的,行政机关为共同被申请人;行政机关与法律、法规授权的组织以共同的名义作出具体行政行为的,二者为共同被申请人;行政机关与其他组织以共同名义作出具体行政行为的,行政机关为被申请人。

(3) 法律、法规授权的组织作出的具体行政行为引起行政复议,该组织是被申请人。

(4) 下级机关依照法律、法规、规章规定,经上级行政机关批准作出具体行政行为的,批准机关为被申请人。

(5) 行政机关设立的派出机构、内设机构或者其他组织,未经法律、法规授权,对外以自己名义作出具体行政行为的,该行政机关为被申请人。

(6) 行政机关委托的组织作出的具体行政行为引起行政复议,委托机关是被申请人。

(7) 作出具体行政行为机关被撤销的,继续行使其职权的行政机关是被申请人。

3. 行政复议第三人

行政复议第三人,是同被申请的具体行政行为有利害关系,参加行政复议的其他公民、法人或者其他组织。

(1) 行政复议第三人的基本特征有:①第三人与具体行政行为有利害关系;②第三人必须是在行政复议过程中加入到行政复议;③第三人享有独立的行政复议地位;④第三人参加复议必须经过行政复议机关批准。

(2) 第三人的种类包括:①行政处罚案件中的被处罚人和被害人;②行政确权案件中的

双方当事人;③与被申请复议的具体行政行为有其他利害关系;④两个以上行政机关作出相互矛盾的具体行政行为中,两个行政机关;⑥应当追加被申请人而申请人不同意追加的,应通知其作为第三人参加复议;⑦一个行政处理决定同时涉及数人,部分人申请行政复议,未申请复议的人可以作为第三人。

4. 行政复议机关与管辖

依照法律规定,复议机关为有权受理行政复议的申请,依法对被申请的行政行为进行合法性、适当性审查并作出决定的行政机关。

(1) 一般管辖

行政复议案件由被申请人上一级行政机关管辖:①申请人可以选择管辖;②地方政府管辖。

(2) 特殊管辖

① 本机关自己管辖。对国务院部门或者省、自治区、直辖市人民政府的具体行政行为不服的,向作出该具体行政行为的国务院部门或省、自治区、直辖市人民政府申请复议,不能直接向国务院申请。对行政复议决定不服的,可以向人民法院提起行政诉讼;也可以向国务院申请裁决,国务院依照行政复议法的规定作出最终裁决。

② 共同上一级机关管辖。对两个或者两个以上行政机关以共同名义作出的具体行政行为不服的,向其共同上一级行政机关申请复议:同一政府所属的两个或者两个以上的工作部门以共同名义作出具体行政行为的,由它们所属的政府管辖;不同级别的政府所属的两个或者两个以上的工作部门以共同名义作出具体行政行为的,由处于领导地位的政府进行管辖;两个或者两个以上地方政府共同作出具体行政行为的,由共同作出具体行政行为的政府的上一级政府管辖;行政机关与法律、法规授权的组织,或者两个或者两个以上法律、法规授权的组织以共同名义作出具体行政行为的,由对他们共同领导或有主管权的行政机关进行管辖。

③ 派出机关和派出机构的管辖:谁派出的向谁申请。对县级以上地方人民政府依法设立的派出机关的具体行政行为不服的,向设立该派出机关的人民政府申请行政复议;对政府工作部门依法设立的派出机构依照法律、法规或者规章规定,以自己的名义作出的具体行政行为不服的,向设立该派出机构的部门或者该部门的本级地方人民政府申请行政复议。

④ 法律、法规授权的组织的管辖。对法律、法规授权的组织的具体行政行为不服的,分别向直接管理该组织的地方人民政府、地方人民政府工作部门或者国务院部门申请行政复议。

⑤ 被撤销的行政机关的管辖。对被撤销的行政机关在撤销前所作出的具体行政行为不服的,向继续行使其职权的行政机关的上一级行政机关申请行政复议。

(3) 县级政府转送管辖

特殊情况下的复议管辖,申请人也可以向具体行政行为发生地的县级地方人民政府提出行政复议申请,由县级地方人民政府,自接到该行政复议申请之日起七日内,转送有关行政复议机关,并告知申请人。

(4) 复议机关的移送管辖

(5) 指定管辖

5. 行政复议申请条件

根据《行政复议法》的规定,行政复议申请应符合以下条件:

(1) 申请人符合资格。

(2) 有明确的申请人和符合规定的被申请人。

(3) 有具体的行政复议请求和理由。

(4) 属于行政复议法规定的行政复议范围。

(5) 属于收到行政复议申请的行政复议机构的职责范围。

(6) 符合程序条件。

(7) 在法定申请期限内提出。公民、法人或者其他组织认为具体行政行为侵犯其合法权益的,可以自知道该具体行政行为之日起60日内提出行政复议申请;但是法律规定的申请期限超过60日的除外。关于确定"知道该具体行政行为之日",应注意:①当场作出具体行政行为的,自具体行政行为作出之日起计算;②载明具体行政行为的法律文书直接送达的,自受送达人签收之日起计算;③载明具体行政行为的法律文书邮寄送达的,自受送达人在邮件签收单上签收之日起计算;没有邮件签收单的,自受送达人在送达回执上签名之日起计算;④具体行政行为依法通过公告形式告知受送达人的,自公告规定的期限届满之日起计算;⑤行政机关作出具体行政行为时未告知公民、法人或者其他组织,事后补充告知的,自该公民、法人或者其他组织收到行政机关补充告知的通知之日起计算;⑥被申请人能够证明公民、法人或者其他组织知道具体行政行为的,自证据材料证明其知道具体行政行为之日起计算。

6. 行政复议申请方式

根据《行政复议法》第11条的规定,申请人申请行政复议,可以书面申请,也可以口头申请;口头申请的,行政复议机关应当当场记录申请人的基本情况、行政复议请求、申请行政复议的主要事实、理由和时间。《行政复议法实施条例》又增加了电子邮件申请的方式。

7. 行政复议申请期限

公民、法人或者其他组织认为具体行政行为侵犯其合法权益的,可以在知道具体行政行为之日起60日内提出行政复议申请;但是法律规定的申请期限超过60日的除外。

因不可抗力或者其他正当理由耽误法定申请期限的,申请期限自障碍消除之日起继续计算。被申请的具体行政行为是不作为的:①有履行期限规定的,自履行期限届满之日起计算;②没有履行期限的,自行政机关收到申请满60日起计算;③在紧急情况下请求行政机关履行保护人身权、财产权的法定职责,行政机关不履行的,申请期限不受上述规定的限制。

(二) 实践准备

1. 学生结合实训案例做好复议申请程序的知识准备,学生查阅并熟练掌握《行政复议法》《行政复议法实施条例》等相关法律、法规及相关司法解释。

2. 按照学生人数的多少,将学生分成若干小组,扮演行政复议申请人和行政复议机关不同角色。

3. 实训前将实训素材的基本案情资料传发给学生,要求学生根据实训素材分组讨论各自需要的法律依据、相关证据、法律文书等材料。

4. 各组汇报自己准备的材料并发言阐述行政复议申请过程中自己需要完成的任务及注意事项。

四、实训要点

行政复议申请程序由复议申请人的申请行为与复议机关的受理行为结合而成。

(一) 复议申请人做好复议申请前的准备

根据《行政复议法》的规定,公民、法人或其他组织认为具体行政行为侵犯其合法权益,可以向行政复议机关提出复议申请。行政复议作为一种重要的行政救济方法,及时纠正行政机关的错误,能够为公民、法人或者其他组织的合法权益提供有力的法制保障,使其免受不法行政的侵害,并使受到侵害的权益得到恢复,提出行政复议申请是整个行政复议活动的起始阶段。

1. 复议申请必须满足一定的条件(具体条件参见上文)。
2. 在行政复议过程中,申请人享有一些重要的权利:
(1) 申请人在行政复议时可以一并提出行政赔偿要求。
(2) 申请人、第三人可以委托一至二人作为代理人代为参加行政复议,经申请人特别授权代理人可以代为放弃、承认、变更行政复议请求,进行和解、调解,提出、放弃、承认、变更行政赔偿请求。
(3) 申请人、第三人有权申请复议案件承办人回避。
(4) 申请人、第三人可以查阅、摘抄被申请人提出的书面答复、作出具体行政行为的证据、依据和其他有关材料。当然涉及国家秘密、商业秘密和个人隐私的除外。
(5) 申请人可以向复议机关申请停止执行具体行政行为。
(6) 申请人、第三人有权就复议请求或所主张事实向复议机关提交证据、提出意见、进行申辩。
(7) 申请人、第三人可以申请复议机关向有关单位和个人提取因客观原因自己无法收集的证据。
(8) 复议决定作出前,经复议机关同意,申请人可以撤回复议申请。
(9) 对复议决定不服,在法定期限内,申请人或第三人可以提出行政诉讼,法律规定复议终局的除外。
3. 复议申请人可以书面形式或者口头形式提出申请。实践中复议机关不应以申请人提出复议申请的方式不合法为由拒绝申请人的行政复议申请。申请人以书面方式申请的,可以采取邮寄递交、传真递交、网上递交、当面递交等方式。

(二) 复议机关受理行政复议申请

提出和接受行政复议申请,是一个事物的两个方面。行政复议机关收到行政复议申请,经过初步审查要将案件进行处理,也称之为来件处理,即对来件作出是否由本机关受理并继续审理的处理。该工作主要由案件主办人负责。案件主办人根据法律、法规以及有关规定,自收到申请人的复议申请之日起5个工作日内,对行政复议申请进行受理审查,并依据《行政复议法》第17条、第18条的规定拟作出"受理、不予受理、告知、转送、其他"等决定。

1. 接案

(1) 接受行政复议申请材料。行政复议机关接受行政复议申请,是整个行政复议过程的第一步,通过接受复议申请,该行政复议机关即负有了对该行政复议申请依法进行处理的法定职责。

(2) 初步审查申请材料是否齐全。行政复议机构收到行政复议申请后,要初步审查申请材料是否齐全。

(3) 审查处理:申请人当面提交的材料不齐全或者表述不清楚的,由接案人员当面一次性告知申请人需要补充的行政复议申请材料,并将材料退回申请人,同时将接案过程进行记录并予以保存。对申请人以邮寄、传真或电子邮件的方式递交申请的,由案件主办人以行政复议机构的名义,自收到该行政复议申请之日起5日内书面通知申请人补正。

(4) 编号、登记。行政复议机构收到行政复议申请,都会以某种形式对案件进行登记。如填写《行政复议案件登记表》,或利用专门的行政复议案件办理信息系统实现案件登记。

(5) 报送行政复议机构负责人。接案人员应当在接到行政复议申请后将材料报送行政复议机构的负责人,由负责人指定案件主办人和协办人,并将相关材料交给主办人员。

2. 受理

案件主办人根据法律、法规及相关规定,自收到申请人的复议申请之日起5个工作日内,对行政复议申请进行受理审查,并拟作出不予受理、补正、告知、予以受理等决定。

(1) 受理审查的内容主要包括:①行政复议申请材料是否齐全,表述是否清楚;②是否有明确的申请人和符合规定的被申请人;③申请事项是否属于行政复议范围;④是否具有具体的行政复议请求和理由;⑤有无必要的事实根据;⑥是否属于本机关管辖;⑦是否在法定申请期限内提出复议申请;⑧是否重复提出复议申请。

需要注意的是,在案件受理阶段对这些内容的审查都只能是形式审查,经过形式上的审查,办案人员作出拟处理决定。

(2) 受理审查的处理:①申请事项不属于行政复议范围的,如依据有关法律规定需要通过其他方式解决的,应告知申请人求助有关机关处理,不能随意受理。②如申请人不具备申请人资格,行政机关不予受理。对于没有明确的被申请人的,行政机关可以要求申请人补正。③行政复议申请中的复议请求不明确的,复议机构应通知申请人补正。④行政复议原则上由被申请人承担举证责任,但是申请人也要提供适当的证据,以证明其行政复议申请存在的事实基础。如申请人须提供被申请人行政复议的具体行政行为存在的证据;对被申请人不作为不服申请复议的,应提供曾申请被申请人履行法定职责的证据等。行政复议申请中欠缺必要事实依据的,应通知申请人补正。⑤复议机关认为不属于自己管辖的,应告知申请人向有管辖权的机关申请。⑥复议申请超过了申请期限、已经提起行政诉讼或者属于重复提出的,行政机关都会作出不予受理的通知。⑦除行政复议机关能够证明行政相对人的申请不符合条件而决定不予受理或者不属于本机关的管辖而履行告知、转送义务外,其他所有的复议申请均需予以受理。

3. 被申请人答复

行政复议机构决定受理行政复议申请后,应当在7日内向被申请人发送《行政复议答复通知书》,并将《行政复议申请书》副本或行政复议申请笔录复印件发送给被申请人。被申请人应当自收到申请书副本或申请笔录复印件之日起 10 日内,提出书面答复,并提交当初作出具体行政行为的证据、依据和其他申请材料。

五、实训过程

1. 将学生分为 A、B 两组,A 组作为行政复议申请人,B 组作为行政复议机关。

2. 提出行政复议申请。A 组同学可进行口头申请或书面申请,书面申请需填写行政复议申请书,将行政复议申请书递交行政复议机关。

3. 接受复议申请。B 组同学接受申请人提交的申请书,审查并登记在案,经过审批程序做案件登记的处理工作。

4. 各组同学分组讨论并各自阐述自己观点,实训素材的案例中申请人是否符合条件、行政复议机关的做法是否恰当,实训中存在哪些问题,现实中应注意哪些问题。

六、实训点评

实训素材中案例一的训练目的是让学生分析赵××是否属于行政复议的申请人,能否提起行政复议。

争议的焦点是赵××是否具备行政复议申请人资格,是否只有行政管理相对人才能申请行政复议?讨论过程中主要有两种观点:

一种观点认为:赵××不具有行政复议申请人资格。行政管理相对人身份是具备行政复议申请人资格的前提,是申请行政复议的基本要求。根据《行政复议法》第 9 条的规定,公民、法人或其他组织认为行政机关的具体行政行为侵犯其合法权益的,可以提起行政复议。实际上,该条限定了行政复议申请主体只能是行政管理相对人。而申请人赵××并非市劳动局作出的行政处罚这一行政行为所指向的公民,即不是行政管理相对人,因此不具备行政复议申请人资格。

另一种观点认为:赵××具有行政复议申请人资格。与具体行政行为具有利害关系的人都具备行政复议申请人的资格,市劳动局的行政行为影响了赵××的权利和义务。本案中,市劳动局的处罚与赵××本人有利害关系,因为申请人赵××的投诉目的在于维护其本人合法的劳动权利,但市劳动局的处罚并没有对其本人反映的问题进行处理解决。因此该处罚虽然表面上与其本人没有利害关系,但是从其本人的投诉来看,其合法权益显然没有得到维护。因此赵××具备行政复议申请人资格。

七、实训拓展

行政复议案件中,复议机关接受复议申请是否需要出具接受凭据?如果行政复议机关不出具凭证,复议申请人应如何维护自己的权益?

(请扫描二维码或访问 http://2d.hep.cn/1353451/9)

八、实训法规

《中华人民共和国行政复议法》第 9～18 条

九、实训文书

（一）行政复议申请书

行政复议申请书

申请人：钟×，女，36岁，汉族，身份证号：220××××××××××××××，×县×乡×村村民，住址：×县×乡×村×号。

被申请人：××市劳动和社会保障局，地址：×市×区×街。

法定代表人：王××

案由：申请人钟×不服被申请人××市劳动和社会保障局作出的×市劳社伤认字[2007]第211号工伤认定决定，向××市人民政府申请行政复议。

一、复议请求

1. 撤销被申请人作出的×市劳社伤认字[2007]第211号工伤认定决定；

2. 认定肖某为工伤。

二、申请行政复议的主要事实、理由和依据

1.《工伤保险条例》第16条规定，因犯罪或违反治安管理伤亡的，不得认定为工伤或者视同工伤。肖某虽然是"无证驾驶"助力车，但其违反的是《道路交通安全法》的有关规定，而不属于违反治安管理行为，因为《治安管理处罚法》中没有规定"无证驾驶"机动车属违法行为。××市劳动和社会保障局以肖某的死亡是由自己无证驾驶造成，对其不认定工伤(亡)没有法律依据；

2. 根据《工伤保险条例》第14条第(6)项之规定，职工有下列情形之一的，应当认定为工伤：在上下班途中，受到非本人主要责任的交通事故或者城市轨道交通、客运轮渡、火车事故伤害的。肖某驾驶助力车在上班途中遭遇交通事故身亡，属于《工伤保险条例》第14条第(6)项应当认定为工伤的情形。

此致

申请人：钟×（签名或单位盖章）
××××年××月××日

(二) 行政复议案件登记表

行政复议案件登记表

复议机关　　　　　　[类别]　　　　案件编号：　[　]　号

案件名称 （案由）			行政管理类别		
收到申请日期		申请方式	（口头/书面）	申请人数	（1个法人人数计为1）
申请人	（申请人姓名/组织名称）			类别	（公民/组织）
身份证(护照)号	（申请人为公民时填写）		性别	年龄	
住所(联系地址)		邮编		电话	
法定代表人姓名	（其他组织填写主要负责人）	职务		电话	
工作单位	（申请人为公民时填写）				
委托代理人姓名	联系地址		电话		
被申请人名称			类别	（乡政府等）	
申请复议事项	（行政处罚/行政强制措施/其他）	赔偿	（一并/单独）	复议前置	（是/否）
事实和理由					
来件处理	（受理/不予受理/告知）				
审理方式	（开庭审理/书面审查/实地调查）				
审理结果	（驳回/维持/确认违法/撤销/变更/责令履行/调解/终止/其他）				
结案时间	（受理的案件/其他处理的案件）				
承办人					
备注					

第三节　行政复议审理及决定程序

一、实训目标

1. 掌握行政复议机关办案人员在审理、决定复议案件过程中应履行的职责和应注意的事项。
2. 通过实训了解行政复议审理、决定流程，具备针对不同情况作出相应行政复议决定的能力。

3. 能独立完成行政复议审理、决定过程中使用的法律文书。

二、实训素材

冯××系JD股份有限公司的职工,2006年6月6日20时许冯××下班后驾驶私有的苏F××××号二轮摩托车由东向西行至××市中山东路健美浴室前路段,与对向行驶的拖拉机相撞发生事故,致其受伤,经抢救无效于当日死亡。2007年5月31日其父冯×向××市劳动和社会保障局申请工伤认定,××市劳动和社会保障局于2007年7月25日作出×劳社工认字[2007]第A014号工伤认定决定书,JD股份有限公司不服该工伤认定决定于2007年9月24日向××省××市人民政府申请行政复议,在复议审查期间××省××市人民政府以有关事实需进一步核实为由于2007年11月20日撤销了×劳社工认字[2007]第A014号工伤认定决定书,于2008年1月19日作出×劳社工认字[2008]第A0001号工伤认定决定书。JD股份有限公司亦不服,于2008年3月25日向××省××市人民政府申请行政复议。

三、实训准备

(一) 理论准备

1. 行政复议审理

《行政复议法》第22条规定:"行政复议原则上采取书面审查的办法,但是申请人提出要求或者行政复议机关负责法制工作的机构认为有必要时,可以向有关组织和人员调查情况,听取申请人、被申请人和第三人的意见。"即行政复议采用以书面审查为主,其他方式为辅的审理方式。

行政复议机关应当从具体行政行为本身、案件事实、证据、程序等方面全面进行审查。审查的具体内容如下:

(1) 审查具体行政行为的合法性、适当性

主要工作有:①审查被申请人是否具有作出该项具体行政行为的职权。②审查被申请人是否超越法定权限范围。③被申请人如果是非行政机关的社会组织,该社会组织行使的行政执法权是否具有法律、法规的授权。④审查具体行政行为的内容是否合法。⑤审查被申请人作出具体行政行为时适用的法律依据是否正确。⑥复议机关审查作出原行政行为的行政机关所行使的自由裁量权是否适当。

(2) 审查案件事实、证据

主要工作有:①行政复议机关对照双方的陈述,逐一审查案件争议的事实、根据、时间、内容、形式等,排查一致点和矛盾点,确定需要进一步查清的问题。②审查证据。即对当事人提供的证据逐一审查。审查证据的真实性、充分性。③调查取证。对需进一步证明的问题,认为有必要时向争议双方、有关单位及有关人员进行调查。

(3) 审查程序

主要工作有:①作出原行政行为的行政机关是否违反法定的处理程序。②作出原行政行为的行政机关是否属于先处罚后取证。③作出原行政行为的行政机关是否违反法定形式。④作出原行政行为的行政机关是否向当事人告知过复议权、诉权等。

(4) 行政规定的审查

对具体行政行为所依据的规范性文件的审查,复议机关可以主动审查,也可以依相对人申

请后被动审查。行政复议机关有权处理的,应当在 30 日内依法处理;无权处理的,应当在 7 日内按照法定程序转送有权处理的行政机关依法处理。处理期间,中止对具体行政行为的审查。

需注意,根据《行政复议法》第 21 条的规定,行政复议期间具体行政行为不停止执行,但有下列情形之一的,可以停止执行:①被申请人认为需要停止执行的;②行政复议机关认为需要停止执行的;③申请人申请停止执行,行政复议机关认为其要求合理,决定停止执行的;④法律规定停止执行的。

2. 行政复议决定内容

复议机关经过对复议案件的审查,在 60 日内应根据不同情况分别作出相应的行政复议决定。根据《行政复议法》的规定,行政复议决定主要有以下几种:

(1) 维持决定

复议机关经过对具体行政行为审查,认为其认定的事实清楚,证据确凿,适用法律依据正确,程序合法,内容适当,依法作出否定申请人的复议申请,维持被申请人的具体行政行为的复议决定。

(2) 履行决定

复议机关经过对具体行政行为审查,认为被申请人未履行法定的职责,作出责令其在一定期限内履行法定职责的决定。被申请人未履行法定的职责包括拒不履行和拖延履行法定职责。

(3) 撤销、变更决定和确认违法决定

复议机关经过对具体行政行为审查,认为具体行政行为有下列情形之一的,决定撤销、变更或者确认该具体行政行为违法;决定撤销或者确认该具体行政行为违法的,可以责令被申请人在一定期限内重新作出具体行政行为:①主要事实不清、证据不足的;②适用法律依据错误的;③违反法定程序的;④超越或者滥用职权的;⑤具体行政行为明显不当的。

被申请人未依照行政复议法的规定提出书面答复、提交当初作出具体行政行为的证据、依据和其他有关材料的,视为该具体行政行为没有证据、依据,行政复议机关应当决定撤销该具体行政行为。

具体行政行为有下列情形之一,行政复议机关可以决定变更:①认定事实清楚,证据确凿,程序合法,但是明显不当或者适用依据错误的;②认定事实不清,证据不足,但是经行政复议机关审理查明事实清楚,证据确凿的。

(4) 驳回复议申请

行政复议机关经过审查,认为有下列情形之一的,应当决定驳回行政复议申请:①申请人认为行政机关不履行法定职责申请行政复议,行政复议机关受理后发现该行政机关没有相应法定职责或者在受理前已经履行法定职责的;②受理行政复议申请后,发现该行政复议申请不符合行政复议法和实施条例规定的受理条件的。

上级行政机关认为行政复议机关驳回行政复议申请的理由不成立的,应当责令其恢复审理。

(5) 责令被申请人赔偿的决定

行政复议机关经过审查,认为公民、法人或者其他组织中申请行政复议时一并提出的行政赔偿请求,符合国家赔偿法的有关规定,根据《行政复议法》第 29 条的规定,"申请人在申请行政复议时可以一并提出行政赔偿请求,行政复议机关对符合国家赔偿法的有关规定应当给予赔偿的,在决定撤销、变更具体行政行为或者确认具体行政行为违法时,应当同时决定被申请人依法给予赔偿。申请人在申请行政复议时没有提出行政赔偿请求的,行政复议机关在依法决定撤销或者变更罚款、撤销违法集资、没收财物、征收财物、摊派费用以及对财产的查封、扣押、冻结等具体行政行为时,应当同时责令被申请人返还财产,解除对财产的查封、扣押、冻结措施,或者赔偿相应的价款",应当依法作出责令被申请人赔偿的决定。

(二) 实践准备

1. 按照学生人数的多少,将学生分成若干小组,并确定扮演的不同角色。

2. 阅读行政法教材中有关行政复议案件审理、决定和执行等基础理论知识,熟练掌握《行政复议法》《行政复议法实施条例》《全国人大常委会法制工作委员会关于行政复议机关能否加重对申请人处罚问题的答复意见》《国务院法制办公室关于行政复议等有关问题的复函》《国务院法制办公室关于印发〈行政复议法律文书示范文本〉的通知》等文件,同时尽最大可能熟悉各种行政复议案件处理过程中涉及的相关问题。

3. 实训前将实训素材的基本案情资料传发给学生,要求检索有关程序法和实体法方面的法律依据,根据具体实训案例明确行政复议机关的权利义务,判断复议机关对证据的要求是否完善,对法律依据的审查是否正确,复议决定是否适当。

四、实训要点

在行政复议机构受理申请人依法提出的复议申请后,接下来的任务就是对被申请人作出的具体行政行为进行审理,并根据审理活动作出行政复议决定。这里的审理程序及复议决定作出程序是需要我们掌握的重点。此外在复议决定作出后,还涉及决定的送达、履行及案卷归档程序,我们在此一并作简单了解。

1. 调查取证

在行政复议中,由被申请人承担举证责任,复议申请人、第三人享有举证的权利、不承担举证的义务。但是为了保证复议机关全面客观地查明案件事实,复议机关可以依当事人的申请或者依职权调查取证。需要特别说明的是,行政复议机关收集的证据,不应当是证明原具体行政行为合法或者适当的证据。

调查取证时,行政复议人员不得少于两人,并应当向当事人或者有关人员出示证件。掌握行政复议的决定程序及行政复议决定书的撰写。

2. 审查

审查主要从以下几个方面进行:

(1) 对行政行为主体资格的审查,即该执法主体是否依据相关法律法规的规定而成为合法的行政主体。

(2) 对行政行为主体权限的审查,权限审查的核心就是是否存在越权、是否滥用职权。

(3) 审查法律依据是否正确。实践中常出现的错误有适用规范性质错误、适用无效的规范、越权适用规范、适用法律法规条款错误、适用法律法规对象错误等。

(4) 审查被申请人作出具体行政行为是否符合法定程序。只要违反了法定程序,都构成确认其违法、撤销、变更的理由。程序违法的有多种表现:一是不经过应该经过的步骤,如没有表明身份、没有告知对方权利义务、没有听取对方的申诉辩解。二是附加不应当经过的步骤。三是步骤颠倒,如先处罚后收集证据。四是不遵守时限等。

(5) 审查具体行政行为是否适当。主要可以关注以下四个方面:一是是否同等情况同等对待;二是行政机关所做的决定和行政相对人应受的处理二者之间是否成比例;三是是否符合公正法则,是否具有合理的动机;四是行政机关的行为是否前后一致。

(6) 在行政复议案件审查过程中会出现一些特殊情况,如出现法定中止事由、出现需延期审理的事由,行政复议机关要视不同情况按相关规定处理。

3. 作出复议决定

复议案件经过上述审查环节,进入结案审批环节,即经过审理,形成行政复议案件结案报告,案件主办人重点说明本案需要特别报告的事项。对行政复议案件作出实质性决定的,要制作《行政复议决定书》,连同结案报告一起报送复议机构负责人、复议机关负责人审批,完成《行政复议案件审批表》。行政复议决定的内容参见理论准备相关知识。

4. 行政复议决定的送达

行政复议文书可以采取直接送达、邮寄送达、公告送达或者民事诉讼法规定的其他方式送达案件当事人。复议决定书一经送达,即发生法律效力。严格来说,所有的行政复议法律文书的来往,都需要制作送达回证,但是在实践中,只需要保证重要的行政复议法律文书能够做到即可。

5. 行政复议决定的履行

一般情况下,行政复议决定作出后,行政复议申请人或者复议被申请人应自动履行,但被申请人不履行或拖延履行的,复议机关可以责令其履行。复议申请人或第三人对复议决定不服可以提出行政诉讼,如果既不履行也不诉讼的,则由行政机关自行强制履行或申请法院强制执行。

6. 案卷整理归档

五、实训过程

(一) 提出行政复议申请

A组(代表申请人 JD 股份有限公司)同学可采用书面申请(或口头申请)的方式递交复议申请书。

(二) 审查受理复议申请

B组(代表复议机关 ××省××市人民政府)同学首先需审查 JD 股份有限公司的复议申请是否符合行政复议法规定的申请条件,若符合条件,在规定时间内向钟某作出受理的答复,填写并送达受理通知书(见附件一)。

(三) 被申请人答辩

C组(代表被申请人冯×)同学自收到复议申请书副本或申请笔录复印件之日起10日内,提出书面答复,填写答辩书,并提交当初作出具体行政行为的证据、依据和其他有关材料进行答辩。

(四) 进行审理

B组(代表复议机关 ××省××市人民政府)同学审查具体行政行为是否合法、适当。

(五) 作出行政复议决定

审查后,B组(代表复议机关 ××省××市人民政府)制作行政复议决定书(见附件二)。

(六) 送达

将复议决定书送达双方当事人。

六、实训点评

1. 回顾上节课内容。行政复议机关对复议申请的审查注意对申请人资格、申请事项是否属于复议范围、复议申请是否属于复议机关管辖以及申请时间是否符合法律规定等事项。

2. 行政复议机关在法定时限内作出决定,决定受理复议申请的,在法定时限内下达受理通知书。告知被复议机关被复议事项以及送达相关法律文书复印件。

3. 被复议机关在法定时限内提交答辩书,同时提交作出具体行政行为的证据、依据以及其他相关材料,被复议期间被复议机关不得自行搜集证据。

4. 复议机关在进行复议审查时针对复议决定的合法性、合理性进行审查。复议机关可采取书面审查方式进行审查,必要时也可向双方当事人了解情况。

5. 复议机关在法定时限内作出复议决定,向双方当事人送达复议决定,并告知复议申请人不服复议决定的救济方式。

七、实训拓展

1. 行政复议审查内容与行政诉讼审查内容的区别。
2. 行政复议决定类型与行政诉讼判决类型的区别。

八、实训文书

(一)受理通知书

××省××市人民政府
受理通知书

×政复受字[　　]第×号

JD股份有限公司:

你单位不服××市劳动和社会保障局作出的×劳社工认字[2008]第A0001号工伤认定决定书,于2008年3月25日向本机关提出的行政复议申请,经审查,符合《中华人民共和国行政复议法》的规定,本机关已决定受理。现提示如下事项:

一、你本人(你单位)有权在接到本通知书之日起15日后至20日期间来本机关查阅被申请人提出的书面答复和作出具体行政行为的证据、依据及其他有关材料(涉及国家秘密、商业秘密或者个人隐私除外)。查阅后提供补充意见的,应于查阅后3日内提供;逾期无正当理由不查阅或不提供补充意见的,视为放弃查阅或提供补充意见的权利。

二、委托他人代为复议,请提供你本人(你单位法定代表人)签名或盖章的授权委托书。复议代理人是律师的,还应提供其所在律师事务所出具的公函和律师本人的律师执业证书。

特此通知

××市人民政府行政复议办公室
2008年××月××日

(二)行政复议决定书

××省××市人民政府
行政复议决定书

(2008)×复(受)字第9号

申请人:JD股份有限公司,住所:××市中山路一号。
法定代表人:顾××,职务:董事长。
被申请人:××市劳动和社会保障局。住所:××市新行政中心。
法定代表人:华××,职务:局长。
第三人:冯×,男。

申请人JD股份有限公司(以下简称JD公司)因不服被申请人××市劳动和社会保障局(以下简称劳动局)作出的×劳社工认字[2008]第A0001号工伤认定决定书,于2008年3月25日申请行政复议,本政府依法立案受理后,发现冯×与该具体行政行为有利害关系,遂依法通知其作为本案第三人参加行政复议。为查明事实,正确适用法律,本政府依法组织了听证,申请人JD公司的特别授权代理人、被申请人劳动局的特别授权代理人、第三人冯×的特别授权代理人参加了听证会。现本案已审查终结。

各方当事人的主张

申请人JD公司称:第三人冯×之子冯××下班后并非离开单位往居住地东陈镇××村××组家中,而是前往相反的方向途中发生交通事故,该事故不属于工伤事故,被申请人认定错误,故申请行政复议,请求撤销被申请人作出的工伤认定决定。

被申请人劳动局称:其所作工伤认定决定认定事实清楚,证据确凿,适用法律正确,程序合法,请求予以维持。

第三人冯×称:被申请人作出的工伤认定决定认定正确,请求予以维持。

无争议的事实

根据申请人JD公司的申请书、被申请人劳动局的答复及其在答复期间内提交的证据材料、听证会记录,各方当事人对下列事实无争议,予以直接确认:1. 第三人冯×之子冯××系申请人JD公司的职工,2006年6月6日20时许冯××下班后驾驶私有的苏F××××号二轮摩托车由东向西行至××市如城镇中山东路健美浴室前路段,与对向行驶的拖拉机发生事故,致冯××受伤,经抢救无效于当日死亡。2. 2007年5月31日第三人冯×为其子冯××向被申请人劳动局申请工伤认定,被申请人于2007年7月25日作出×劳社工认字[2007]第A014号工伤认定决定书,申请人不服该工伤认定决定于2007年9月24日向本府申请行政复议,在复议审查期间被申请人以有关事实需进一步核实为由于2007年11月20日撤销了×劳社工认字[2007]第A014号工伤认定决定书。3. 被申请人于2008年1月19日作出×劳社工认字[2008]第A0001号工伤认定决定书,申请人亦不服于2008年3月25日申请行政复议,本府依法立案受理,被申请人在法定期限内提交了答复书和证据材料。

争议事项及各自证据

根据申请人 JD 公司的申请书、被申请人劳动局的答复及其在答复期间内提交的证据材料、听证会记录,各方当事人主要对下列事项存在争议:冯××是否是在合理的时间内在合理路线上发生了交通事故。

对此,被申请人劳动局提供了下列证据以证明其主张:

证据一:对袁××、高××的调查笔录和 JD 股份有限公司至袁××家的交通路线图,这组证据证明袁××家是冯××的居住地,冯××从 JD 公司经事故发生地点中山东路健美浴室至袁××家中所走路线为其上下班的合理路线。

证据二:对冒××的调查笔录和××市公安局交巡警大队出具的证明,该组证据证明冯××发生机动车事故的时间在冯××下班之后,属于合理时间内经过事故地点。

申请人 JD 公司提供了下列证据以证明其主张:

证据三:报名登记表,冒××、黄××、高××的证明材料,证明冯××的家庭住址在东陈镇××村××组,正常下班向东行走。

对相关证据的采信、观点评判及争议事项的认定

证据一是被申请人依职权进行调查核实时形成的调查笔录和路线绘制图,对该组证据材料的真实性、合法性、关联性予以确认。证据二是被申请人依职权进行调查核实时形成的调查笔录和交通安全管理部门依职权出具的证明,且申请人对该组证据未提出异议,故对该组证据材料的真实性、合法性、关联性予以确认。证据三是冯××填写的报名登记表和冯××的同事出具的证明,对该组证据材料的真实性、合法性、关联性予以确认。

证据一中对袁××、高××的调查笔录证明了冯××正常居住在袁××家中,此组证据足以证明袁××家为冯××的临时居住地;证据三中冯××的报名登记表及冒××、黄××、高××的证明材料证明了东陈镇××村××组为冯××的户籍地及常住地。按立法例,居住地包括常住地、户籍地及临时居住地,故袁××家属于冯××的居住地之一。至于申请人认为:"《民法通则》规定,公民以户籍地为居住地,经常居住地与户籍地不一致的,以经常居住地为居住地,但应当在经常居住地居住满一年以上,才能作为居住地。"的观点系混淆了住所地与居住地的概念,显属对《民法通则》的误读。故对申请人认为袁××家不属于冯××居住地的观点不予采信。证据一中对袁××的调查笔录和路线绘制图证明了冯××从 JD 公司经事故发生地点至袁××家中为冯××下班的合理路线,虽然申请人认为冯××下班后可能是前往袁××家以外的目的地,但申请人未能提供相关证据佐证。故对申请人的这一观点不予采信。证据二证明了冯××在合理时间内经过事故发生地点,对此申请人未提出反驳意见。据此可以认定冯××是在合理时间内从其工作场所 JD 公司返回居住地的合理路线中发生了交通事故。

复议机关裁决的结论及其理由、依据

本政府认为:为了保护职工的合法权益,我国法律规定职工在上下班途中受到机动车事故伤害的,应当认定为工伤。为准确理解和运用法律,有关规范性文件进一步明确

"上下班途中是指在合理时间内经过合理路线","上下班途中是指职工在合理时间内往返于工作单位和居住地的合理路线"。本案中冯××下班后在回居住地途中发生机动车交通事故,经抢救无效死亡。第三人依法向被申请人申请工伤认定,被申请人依职权调查核实了相关证人,听取了申请人和第三人的意见,依法作出工伤认定决定,其认定事实清楚,程序合法,内容得当,适用法律、法规正确,依法应予以维持。申请人JD公司所称缺乏事实和法律依据,依法不予支持。根据《行政复议法》第28条第1款第(1)项之规定,经研究决定:

维持被申请人××市劳动和社会保障局于2008年1月19日作出的×劳社工认字[2008]第A0001号工伤认定决定书。

申请人江苏JD新材料股份有限公司和第三人冯×如不服本决定,可在收到复议决定之日起十五日内向人民法院起诉。

（××市人民政府印章）
2008年××月××日

（三）其他实训文书

1. 行政复议申请书（公民/法人或者其他组织）
2. 口头申请行政复议笔录
3. 补正行政复议申请通知书
4. 不予受理行政复议申请决定书
5. 行政复议告知书
6. 行政复议申请转送函
7. 行政复议答复通知书
8. 被申请人答复书
9. 规范性文件转送函（一）
10. 规范性文件转送函（二）
11. 停止执行具体行政行为通知书
12. 责令受理通知书
13. 责令恢复审理通知书
14. 中止行政复议通知书
15. 恢复审理通知书
16. 延期审理通知书
17. 行政复议终止决定书
18. 行政复议调解书
19. 行政复议和解书
20. 行政复议决定书

21. 驳回行政复议申请决定书
22. 责令履行行政复议决定通知书
23. 行政处分建议书
24. 行政复议意见书
25. 行政复议建议书

九、实训法规

（请扫描二维码或访问
http://2d.hep.cn/1353451/10）

（一）《中华人民共和国行政复议法》
（二）《中华人民共和国行政复议法实施条例》
（三）《全国人大常委会法制工作委员会关于行政复议机关能否加重对申请人处罚问题的答复意见》
（四）国务院法制办公室有关行政复议问题的解释

1.《对〈内蒙古自治区人民政府法制局关于行政复议有关问题的请示〉的复函》
2.《对国家工商总局〈关于中外合作经营企业的合作一方是否具备行政复议申请人资格的请示〉的复函》
3.《关于国务院部委管理的国家局的具体行政行为行政复议机关问题的复函》
4.《对北京市人民政府法制办公室〈关于终止审理余国玉复议案件的请示〉的复函》
5.《与香港嘉利来公司行政复议案有关问题的复函》
6.《关于对建设部办公厅〈关于房屋拆迁政策法规的答复是否属于具体行政行为的请示〉的复函》
7.《对海南省人民政府法制办公室〈关于行政复议管辖权限有关问题的请示〉的复函》
8.《关于内蒙古自治区人民政府法制办公室〈关于行政复议期限有关问题的请示〉的复函》
9.《对〈国家计委关于明确价格违法行为行政处罚规定的法律效力及价格行政处罚适用复议前置程序问题的函〉的复函》
10.《对监察部〈关于咨询刘××所提申请是否属于行政复议受理范围问题的函〉》
11.《对原对外贸易经济合作部〈关于如何确定以计划单列市为被申请人的行政复议机关的请示〉的复函》
12.《关于不服行政机关根据上级行政机关认定审批行为作出的具体行政行为申请行政复议有关问题的复函》
13.《对国土资源部〈关于请明确行政复议案件审查程序有关问题的函〉的复函》
14.《对建设部办公厅〈关于上级房屋拆迁管理部门对下一级房屋拆迁管理部门作出的拆迁裁决是否具有行政复议管辖权的请示〉的复函》
15.《对湖北省人民政府法制办公室〈关于人民法院裁决应当"复议前置"当事人申请行政复议时已超过期限的复议申请是否受理的请示〉的复函》
16.《对〈贵州省人民政府法制办公室关于对两个不同管理体制的行政机关共同作出具体行政行为申请行政复议的管辖问题的请示〉的复函》
17.《关于对湖南省人民政府法制办公室有关规范性文件转送函的复函》
18.《对〈甘肃省人民政府法制办公室关于《中华人民共和国行政复议法》第九条有关

问题的请示〉的复函》

19.《对辽宁省人民政府法制办公室〈关于杨云泽等行政复议案件有关问题的请示〉的复函》

20.《对〈国务院关税税则委员会关于请明确反倾销行政复议中有关问题的函〉的复函》

21.《对辽宁省人民政府法制办公室〈关于刘璐行政复议案件有关问题的请示〉的复函》

22.《对湖北省人民政府法制办公室〈关于如何确认违法行为连续或继续状态的请示〉的复函》

（请扫描二维码或访问 http://2d.hep.cn/1353451/11）

第六章 行政诉讼实训

第一节 行政诉讼受案范围及管辖

一、实训目标

1. 熟练掌握行政诉讼的受案范围,明确行政诉讼的管辖法院;
2. 分析案件,判断案件是否属于行政诉讼受案范围;
3. 判断行政诉讼案件所属管辖法院。

二、实训素材

案例一:行政诉讼受案范围的确定

2007年8月23日,赵某无证驾驶一辆向别人借来的摩托车,遇到该市运输局两名工作人员拦车检查。因赵某所骑的摩托车没有缴纳养路费,不得上路,工作人员当场向赵某发出了《某市交通行政处罚通知书》,交由赵某签名后,将通知书第一时间送达赵某,同时暂扣了赵某所骑的摩托车。8月25日,赵某按照该处罚通知书规定的期限,到市运输局领取了处罚决定书,运输局以不按规定缴纳养路费为由,根据本省的《公路养路费征收管理实施细则》,对赵某处以罚款100元。赵某于26日办理了处罚手续,并支付了摩托车的拖车费和车辆保管费115元后,领取了摩托车。

赵某认为,市运输局在未查明车辆所有人的情况下就对赵某施以处罚,属于认定事实不清。同时,根据本省的《公路养路费征收管理实施细则》第35条的规定,"不按规定缴纳养路费造成欠缴养路费的,由车籍地公路规费征稽机构责令缴费义务人在7日内,补缴应缴的养路费,对逾期不缴费的,并处以罚款"。然而,市运输局在依据该条对自己进行处罚时,并没有留出7日的时间补缴养路费,而是在作出处罚通知书后第3天就作出了处罚决定,属于适用法律错误。因此,赵某准备提起行政诉讼,要求人民法院撤销市运输局对自己的处罚。

案例二:行政诉讼管辖的确定

2007年年底,王某携带装有TNT黄色简装炸药10千克和铜质雷管20枚的提包乘坐火车,并将提包放在车厢行李架上。开车前15分钟,列车员整理行李架上物品,觉得王某的提包可疑。便开始询问。王某低头不语,并拒绝打开提包接受检查。值班乘警便决定将王某及其提包带下车,前往车站派出所查处。途中,王某突然撒腿逃跑,但被乘警抓回。随后,位于该市东城区的市铁路公安分局以王某私自携带爆炸物品乘车,违反爆炸物品管理规定为由,依据《治安管理处罚法》第32条第2款及《民用爆炸物品安全管理条例》第26条、第41条的规定作出处罚决定:(1)给予王某治安行政拘留15天的处罚,并处罚款200元;(2)查出的炸药和雷管全部没收。

王某对市铁路公安分局的这一处罚决定不服,遂向该市东城区人民法院提起行政诉讼。

三、实训准备

(一) 理论准备

1. 行政诉讼受案范围的内涵和确定标准

(1) 行政诉讼受案范围的内涵

《行政诉讼法》对受案范围的规定是行政诉讼区别于其他诉讼的一个重要特征。因行政诉讼是司法权对行政权的监督,根据司法审查有限原则,司法权的行使主体人民法院并不能也无能力对行政主体的所有行为都进行审查。权力机关、行政机关自身亦能解决部分行政争议,且有的行政争议只能由权力机关解决。所以,对于行政争议,人民法院与其他国家机关之间存在着权限分工。为此,行政诉讼法明确了人民法院解决行政争议的范围,即法院的主管范围,亦称"行政诉讼的受案范围"。

(2) 行政诉讼受案范围的确定标准

各国在规定行政诉讼的受案范围时,往往受到历史传统、政治体制、经济发展状况、行政执法现状以及公民法律意识等因素的制约。在我国,根据《行政诉讼法》及《最高人民法院关于执行〈中华人民共和国行政诉讼法〉若干问题的解释》(以下简称《行政诉讼法解释》)的规定,判断某一行政争议能否进入行政诉讼的受案范围,主要有三项标准:一是职权标准,即列入行政诉讼受案范围的行政争议必须是基于具有行政职权的机关、组织及其工作人员,或者是由这些机关、组织所委托的组织和个人所实施的行为所产生的。二是行为标准,即进入行政诉讼的只能是由具体行政行为是否合法引起的争议。三是结果标准,即只有在行政相对人认为具体行政行为侵害其合法权益并提起行政诉讼的情况下,人民法院方能受理有关争议。

2. 行政诉讼受案范围的确定

根据《行政诉讼法》和《行政诉讼法解释》等规定,判断一个案件是否属于行政诉讼的受案范围,原则上,凡具有国家行政职权的机关和组织及其工作人员的行政行为侵犯了行政相对人的合法权益(仅排除了政治权利),相对人不服依法提起诉讼的,均属于人民法院行政诉讼的受案范围。它不仅包括单方行为,也包括双方行为;不仅包括作为,也包括不作为。为便于操作判断,法律、司法解释从肯定范围(可诉范围)和否定范围(不可诉范围)两个方面作了列举式规定。特别是2014年11月1日第十二届全国人民代表大会常务委员会第十一次会议对《行政诉讼法》进行了修订,对我国行政诉讼的受案范围也作出了相应的规定:

(1) 肯定范围(可诉范围)

《行政诉讼法》第12条规定:"人民法院受理公民、法人或者其他组织提起的下列诉讼:(一)对行政拘留、暂扣或者吊销许可证和执照、责令停产停业、没收违法所得、没收非法财物、罚款、警告等行政处罚不服的;(二)对限制人身自由或者对财产的查封、扣押、冻结等行政强制措施和行政强制执行不服的;(三)申请行政许可,行政机关拒绝或者在法定期限内不予答复,或者对行政机关作出的有关行政许可的其他决定不服的;(四)对行政机关作出的关于确认土地、矿藏、水流、森林、山岭、草原、荒地、滩涂、海域等自然资源的所有权或者使用权的决定不服的;(五)对征收、征用决定及其补偿决定不服的;(六)申请行政机关履行保护人身权、财产权等合法权益的法定职责,行政机关拒绝履行或者不予答复的;(七)认为行政机关侵犯其经营自主权或者农村土地承包经营权、农村土地经营权的;(八)认为行政机关滥用行政权力排除或者限制竞争的;(九)认为行政机关违法集资、摊派费用或者违法要求履行其他义务的;(十)认为行政机关没有依法支付抚恤金、最低生活保障待遇或者社会保险待遇的;(十一)认为行政机关不依法履行、未按照约定履行或者违法变更、解除政府特许经营协议、土地房屋征收补偿协议等协议的;(十二)认为行政机关侵犯其他人身权、财产权等合法权益的。"

第53条规定:"公民、法人或者其他组织认为行政行为所依据的国务院部门和地方人民政府及其部门制定的规范性文件不合法,在对行政行为提起诉讼时,可以一并请求对该规范性文件进行审查。前款规定的规范性文件不含规章。"

(2) 否定范围(不可诉范围)

《行政诉讼法》第13条规定:"人民法院不受理公民、法人或者其他组织对下列事项提起的诉讼:(一)国防、外交等国家行为;(二)行政法规、规章或者行政机关制定、发布的具有普遍约束力的决定、命令;(三)行政机关对行政机关工作人员的奖惩、任免等决定;(四)法律规定由行政机关最终裁决的行政行为。"

《行政诉讼法解释》第1条规定:"公民、法人或者其他组织对具有国家行政职权的机关和组织及其工作人员的行政行为不服,依法提起诉讼的,属于人民法院行政诉讼的受案范围。公民、法人或者其他组织对下列行为不服提起诉讼的,不属于人民法院行政诉讼的受案范围:(一)行政诉讼法第十二条规定的行为;(二)公安、国家安全等机关依照刑事诉讼法的明确授权实施的行为;(三)调解行为以及法律规定的仲裁行为;(四)不具有强制力的行政指导行为;(五)驳回当事人对行政行为提起申诉的重复处理行为;(六)对公民、法人或者其他组织权利义务不产生实际影响的行为。"

3. 行政诉讼的管辖

依据管辖是否由法律直接规定为标准,行政诉讼的管辖分为法定管辖和裁定管辖。法定管辖包括级别管辖和地域管辖。裁定管辖分为指定管辖、移送管辖和管辖权的转移。

(1) 级别管辖的确定

行政诉讼的级别管辖是指不同级别的人民法院之间受理第一审行政案件的权限分工。在我国,就是指基层人民法院、中级人民法院、高级人民法院和最高人民法院之间受理第一审行政案件的权限分工。(见表6-1)

(2) 地域管辖的确定(见表6-2)

行政诉讼的地域管辖是指同一级别的不同人民法院之间受理第一审行政案件的权限分工。《行政诉讼法》第14～21条、《行政诉讼法解释》第7条与第9条对行政诉讼的地域管辖规定如下:①原告直接提起行政诉讼的案件的管辖:原告直接提起行政诉讼的案件由最初作出行政行为的行政机关所在地人民法院管辖。②经过复议程序的行政案件的管辖:经复议的案件,也可以由复议机关所在地人民法院管辖。③限制人身自由的行政案件的管辖:原告对限制人身自由的行政强制措施不服提起的诉讼,由被告所在地或者原告所在地人民法院管辖。④因不动产提起的行政诉讼的管辖:因不动产提起的行政诉讼的,由不动产所在地人民法院管辖。并且,这是一种排他性的专属管辖。

新修订的《行政诉讼法》还规定:经最高人民法院批准,高级人民法院可以根据审判工作的实际情况,确定若干人民法院跨行政区域管辖行政案件。

(3) 裁定管辖的确定

行政诉讼的裁定管辖,是指人民法院以裁定的方式来确定行政案件的管辖法院。

① 移送管辖,是指已作出受理裁定的法院发现自己对案件并无管辖权时,将其移送到自己认为有管辖权的法院。

② 指定管辖,是指上级人民法院以裁定的方式,将某一案件指定下级人民法院管辖。主要存在于两种情形:一是有管辖权的人民法院由于特殊原因不能行使管辖权的,由上级人民法院指定管辖;二是人民法院对管辖权发生争议,由争议双方协商解决。协商不成的,报它们的共同上级人民法院指定管辖。

③ 移转管辖,又称管辖权的转移,是指上级法院决定将特定案件的管辖权在上下级法院之间转移。

根据新修订的《行政诉讼法》的规定,上级人民法院有权审判下级人民法院管辖的第一审行政案件。下级人民法院对其管辖的第一审行政案件,认为需要由上级人民法院审理的,可以报请上级人民法院决定。

4. 行政诉讼管辖权异议

行政诉讼管辖权异议,是指当事人向受诉人民法院提出的该院对争议案件没有管辖权的主张。当事人提出管辖权异议的,应当在接到人民法院应诉通知书之日起10日内以书面形式提出。对当事人提出的管辖权异议,人民法院应当进行审查。异议成立的,裁定将案件移送有管辖权的人民法院;异议不成立的,裁定驳回。

(二) 实践准备

1. 分别准备关于行政诉讼受案范围和管辖的经典案例。
2. 让学生熟悉《行政诉讼法》《行政诉讼法解释》等相关法律及解释。

四、实训要点

(一) 行政诉讼可诉范围

1. 行政处罚案件。行政处罚是最常见的负担性行政行为。《行政诉讼法》明确规定,行政相对人对拘留、罚款、吊销许可证和执照、责令停产停业、没收违法所得、没收非法财物、罚款、警告等行政处罚不服的,既可以主张撤销,也可以以"显失公平"为由主张变更。

2. 行政强制措施案件。行政强制措施是行政主体为了实现特定的行政管理目的,而对一定的人、物或场所采取的强制手段,以排除某种妨碍或保持某种状态的行为。行政强制措施存在侵权的可能性,因此被列入行政诉讼的受案范围。《行政诉讼法》明确规定,行政相对人对限制人身自由或者对财产的查封、扣押、冻结等行政强制措施或行政强制执行不服的,有权提起行政诉讼。

3. 侵犯法定经营自主权、农村土地承包经营权、农村土地经营权的案件。经营自主权是经济组织生存与发展的保障;农村土地承包经营权事关集体利益与承包者合法权益;农村土地经营权是农民充分、有效、合理地利用土地,促进农业、农村经济发展和农村社会稳定的关键。《行政诉讼法》明确将"认为行政机关侵犯其经营自主权或者农村土地承包经营权、农村土地经营权的"案件纳入行政诉讼的受案范围。值得注意的是,在法定经营自主权中,不同经济组织,如国有企业、集体所有制企业、私营企业、外商投资企业、个人独资企业等,它们依法拥有的经营自主权的范围和内容并不完全相同。

4. 行政许可案件。根据《行政诉讼法》第12条第3款的规定:申请行政许可,行政机关拒绝或者在法定期限内不予答复,或者对行政机关作出的有关行政许可的其他决定不服的,属于行政诉讼的受案范围。依据《最高人民法院关于审理行政许可案件若干问题的规定》的规定,以下行政许可案件应纳入行政诉讼的受案范围:认为符合法定条件申请行政机关颁发许可证和执照,行政机关拒绝颁发或者不予答复的;认为行政机关作出的行政许可决定以及相应的不作为,或者行政机关就行政许可的变更、延续、撤回、注销、撤销等事项作出的有关具体行政行为及其相应的不作为侵犯其合法权益的;认为行政机关未公开行政许可决定或者未提供行政许可监督检查记录侵犯其合法权益的;公民、法人或者其他组织仅就行政许可过程中的告知补正申请材料、听证等通知行为提起行政诉讼的,人民法院不予受理,但导致许可程序对上述主体事实上终止的除外。

5. 行政机关不履行法定职责案件。根据《行政诉讼法》的规定,申请行政机关保护人身权、财产权的法定职责,行政机关拒绝履行或者不予答复的,行政相对人有权提起行政诉讼。构成行政机关不履行法定职责案件,一般必须满足两个条件:一是当事人要求行政机关实施的行为属于该机关的法定职责。二是必须以当事人向行政机关提出保护其权益的申请为前提,行政机关应依职权主动实施的除外。

6. 行政给付案件。根据《行政诉讼法》和《行政诉讼法解释》的规定,认为行政机关没有依法发给抚恤金、社会保险金、最低生活保障费的,有权提起行政诉讼。这类案件可统称为行政给付案件。

7. 认为行政机关违法集资、摊派费用或者违法要求履行其他义务的案件。行政机关违法要求履行义务的案件。主要包括三种情况:一是当事人依法并不负有某种义务,而行政机关仍然要求其履行义务;二是当事人负有某种义务,但行政机关要求其重复履行;三是当事人虽然负有某种义务,但行政机关违反法定程序要求其履行。这一规定的重点是针对所谓的"三乱"行为,即乱罚款、乱收费、乱摊派而制定的。

8. 相邻权、公平竞争权案件。涉及当事人相邻权或公平竞争权的,当事人可以提起行政诉讼。

9. 涉及WTO的三类行政案件。为适应加入WTO组织的要求,最高人民法院在2002年先后颁布了三个与WTO事务有关的司法解释,将国际贸易行政案件、反倾销行政案件、反补贴行政案件都纳入了行政诉讼的受案范围。

10. 对征收、征用决定及其补偿决定不服的案件。

11. 认为行政机关滥用行政权力排除或者限制竞争的案件。

12. 对行政机关作出的关于确认土地、矿藏、水流、森林、山岭、草原、荒地、滩涂、海域等自然资源的所有权或者使用权的决定不服的案件。

13. 对国务院部门和地方人民政府及其部门制定的规范性文件可以附带审查。特别需要学生注意的是2014年11月1日第十二届全国人民代表大会常务委员会第十一次会议对行政诉讼的受案范围的修改有了重大突破。旧法将行政诉讼限定在具体行政行为上,对行政机关针对不特定的对象,制定、发布能反复适用的行政规范性文件的"抽象行政行为",公民、法人或者其他组织是不能提起行政诉讼的,致使受案的范围非常有限。这次修改删除了"具体"两个字,把抽象行政行为纳入其中,有利于从根本上减少违法行政行为,符合我国宪法和法律有关人大对政府、政府对其部门以及下级政府进行监督的基本原则,也有利于纠正相关规范性文件的违法问题。

(二) 行政诉讼不可诉范围

1. 国防、外交等国家行为。根据《行政诉讼法解释》的规定,《行政诉讼法》中的国家行为是指国务院、中央军事委员会、国防部、外交部等根据宪法和法律的授权,以国家的名义实施的有关国防和外交事务的行为,以及经宪法和法律授权的国家机关宣布紧急状态、实施戒严和总动员等行为。

2. 抽象行政行为。抽象行政行为包括行政法规、规章以及行政机关制定发布的具有普遍约束力的决定、命令。

3. 行政机关对行政机关工作人员的奖惩、任免等决定。

4. 终局行政行为。所谓终局行政行为,是指法律规定由行政机关最终裁决的具体行政行为。

5. 刑事侦查行为。根据《行政诉讼法解释》的规定,"公安、国家安全等机关依照刑事诉讼法的明确授权实施的行为"不属于行政诉讼的受案范围。

6. 行政调解行为以及法律规定的仲裁行为。

7. 行政指导行为。

8. 重复处理行为。根据《行政诉讼法解释》的规定,"驳回当事人对行政行为提起申诉的重复处理行为"不纳入行政诉讼的受案范围。

9. 对公民、法人或者其他组织权利义务不产生实际影响的行为。

(三) 行政诉讼案件级别管辖的确定规则(表 6-1)

表 6-1 行政诉讼案件级别管辖的确定规则

管辖法院	案件范围
基层法院	绝大多数第一审行政案件
中级法院	①海关处理的案件;②对国务院部门或者县级以上地方人民政府所作的行政行为提起诉讼的案件;③本辖区其他重大复杂案件;④其他法律规定由中级人民法院管辖的案件。⑤社会影响重大的共同诉讼、集体诉讼案件;⑥重大涉外或者涉港、澳、台案件;⑦其他重大、复杂的案件
高级法院	本辖区内重大复杂的第一审行政案件
最高法院	全国范围内重大复杂的案件
专门法院	经最高人民法院批准,高级人民法院可以根据审判工作的实际情况,确定若干人民法院跨行政区域管辖行政案件

(四)行政诉讼案件地域管辖的确定规则(表6-2)

表6-2 行政诉讼案件地域管辖的确定规则

案件类型	管辖法院	管辖类型
原告直接提起行政诉讼的案件	最初作出具体行政行为的行政机关所在地人民法院	一般管辖
经过复议程序的行政案件	复议机关所在地法院、最初作出行政决定的行政机关所在地的法院管辖	
限制人身自由的行政案件	被告所在地或者原告所在地(包括户籍所在地、经常居住地和被限制人身自由地)	共同管辖(对原告来说是选择管辖)
不动产行政案件	不动产所在地人民法院管辖	专属管辖

五、实训过程

1. 教师讲授行政案件受案范围、管辖等相关知识点。
2. 学生回顾实训素材中案例的基本案情。
3. 将学生分为4个小组,1组、2组分别扮演案例一中的行政主体与行政相对人,3组、4组分别扮演案例二中的行政主体与行政相对人。各小组讨论,明确上述纠纷在确定受案范围及管辖时需要注意的事项,并由学生代表发言予以确认。
4. 各组对换角色,重申各自观点。

六、实训点评

1. 在实践中,法官判断被诉行政行为是否属于受案范围时,一般不直接从正面判断这一行为是否属于受案范围,通常先从反面判断即法律法规排除方面判断这一行为是不是不可诉。
2. 实践中属于行政诉讼受案范围的判断标准通常有以下几个:行政主体标准、职权标准、具体性标准、关联性标准、拘束力标准、成熟性标准、外部性标准等。
3. 对于管辖的确定,要正确理解适用新修订的《行政诉讼法》第14~24条的相关规定。

七、实训拓展

1. 行政诉讼受案范围与行政复议受案范围有何区别?
2. 新修订的《行政诉讼法》规定的受案范围有何进步?是否还存在缺陷?今后如何修改?

第二节 行政诉讼参加人

一、实训目标

1. 通过实训掌握行政诉讼原告资格的确立标准,能够在实践中准确判断原告是否适格。

2. 通过实训掌握行政诉讼被告资格的确立标准,能够在实践中准确判断被告是否适格。

3. 通过实训掌握行政诉讼第三人资格的确立标准,能够在实践中准确判断第三人是否适格。

二、实训素材

2013年10月9日下午,某县某专修公司职工王某夫妇下班回家倒汽车时,不慎将已停在该地的个体出租车司机李某(女)的出租汽车刮了一下。为此李某与王某夫妇发生口角,双方情绪激动并扭扯起来。在扭扯中,李某打了王某妻子一巴掌,致其轻微伤,之后被邻居劝解。当晚,王某叫了专修公司职工张某及其妹夫陈某等人于23时许,持刀闯入李某家,王某殴打李某及其丈夫。次日凌晨1时许,王某、陈某和张某再次闯入李某家,捣毁李某部分家具。之后,该三人又闯到李某的胞妹家,捣毁其部分家具。2013年11月1日,某县公安局根据《治安管理处罚法》第43条规定,以"故意殴打他人"为由,对王某、李某作出行政拘留10天,对张某、陈某分别处以治安警告处罚。李某认为公安机关给自己行政拘留10天处罚过重,而仅给王某10天拘留处罚和对张某、陈某只处以警告处罚过轻,提出申诉。某市公安局维持了原裁决。李某仍不服,向某县人民法院提出行政诉讼。

三、实训准备

(一) 理论准备

行政诉讼参加人是指在整个或部分行政诉讼过程中参加行政诉讼,享有诉讼权利,承担诉讼义务,与诉讼争议或诉讼结果有利害关系,对行政诉讼程序能够产生重大影响的人,包括当事人、共同诉讼人、诉讼中的第三人和诉讼代理人。我国行政诉讼法分别从原告、被告、第三人、共同诉讼人、诉讼代理人等几部分做了详细的规定。

1. 原告

行政诉讼原告是指认为行政行为侵犯其合法权益,而依法向人民法院提起诉讼的公民、法人或者其他组织。我国《行政诉讼法》第25条规定,行政行为的相对人以及其他与行政行为有利害关系的公民、法人或者其他组织,有权提起诉讼。依照本法提起诉讼的公民、法人或者其他组织是原告。因被限制人身自由而不能提起诉讼的公民,可以口头或者书面委托其近亲属以自己的名义提起诉讼。依据《行政诉讼法解释》的规定,有下列情形之一的公民、法人或者其他组织也可以依法提起行政诉讼:第一,被诉的具体行政行为涉及其相邻权或者公平竞争权的;第二,与被诉的行政复议决定有法律上的利害关系或者在复议程序中被追加为第三人的;第三,要求主管行政机关依法追究加害人法律责任的;第四,与撤销或者变更具体行政行为有法律上利害关系的。

(1) 原告的确定

原告应符合以下条件:第一,原告必须是公民、法人或者其他组织;第二,原告必须是与被诉行政行为有法律上利害关系的人;第三,原告必须是认为行政行为侵犯了自己合法权益的人。

(2) 原告资格的转移

根据我国法律的规定,原告的资格可以依法转移。

① 自然人。有权提起诉讼的公民死亡的,其近亲属可以提起诉讼。此处的近亲属包括

配偶、父母、子女、兄弟姐妹、祖父母、外祖父母、孙子女、外孙子女和其他具有扶养、赡养关系的亲属。

② 法人或其他组织。有权提起诉讼的法人或者其他组织终止,承受其权利的法人或者其他组织可以提起诉讼。法人或者其他组织终止的情况有两种:一是消灭,即法人或者其他组织的资格在法律上最终归于消灭和结束,如撤销、破产,其权利由法律规定的组织承受,如上级企业或清算组。二是变更,即原法人或者组织以新的法人或其他组织形式出现,并且与原法人或者其他组织之间在法律上具有继承关系。主要有分立和合并两种情况。

2. 被告

行政诉讼被告是指由原告指控其行为违法,经人民法院通知应诉的行政机关或者法律法规授权的组织。

原告起诉的被告不适格,人民法院应当告知原告变更被告;原告不同意变更的,裁定驳回起诉。应当追加被告而原告不同意追加的,人民法院应当通知其以第三人的身份参加诉讼。

3. 第三人

行政诉讼的第三人是指因与被提起行政诉讼的行政行为有利害关系,或者同案件处理结果有利害关系的,通过申请或法院通知形式,参加到诉讼中来的当事人。我国《行政诉讼法》第29条规定,公民、法人或者其他组织同被诉行政行为有利害关系但没有提起诉讼,或者同案件处理结果有利害关系的,可以作为第三人申请参加诉讼,或者由人民法院通知参加诉讼。

(1) 第三人的诉讼地位

第三人具有完全当事人地位,享有管辖异议权和上诉权。

(2) 第三人参加诉讼的方式和程序

第三人可以通过申请参加诉讼,也可以经法院通知参加诉讼。第三人申请参加诉讼的,须经法院准许而参加诉讼。法院同意的,书面通知第三人;法院不同意的,裁定驳回申请。申请人不服裁定可在10日以内上诉。通知参加诉讼必须具有根据和理由。因第三人与原告、被告地位基本相似,故第三人的权利基本相同于原告和被告,即有权提出诉讼主张、有权提起上诉等。

4. 共同诉讼人

共同诉讼人是指原告或被告一方为两个以上,诉讼客体相同,并且诉讼主张一致。我国《行政诉讼法》第27条规定,当事人一方或者双方为二人以上,因同一行政行为发生的行政案件,或者因同类行政行为发生的行政案件、人民法院认为可以合并审理并经当事人同意的,为共同诉讼。

(1) 必要共同诉讼人

必要共同诉讼人是指当事人一方或双方为两人以上,诉讼标的是同一行政行为的诉讼。在这种共同诉讼中的当事人即为必要共同诉讼人。

(2) 普通共同诉讼人

普通共同诉讼人是指诉讼标的是同样的行政行为,法院决定合并审理,两人以上参加诉讼的当事人。这种共同诉讼的当事人即是普通共同诉讼人。普通共同诉讼并不是必须要合并,关键在于能否达到并案审理简化诉讼的目的。普通共同诉讼也可以由共同诉讼的当事人向法院提出申请,要求并案审理,然后由法院审查,认为可以合并的才能实行合并;也可以由法院主动审查,认为宜于并案的,则依职权进行并案审理。

5. 诉讼代理人

诉讼代理人是指以当事人名义,在代理权限内,代理当事人进行诉讼活动的人。诉讼代理人可以分为三类,法定代理人、指定代理人和委托代理人。

(1) 法定代理人

没有诉讼行为能力的公民,由其法定代理人代为诉讼。行政诉讼的法定代理人必须在法定代理权限内实施行为,法定代理不仅是权利,同时也是一种义务。在实践中,法定代理人适用于未成年人、精神病人等无诉讼行为能力的原告或者第三人,并仅限于自然人。

(2) 指定代理人

法定代理人互相推诿代理责任的,由人民法院指定其中一人代为诉讼。

(3) 委托代理人

当事人、法定代理人可以委托一至二人代为诉讼。律师、社会团体、提起诉讼的公民的近亲属或者所在单位推荐的人,以及人民法院许可的其他公民,可以受委托成为诉讼代理人。代理诉讼的律师,可以依照规定查阅本案有关材料,可以向有关组织和公民调查,收集证据。对涉及国家秘密和个人隐私的材料,应当依照法律规定保密。经人民法院许可,当事人和其他诉讼代理人可以查阅本案庭审材料,但涉及国家秘密和个人隐私的除外。

(二)实践准备

1. 熟悉《行政诉讼法》《行政诉讼法解释》及其他相关行政诉讼法律规范。
2. 熟悉相关案例。

四、实训要点

(一)原告主体资格判断

原告资格是指公民、法人、其他组织启动行政诉讼程序,并能够让法院对其争议进入实体审理的主体资格,原告资格的本质是提起诉讼的人是否有权要求人民法院对被诉行政行为合法性进行裁判。

1. 实践中判断原告主体资格的四个要素

(1) 可以提起诉讼的是自然人和组织。包括公民、法人、其他组织以及外国人、无国籍人和外国组织。

(2) 提起诉讼的人必须向法院表明他确实存在值得保护的合法权益及其内容。

(3) 提起诉讼的人必须是认为行政主体的行政行为是侵犯了自己的合法权益。

(4) 提起诉讼的人的合法权益可能受到被诉行政行为的影响——被诉行政行为对原告权益的影响具有实际和相当可能性。

2. 注意原告资格确定中的特殊规则

(1) 合伙企业向人民法院提起诉讼的,应当以核准登记的字号为原告,由执行合伙企业事务的合伙人作为诉讼代表人;其他合伙组织提起诉讼的,合伙人为共同原告。

(2) 不具备法人资格的其他组织向人民法院提起诉讼的,由该组织的主要负责人作诉讼代表人;没有主要负责人的,可以由推选的负责人作诉讼代表人。同案原告为五人以上的,应当推选一至五名诉讼代表人参加诉讼;在指定期间内未选定的,人民法院可以依职权指定。

(3) 联营企业、中外合资或者合作企业的联营、合资、合作各方,认为联营、合资、合作企业权益或者自己一方合法权益受具体行政行为侵害的,均可以以自己的名义提起诉讼。

(4) 农村土地承包人等土地使用权人对行政机关处分其使用的农村集体所有土地的行为不服,可以以自己的名义提起诉讼。

(5) 非国有企业被行政机关注销、撤销、合并、强令兼并、出售、分立或者改变企业隶属关系的,该企业或者其法定代表人可以提起诉讼。

(6) 股份制企业的股东大会、股东代表大会、董事会等认为行政机关作出的行政行为侵犯企业经营自主权的,可以以企业名义提起诉讼。企业法人或者其他组织被行政机关撤销、变更、兼并、注销,认为经营自主权受到侵害。依法提起行政赔偿诉讼,原企业法人或者其他组织,或者对其享有权利的法人或者其他组织均具有原告资格。

(二) 被告资格的确定规则

1. 一般案件

(1) 直接起诉的案件,作出被诉行政行为的机关是被告。

(2) 由法律、法规授权的组织所作的行政行为,该组织是被告。

(3) 由行政机关委托的组织所作的行政行为,委托的行政机关是被告。

(4) 行政机关被撤销的,继续行使其职权的行政机关是被告。

(5) 行政机关的派出机关作出行政行为的,该派出机关是被告。

(6) 应当履行保护当事人人身权、财产权的法定职责而拒绝履行的行政机关是被告。

2. 特殊案件

(1) 经复议的案件,复议机关决定维持原行政行为的,作出原行政行为的行政机关和复议机关是共同被告;复议机关改变原行政行为的,复议机关是被告。

复议机关在法定期限内未作出复议决定,公民、法人或者其他组织起诉原行政行为的,作出原行政行为的行政机关是被告;起诉复议机关不作为的,复议机关是被告。

(2) 两个以上行政机关作出同一行政行为的,共同作出行政行为的行政机关是共同被告。

(3) 经上级行政机关批准的行政行为,在对外发生法律效力的文书上署名的机关为被告。根据《行政诉讼法解释》第19条规定,行政行为的作出或者生效需要上级行政机关批准的,被告应是在生效行政处理决定书上盖章的机关。可以看出,《行政诉讼法解释》采取了形式主义的做法,无论批准机关和被批准机关在行政行为的过程中起到了什么样的作用,都以在作出生效处理决定书上盖章的机关为被告。

(4) 派出机构与内部机构

未取得合法授权的行政机关内部机构或者行政机关组建的机构作出行政行为的,以该行政机关为被告;行政机关的内设机构或者派出机构在没有法律法规或者规章授权的情况下,以自己的名义作出行政行为,应当以该行政机关为被告。法律、法规或者规章授权行使行政职权的行政机关内设机构、派出机构或者其他组织,超出法定授权范围实施行政行为,当事人不服提起诉讼的,应当以实施该行为的机构或者组织为被告。行政机关在没有法律、法规或者规章规定的情况下,授权其内设机构、派出机构或者其他组织行使职权的,应当视为委托。当事人不服提起诉讼的,应当以该行政机关为被告。

(三) 行政诉讼第三人的确定

行政诉讼第三人是指因与被提起行政诉讼的行政行为有利害关系,或者同案件处理结果有利害关系的,通过申请或法院通知形式,参加到诉讼中来的当事人。在实践中,第三人主要有以下几种:(1)行政处罚案件中的受害人或加害人;(2)行政处罚案件中的共同被处罚人;(3)行政裁决案件中的当事人;(4)两个以上行政机关作出相互矛盾的行政行为,非被告的行政机关可以是第三人;(5)与行政机关共同署名作出处理决定的非行政组织,这种组织既不是行政机关,也不是授权组织,不能作被告,但赔偿责任不免除。该组织应作为第三人参加诉讼,以承担相应的法律责任;(6)应当追加被告而原告不同意追加的,法院应通知其作为第三人参加诉讼;(7)权益受到行政行为影响的人。

五、实训过程

1. 让学生分析实训素材中的基本案情。
2. 确定案件中的角色:原告、被告、第三人、法官。由学生自愿选择一组并分析自己代表角色的资格,各组也探讨其他组成员资格是否适格,各组推荐代表发言。
3. 原、被告两组互换角色,并就资格问题进行辩论。
4. 法官组和第三人组互换角色,并就资格问题进行辩论。
5. 各组同学完成本组角色涉及的法律文书。

六、实训点评

1. 本案的诉讼参加人包括:原告:李某;被告:某县公安局及某市公安局;第三人:张某、陈某和王某。因为李某是按照《行政诉讼法》提起诉讼的公民。经复议机关决定维持原行政行为的,作出原行政行为的行政机关和复议机关是共同被告。某县公安局是作出原行政行为的行政机关,某市公安局为复议机关,依据新修订的《行政诉讼法》二者应为共同被告。王某、张某和陈某是与提起诉讼的行政行为有利害关系的其他公民,可以作为第三人申请参加诉讼,或者由人民法院通知参加诉讼。
2. 对第一审人民法院的判决,可以依法提起上诉的有:原告:李某;被告:某县公安局和某市公安局;第三人:张某、陈某和王某。

七、实训拓展

行政诉讼当事人与行政复议当事人的区别。

第三节 行政诉讼立案

一、实训目标

1. 了解行政诉讼立案的基本流程,使学生掌握行政诉讼起诉条件、受理程序,了解行政诉讼立案审查的主要内容,独立完成行政诉讼的立案工作。
2. 起草起诉状,并准备起诉需要的其他材料。
3. 当事人和法院法官共同完成行政诉讼的立案程序,并办理行政案件受理的法律手续或者制作不予受理的裁定书。

二、实训素材

2013年4月28日，××工厂在×地扩建厂房，由杜×的××工程队承包。在施工中，杜×未经王×良（被处罚人）同意，便在王×良的责任田东南角挖池拌灰，直接影响王×良责任田小麦生长。王×良多次劝阻，但杜×等人置之不理，继续施工，并说挖池拌灰"没有在你的地里，你管不着！"为制止杜×的非法侵害，保护小麦生长，王×良与杜×双方发生口角，并相互撕扯。同年6月5日，××县公安局依据《治安管理处罚法》第43条的规定，以王×良殴打他人，造成杜×轻微伤害为由，对王×良处以200元罚款。王×良不服，向××县人民法院提起行政诉讼。

王×良认为县公安局认定他干扰杜×正常施工与事实不符。杜×在王×良责任田东南角半米处挖池拌灰，大量石灰粉尘不仅散落在小麦上，而且拌灰时溢出的石灰水直接流进麦田，使小麦受害，部分小麦枝枯叶黄。王×良说："要求杜×改变施工地点，以停止不法侵害，这是保护自身权益的正当行为，根本不存在干扰杜×正常施工的问题。可见县公安局认为我干扰施工是错误的。"

王×良还认为县公安局认定他打人，造成杜×轻微伤害，不是事实。在制止杜×非法侵害中，双方发生争吵，有过拉扯现象。但双方均未被打伤，在场劝架的群众李×江、赵×景、胡×生均可以证明。杜×谎称自己受伤，既无医院诊断书，又无其他证据能够证实，而县公安局却轻信杜×的一面之词，根据《治安管理处罚法》第43条的规定对王×良罚款200元，是适用法律错误。

据此，王×良向××县人民法院起诉，要求撤销××县公安局对他的处罚决定。

原告：王×良，××县××乡××村村民，男，36岁，汉族。

被告：××县公安局，地址：××县××大街××号。法定代表人：李×正，局长。

附：《治安管理处罚法》第43条规定："殴打他人的，或者故意伤害他人身体的，处五日以上十日以下拘留，并处二百元以上五百元以下罚款；情节较轻的，处五日以下拘留或者五百元以下罚款。有下列情形之一的，处十日以上十五日以下拘留，并处五百元以上一千元以下罚款：（一）结伙殴打、伤害他人的；（二）殴打、伤害残疾人、孕妇、不满十四周岁的人或者六十周岁以上的人的；（三）多次殴打、伤害他人或者一次殴打、伤害多人的。"

《行政诉讼法》第70条规定："行政行为有下列情形之一的，人民法院判决撤销或者部分撤销，并可以判决被告重新作出行政行为：（一）主要证据不足的；（二）适用法律、法规错误的；（三）违反法定程序的；（四）超越职权的；（五）滥用职权的；（六）明显不当的。"

三、实训准备

（一）理论准备

1. 行政诉讼的基本理念

行政诉讼是公民、法人或其他组织认为行政主体作出的行政行为侵犯其合法权益而向法院提起的诉讼。

行政诉讼不同于民事诉讼和刑事诉讼，具有独有的特点：(1)行政诉讼被告的恒定性——被告必然为行政机关；(2)行政诉讼中不存在反诉；(3)行政诉讼的诉讼标的是行政行为；(4)选择复议原则——提起行政诉讼前，诉讼参与人可以先行选择进行行政复议；(5)审查行政行为合法性原则——行政诉讼只针对行政行为的合法性进行;(6)行政行为不因诉讼而停止执行原则;(7)不适用调解原则;(8)被告负举证责任原则;(9)司法变更权有限原则等。

2. 行政诉讼起诉条件

原告是认为行政行为侵犯其合法权益的公民、法人或者其他组织;有明确的被告;有具体的诉讼请求和事实理由;属于人民法院受案范围和受诉人民法院管辖。原告将诉状递交给无管辖权的人民法院时,并不因此丧失诉权,受诉人民法院应当告知其向有管辖权的人民法院起诉,已经立案的,受诉法院应将案件移送给有管辖权的法院。

3. 行政诉讼的受理

受理是指原告起诉后,经受诉人民法院审查,认为符合起诉条件,决定立案审理的行为。人民法院应当组成合议庭对原告的起诉进行审查,经过审查认为起诉符合法定受理条件的,应当在7日内立案,并通知原告;认为不符合起诉条件的,应当在7日内作出裁定,通知原告不予受理。7日内不能决定是否受理的,应当先予受理;受理后审查不符合起诉条件的,裁定驳回起诉。原告对不予受理和驳回起诉的裁定不服,可以在接到裁定之日起10日内向上一级人民法院提起上诉。受诉人民法院在7日内既不立案,又不作出裁定的,起诉人可以向上一级人民法院起诉。上一级人民法院认为符合受理条件的,应予立案、审理;也可以指定其他下级人民法院立案、审理。

(1) 应当受理的特殊情形

从理论上说,凡是符合行政诉讼法关于起诉条件规定的,人民法院都应当予以受理。在实践中,在受理方面,存在一些特殊情形:①原告或者上诉人未按规定的期限预交案件受理费,又不提出缓交、减交、免交申请,或者提出申请未获批准的,按自动撤诉处理。在按撤诉处理后,原告或者上诉人在法定期限内再次起诉或者上诉,并依法解决诉讼费预交问题的,人民法院应予受理。②人民法院判决撤销行政机关的行政行为后,公民、法人或者其他组织对行政机关重新做出的行政行为不服向人民法院起诉的,人民法院应当依法受理。③行政机关作出行政行为时,没有制作或者没有送达法律文书,公民、法人或者其他组织不服向人民法院起诉的,只要能证明行政行为存在,人民法院应当依法受理。

(2) 不予受理的情形

有下列情形之一的,人民法院应当裁定不予受理;已经受理的,裁定驳回起诉:①请求事项不属于行政审判权范围的;②起诉人无原告诉讼主体资格的;③起诉人错列被告且拒绝变更的;④法律规定必须由法定或者指定代理人、代表人为诉讼行为;未由法定或者指定代理人、代表人为诉讼行为的;⑤由诉讼代理人代为起诉,其代理不符合法定要求的;⑥起诉超过法定期限且无正当理由的;⑦法律、法规规定行政复议为提起诉讼必经程序而未申请复议的;⑧起诉人重复起诉的;⑨人民法院裁定准许原告撤诉后,原告以同一事实和理由重新起诉的;⑩诉讼标的为生效判决的效力所羁束的及起诉不具备其他法定要件的。

4. 起诉期限的确定

(1) 一般期限:当事人直接向法院提起行政诉讼的应当在知道作出具体行政行为之日起6个月内提出。不服行政复议而起诉的一般期限为15日,即在收到复议决定书之日起15日内向人民法院起诉,若复议机关逾期不作决定的当事人要在复议期满之日起15日内向人民法院提起诉讼。

(2) 特殊期限是行政诉讼法所认可由其他单行法律规定的起诉期限。法律是全国人大及其常委会依照立法程序制定的规范性文件。

(3) 起诉期限的起算点和最长保护期限(表6-3)

表6-3 起诉期限的起算点和最长保护期限

情形	起算点		最长保护期限
一般	知道或应当知道		自知道行政行为作出之日起6个月内提出,法律另有规定的除外
知道行为内容未告知诉权	知道或应当知道诉权之日		自知道诉权或起诉期限之日起6个月内提出,但从知道或应当知道行政行为内容之日起最长不超过2年
不知道内容	知道或者应当知道该行政行为之日		自知道或应当知道行政行为内容之日起6个月内提出,对涉及不动产的,最长从作出之日起不超过20年,其他行政行为从作出之日起不超过5年
不履行	知道作出行政行为之日起		
不作为	规定履行期限	期限届满之日起	
	未规定履行期限	行政机关在接到申请之日起60日内不履行的	
	紧急情况	立即起诉	

一般规则:起诉期限从公民、法人或者其他组织知道行政机关作出具体行政行为之日起计算。

行政机关未告知当事人的诉权或起诉期限时,起诉期限从公民、法人或其他组织知道或应当知道诉权或起诉期限之日起计算。最长保护期限为2年。

当事人不知道具体行政行为内容时,起诉期限从知道或者应当知道该具体行政行为之日起计算。对于涉及不动产的行政行为从做出之日起超过20年,其他行政行为从作出之日起超过5年提起诉讼的,人民法院不予受理。

行政机关不履行法定职责时,起诉期限从当事人知道行政机关作出行政行为之日起算。对于行政机关不作为的行政案件的起诉期限应根据不同情况进行不同处理:①如果法律、法规、规章和其他规范性文件对行政机关履行法定职责的期限已经作了规定,行政机关超过期限仍不作为的,从该期限届满之日起计算起诉期限,自履行期限届满之日起6个月起诉。②在没有相关的法律规范规定行政机关履行法定职责的期限情况下,公民法人或者其他组织申请行政机关履行法定职责,行政机关在接到申请之日起两个月内不履行的,公民、法人或其他组织向人民法院提起诉讼的,人民法院应当受理。③公民、法人或者其他组织在紧急情况下请求行政机关履行保护其人身权、财产权的法定职责,行政机关不履行的,不受上述期限的限制,当事人可以立即提起行政诉讼。

由于不属于起诉人的原因超过起诉期限被耽误的时间不计算在起诉期间内。因人身自由受到限制而不能起诉的,被限制人身自由的时间不计算在起诉期间内。

5. 行政诉讼与行政复议的选择与衔接

(1) 当事人可以自由选择救济途径,可以申请复议,也可以提起诉讼,在选择复议后,对复议不服仍可以再起诉。公民、法人或其他组织既提起诉讼又申请复议的,由先受理的机关管辖。同时受理的由当事人选择。公民、法人或其他组织已经申请行政复议,在法定复议期间内又向人民法院起诉的,人民法院不予受理。公民、法人或其他组织向行政机关申请复议后,又经复议机关同意撤回复议申请的,在法定期限内对原行政行为提起诉讼的,人民法院应当受理。

(2) 当事人有权选择行政诉讼或者行政复议,但是一旦当事人选择了行政复议,行政复议决定即为发生法律效力的终局决定,当事人将因选择复议丧失提起诉讼的权利。对终局行政行为,只有全国人大及其常委会制定的法律才有权规定。

(3) 当事人对具体行政行为不服,必须先申请复议,对复议不服的才可向人民法院起诉,否则人民法院不予受理,我们称之为"复议前置"。

6. 行政诉讼起诉状的书写格式

(1) 结构形式

① 标题:写明行政起诉状。

② 首部:必须分别写明原告和被告的有关情况。原告要写明姓名、性别、年龄、民族、籍贯、地址等情况,由于人民法院受理行政诉讼案有管辖的范围,被告栏要写明被告机关或组织的全称、地址,以及其法定代表人或负责人的姓名、职务。

③ 正文:正文是行政起诉状的核心内容,其具体内容和写法另作论述。

④ 尾部:包括附项和落款。要写明起诉人的姓名、日期,在附项中写明本诉状副本份数。

(2) 正文的内容及写法

正文内容包括三项:诉讼请求,事实与理由,证据和证据来源,证人姓名和地址。

① 诉讼请求:诉讼请求是正文的第一项内容,即是原告提起行政诉讼要解决的问题,要达到的目的。根据行政案件的特点,原告所提出的诉讼请求主要有:部分或全部撤销处罚决定;变更处罚决定;提出赔偿损失等。诉讼请求要表述明确、具体,原告可以针对被告行政行为的性质以及自己的权益受损害的程度,依法提出恰如其分的请求。

② 事实与理由:这部分要写清楚提出诉讼请求的事实根据和法律依据。

事实是人民法院审理案件的依据,起诉状必须写明被告侵犯起诉人合法权益的事实经过、原因及造成的结果,指出行政争议的焦点。如果是经过行政复议后不服提出起诉的,还要写清楚复议行政机关做出复议决定过程和结果。

理由是在叙述事实的基础上,依据法律法规进行分析,论证诉讼请求合理合法。例如,对被告侵犯起诉人人身权和财产权的案件,原告要着重论述被告实施的行政行为所依据的事实不真实、证据不充分;或者违反了法定程序,所适用的法律有错误;或者被告纯属超越职权范围、滥用职权的行为;或者该行政处罚过重,侵害了原告正当权益等。其理由应根据案件的不同而有所侧重,但引用法律、法规条文必须准确,理由务必充分。

③ 证据和证据来源、证人姓名和住址。这部分内容要求原告就诉讼请求、列举的事实、阐述的理由所举之证据,应当详细、分明,以便人民法院在办案过程中核对查实。

(二) 实践准备

1. 按照学生人数的多少,将学生分成若干小组,并确定扮演的不同角色。

2. 阅读行政诉讼法教材中有关起诉与受理的理论知识,熟练掌握《行政诉讼法》《最高人民法院关于执行〈中华人民共和国行政诉讼法〉若干问题的解释》《最高人民法院关于审理行政许可案件若干问题的规定》等相关法律法规。

3. 实训前将实训素材的基本案情资料传发给学生,要求检索相关的法律依据,确定法律关系的性质和诉讼策略。以上内容要求以书面报告的形式提交。

四、实训要点

(一)行政诉讼立案程序由原告的起诉行为与人民法院的受理行为结合而成

(二)原告做好起诉前的准备

起诉是公民、法人和其他组织认为行政行为侵犯了自己的合法权益,依法请求人民法院行使国家审判权给予救济的诉讼行为。提起诉讼是公民、法人或其他组织的权利,但是权利的行使要受到一定的限制。原告的起诉可能符合法律规定,也可能不符合法律规定,是否受理由法院进行审查。

1. 提供起诉状:起诉状中写明被告名称、具体的诉讼请求和事实依据,如果要求赔偿,还得提交能够证明受到侵害而造成损失的证据材料。委托代理人代理原告提起诉讼的,还应提交委托代理资格证明。

2. 原告应提交由本人签名或盖章的起诉状正本一份,并按对方当事人人数提交副本。

3. 提交原告的主体资格证明文件、起诉证据等材料。原告为自然人的,应提交身份证明材料复印件;原告为法人、个体工商户的,应提交营业执照副本复印件,其他组织应提交证明其有效成立的法律文件复印件。法人应提交年检证明,法定代表人或主要负责人应提交职务证明原件、身份证明复印件。下列人员或组织以原告身份提起行政诉讼,还应提交下列材料:(1)有权提起诉讼的公民死亡,其近亲属(含配偶、父母、子女、兄弟姐妹、祖父母、外祖父母、孙子女、外孙子女和其他具有扶养、赡养关系的亲属)提起诉讼的,应提交该公民死亡的证明材料复印件、原告与死亡公民之间的关系证明材料复印件。(2)农村土地承包人等土地使用权人对行政机关处分其使用的农村集体所有土地的行为不服,以自己的名义提起诉讼的,应提交自己享有土地使用权的证明材料复印件。(3)有权提起诉讼的法人或者其他组织终止,承受其权利的法人或者其他组织提起诉讼,应提交该法人或者组织终止的证明材料复印件、起诉人与该终止法人或者组织之间关系的证明材料复印件。(4)诉讼代表人提起诉讼的,除提交全部原告身份证明材料复印件外,还应当提交其他共同原告推选其为诉讼代表人的证明材料。(5)联营企业、中外合资或者合作企业的联营、合资、合作各方以自己名义起诉的,应提交企业的营业执照副本或其他可以证明起诉人是联营、合资或合作一方的证据材料复印件。

4. 法定代理人与指定代理人应提交本人的身份证明材料复印件及其与原告关系的证明材料复印件。委托代理人应提交身份证明材料复印件、授权明确的授权委托书、律师事务所或受托人接受委托的证明、函件。被限制人身自由的公民的近亲属依其口头委托代为起诉的,无需提交委托手续,但应提交与该公民为近亲属关系的证明材料复印件。

5. 原告起诉应当附有相应的起诉证据:当事人对行政机关作出的行政行为不服起诉的,应提交行政机关制作的相应法律文书复印件;行政机关没有制作、没有送达法律文书或者因正当原因无法提交的,原告应提交能证明行政行为存在的其他证据。在起诉被告不作为的案件中,原告应提交其在行政程序中曾经提出申请的证据材料,但有下列情形的除外:(1)被告应当依职权主动履行法定职责的;(2)原告因被告受理申请的登记制度不完善等正当事由不能提交相关证据材料并能够作出合理说明的。法律、法规规定行政复议为提起诉讼必经程序,原告应提交复议机关的复议决定复印件或已经申请复议的证明材料。人民法院认为原告起诉超过起诉期限的,原告应当提交相关的证据材料予以证明。

(三)法院依照法定立案条件决定受理与否

受理是人民法院认为原告的起诉符合法定条件,决定立案受理的一种诉讼活动。人民法院立案庭通过对受案范围、起诉人及被告的诉讼主体资格、前置程序、管辖法院等条件的审查后,符合法定条件的,决定予以受理,并向当事人予以相应的告知和送达;不符合法定条件的,裁定不予受理。

1. 立案的法定条件为《行政诉讼法》第 49 条的规定:原告是认为行政行为侵犯其合法权益的公民、法人或者其他组织;有明确的被告;有具体的诉讼请求和事实根据;属于人民法院受案范围和受诉人民法院管辖。

2. 经过审查,符合法定条件的,予以受理。根据《行政诉讼法》的规定,人民法院在接到起诉状时对符合本法规定的起诉条件的,应当登记立案。受诉人民法院立案部门在收到起诉状之日起 7 日内立案,同时向原告送达受理通知书,向被告送达应诉通知书,制作案件审理流程表,将立案材料等资料移送至行政庭。

3. 不符合法定条件的,裁定不予受理。根据《行政诉讼法》的规定,受诉人民法院立案部门应在收到起诉状之日起 7 日内作出不予受理的裁定,原告对不予受理的裁定不服的,可在接到裁定之日起 10 日内向上一级人民法院提出上诉。立案庭要向原告送达民事裁定书,告知上诉法院和上诉期限。

4. 对当场不能判定是否符合本法规定的起诉条件的,应当接收起诉状,出具注明收到日期的书面凭证,并在 7 日内决定是否立案。起诉状内容欠缺或者有其他错误的,应当给予指导和释明,并一次性告知当事人需要补正的内容。不得未经指导和释明即以起诉不符合条件为由不接收起诉状。

对于不接收起诉状、接收起诉状后不出具书面凭证,以及不一次性告知当事人需要补正的起诉状内容的,当事人可以向上级人民法院投诉,上级人民法院应当责令改正,并对直接负责的主管人员和其他直接责任人员依法给予处分。

五、实训过程

1. 学生通读案例,了解实训素材中所给案例的详细案情,结合行政诉讼相关理论知识及法律规定分析,该案是否属于行政诉讼法受案范围,管辖法院应是哪个法院? 该案件是否符合行政诉讼法起诉条件。

2. 将学生分为原告、法官两组,各组讨论在起诉过程中各自应完成哪些工作? 准备哪些材料?

3. 两组学生角色互换,结合上一组讨论,分析立案阶段各自需注意的实体问题与程序问题。

4. 学生书写该案的起诉状。

六、实训点评

(一) 学生作业

行政起诉状

原告:王×良,男,36岁,汉族,××县××乡××村村民。

被告:××县公安局,地址:××县××大街××号。

法定代表人:李××,职务:局长。

诉讼请求:

撤销××县公安局于2013年6月5日对王×良处以200元罚款的处罚决定。

事实与理由:

2013年4月28日,杜×的承包队开始在×地建厂房,但在施工中,未经原告同意,便在原告的责任田东南角半米处挖池拌灰,严重影响了原告责任田的小麦生长。原告多次劝阻杜×无效,并对原告说"没有在你的地方,你管不着"。据此,双方发生了口角并拉扯起来。

2013年6月5日,被告依据《治安管理处罚法》的规定,以原告殴打他人,造成杜×轻微伤害为由,对原告处以200元罚款。原告表示不服,理由如下:

1. 被告认定不符合事实。杜×在原告责任田东南角半米处挖池拌灰,大量石灰粉尘散落在小麦上,拌灰时溢出的石灰水直接流进麦田,使小麦受害。原告要求杜×改变施工地点,停止不法侵害,这是保护自身权益的正当行为,不是干扰杜×正常施工的行为。因此,被告认定原告干扰杜×施工的结论不符合事实。

2. 原告没有造成杜×伤害。原告在制止杜×非法侵害中,双方发生争吵,有过互相拉扯现象,但双方均未被打伤。杜×称自己受到原告伤害,既无医院诊断书,又无其他证据能够证实。因此,被告根据《治安管理处罚法》的规定对原告罚款200元,是适用法律错误。

综上所述,根据我国《行政诉讼法》等相关法律规定,原告认为被告审判时证据不足,适用法律错误,作出的处罚决定不当,特请求人民法院依法作出撤销对被告行政处罚决定的判决。

此致

××人民法院

具状人:王×良
2013年6月28日

附:本诉状副本1份

证物1件

(二) 教师点评

1. 起诉书中,原告的自然情况中列明"村民"的必要性为何?在这个案件中,是自然人对公安局作出的行政行为不服提起的行政诉讼案件,原告的身份对于案件的性质没有影响,因此无需介绍他是村民身份。

2. 在事实与理由部分,第一个理由"被告认定不符合事实",这样的表述方式是否能让法官一目了然地了解起诉理由?在行政机关作出行政处罚决定时,能够影响处罚结果的两大因素就是事实认定和法律适用,行政相对人在起诉行政机关时的理由一方面是对行政机关认定事实不服,而事实认定直接决定了法律适用的正确与否。另一方面,行政相对人起诉行政机关是对行政机关在行政处罚时适用法律错误。因此,在起诉书中,"认定不符合事实"的表述固然是无妨的,但不够具体,不能直接反映出行政机关对于哪个事实认定是错误的。在撰写起诉状时,要简明扼要地概括、归纳观点,让法官一目了然地了解原告的观点,然后在下文阐述具体理由。

3. 在事实与理由部分,第二个理由"原告没有造成杜×伤害",是事实认定问题还是适用法律问题?这个理由看似是关于行政机关事实认定的质疑,因为杜×称被原告打伤,但因为没有医院的诊断书以及其他证据,因此,公安局认定原告打伤杜×的事实是错误的。正是由于公安局认定事实错误,从而被告适用《治安管理处罚法》的规定对原告罚款200元,导致了适用法律错误。因此,理由二实际上阐述了两个问题,一个是事实认定问题,一个是法律适用问题。原文中混淆了两个问题,当成一个理由进行阐述。

4. 关于事实认定质疑的两个理由均没有相关证据的说明。事实认定主要是依据当事人陈述、证人证言、书证、物证等证据来进行判断,如果没有相关证据能够证明当事人的观点,则不能被法院认可。因此,在起诉书阐述理由的时候,必须要将相关证据的证明力进行论证。在起诉书结尾附上证据目录。

5. 原告适用法律法规起诉,提出的诉讼请求要具体,原文中"根据我国《行政诉讼法》相关法律规定"的表述过于笼统,要精确到具体的条款,但条文内容不必列出。

6. 原文中"原告认为被告审判时证据不足"表述错误,原告想表达的是行政机关在作出行政处罚时的证据不足,不应用"审判"字样,因此,此处应是表达错误。

7. 缺少证据目录。证据目录的作用是方便法官核对证据,以免造成缺漏,影响案件事实的认定。

七、实训文书

行政起诉状

原告:王×良,男,36岁,汉族,××县××乡××村。
被告:××县公安局,地址:××县××大街××号。
法定代表人:李××,职务:局长。
诉讼请求:
1. 撤销××县公安局于2013年6月5日对王×良处以200元罚款的处罚决定。
2. 本案的诉讼费由被告承担。
事实与理由:
2013年4月28日,杜×的承包队开始在×地建厂房,但在施工中,未经原告同意,便在原告的责任田东南角半米处挖池拌灰,严重影响了原告责任田的小麦生长。原告多

次劝阻杜×无效,并对原告说"没有在你的地方,你管不着"。为了防止破坏进一步加剧,双方发生了口角并拉扯起来。

同年6月5日,被告依据《治安管理处罚法》第43条的规定,以原告殴打他人,造成杜×轻微伤害为由,对原告处以200元罚款。原告表示不服,理由如下:

1. 被告认定原告对杜×施工进行干扰是与事实不符的。杜×在原告责任田东南角半米处挖池拌灰,大量石灰粉尘不仅散落在小麦上,而且拌灰时溢出的石灰水直接流进麦田,使小麦受害,部分小麦枝枯叶黄。原告说:"要求杜×改变施工地点,以停止不法侵害,这是保护自身权益的正当行为,根本不存在干扰杜×正常施工的问题。"在场群众李×江、赵×景、胡×生均可以证明。可见被告认为原告干扰施工是错误的。

2. 被告认定原告造成杜×人身伤害事实错误。原告认为,被告认定原告打人,造成杜×轻微伤害的事实是错误的。在制止杜×非法侵害中,双方发生争吵,有过拉扯现象。但双方均未被打伤,在场劝架的群众李×江、赵×景、胡×生均可以证明。杜×谎称自己受伤,既无医院诊断书,又无其他证据能够证实,而被告却轻信杜×的一面之词,认定原告打伤杜×的事实是错误的。

3. 被告适用法律错误。被告认定原告打伤杜×,则根据《治安管理处罚法》第43条的规定对原告罚款200元,适用法律错误。因为,原告没有故意殴打杜×,其也没有证据证明自己被打伤,在没有证据证明原告实施了《治安管理处罚法》第43条第1款殴打他人或故意伤害他人身体的前提下,适用该条法律对原告处以200元罚款,属于适用法律错误。

综上所述,根据我国《行政诉讼法》第70条的规定,原告认为被告作出行政处罚决定时证据不足,事实认定不清,适用法律错误,作出的处罚决定不当,特请求人民法院依法作出撤销被告行政处罚决定的判决。

证据和证据来源,证人姓名和住址:
1.《治安管理处罚法》
2. 被告于2000年6月5日对原告开出的处罚决定书
3. 被石灰粉污染后的受侵害小麦田照片
4. 证人李×江,×地村民
5. 证人赵×景,×地村民
6. 证人胡×生,×地村民

此致
××人民法院

具状人:王×良
2013年6月28日

附:本诉状副本1份
证物1件

第四节　行政诉讼第一审庭审程序

一、实训目标

1. 通过实训行政诉讼的一审审理程序,使学生对行政诉讼一审审理的具体程序有个比较直观的了解,增强学生的实际操作能力。
2. 掌握作为行政诉讼案件的法官,需要做好的庭前准备工作及庭审工作。
3. 熟悉在行政案件一审中,原告、被告及第三人需要准备的材料及需要完成的工作。
4. 熟悉一审审判流程,掌握庭审中各个细节问题。
5. 熟练掌握行政诉讼一审中的各种制度及不同判决适用的情形。

二、实训素材

2010年7月20日上午8时左右,舒某驾驶其小型轿车由南向北行驶至一交叉路口时,被交通技术监控记录:视频记录显示时间为8时5分27秒时,交通信号灯由绿灯转为黄灯,当时舒某驾驶的小型轿车尚未越过停止线,该车未停车而继续由南向北直行,在越过停止线接触感应系统时由照相机拍摄下显示时间为8时5分31秒的高清照片。

2011年7月21日,舒某前往指定地点接受处理时,海盐县交警大队按简易程序发出处罚决定书:舒某驾驶机动车不按交通信号灯规定通行的违法行为违反道路交通安全法,决定对其处以150元罚款。舒某对该处罚决定不服,经复议后对复议决定不服,诉至法院,认为"道路交通安全法实施条例规定:黄灯亮时,已越过停车线的车辆可以继续通行。但法律并无明文规定,黄灯亮时,未越过停车线的车辆禁止继续通行,因此交警部门的处罚决定并无法律依据"。以此要求撤销该行政处罚决定。

海盐县法院两次开庭审理后,判决舒某败诉。舒某不服,向嘉兴中院提起上诉。舒某诉称,被上诉人没有提交他违反交通信号管理的禁止性规定。而一审法院根据"黄灯亮时,已越过停车线的车辆可以继续通行"这一准许性的法律规定,推理得出"黄灯亮时,未越过停车线的车辆禁止继续通行"的结论,不成立,因此请求二审法院改判。嘉兴中院开庭审理了案件,作出判决,维持原判。

请模拟此案件的第一审审理程序。

三、实训准备

(一) 理论准备

行政诉讼第一审程序,是指人民法院自立案至作出第一审判决的诉讼程序。由于我国行政审判制度实行两审终审原则,因此,第一审程序是所有行政案件必经的基本程序,第一审程序也成为行政审判的基础程序。

1. 审理前的准备

审理前的准备,是指人民法院在受理案件后至开庭审理前,为保证庭审工作的顺利进行,由审判人员依法所进行的一系列准备工作的总称。它是行政案件审理必经的阶段,对保证庭审质量,提高庭审效率具有重要意义。审理前准备主要包括下列内容:

(1) 组成合议庭或确定独任审理法官

与民事诉讼不同,《行政诉讼法》第 68 条规定:"人民法院审理行政案件,由审判员组成合议庭,或者由审判员、陪审员组成合议庭。合议庭的成员,应当是三人以上的单数。"据此合议庭是人民法院审理行政案件基本的组织形式。

值得大家注意的是,新修订的《行政诉讼法》第 83 条规定:"适用简易程序审理的行政案件,由审判员一人独任审理,并应当在立案之日起四十五日内审结。"换言之基层法院可以就下列事实清楚、权利义务关系明确、争议不大的一审行政案件,适用简易程序:被诉行政行为是依法当场作出的;案件涉及款额 2 000 元以下的;属于政府信息公开案件的。此外对于当事人各方同意适用简易程序的一审案件,可以适用简易程序。适用简易程序审理的案件,人民法院可以实行独任审理,确定由一名法官独任审判。

(2) 交换诉状

交换诉状主要是向被告和原告发送有关文书。一方面,人民法院应在立案之日起 5 日内,将起诉状副本和应诉通知书发送被告,通知被告应诉。另一方面,人民法院应在收到被告答辩状之日起 5 日内,将答辩状副本发送原告。答辩状是被告对原告起诉的回应和反驳。被告应当在收到起诉状副本之日起 15 日内提交答辩状,并提供作出具体行政行为的证据和依据。不过,提交答辩状是被告的一项权利,被告不提交答辩状不影响人民法院的审理。但被告在法定时间内,不提交或者没有正当理由逾期提供作出行政行为的证据和依据的,应当认定该行政行为没有证据和依据,判决被告败诉。

(3) 处理管辖异议

当事人对受诉人民法院的管辖,有权提出异议。当事人提出管辖异议,应在收到人民法院应诉通知书之日起 10 日内以书面形式提出。对当事人提出的管辖异议,人民法院应当进行审查。异议成立的,受诉人民法院应裁定将案件移送有管辖权的人民法院;异议不成立的,则应裁定驳回。

(4) 审查诉讼文书和调查收集证据,这是审理前准备的中心内容。通过对原、被告提供的起诉状、答辩状和各种证据的审查,人民法院可以全面了解案情,熟悉原告的诉讼请求和理由、被告的答辩理由及案件的争议点。人民法院如果发现当事人双方材料或证据不全,应当通知当事人补充;对当事人不能收集的材料和证据,人民法院可以根据需要主动调查收集证据或依据当事人的申请调查收集证据。对于案情比较复杂或者证据数量较多的案件,人民法院可以组织当事人向对方出示或者交换证据,并将交换证据的情况记录在卷。

(5) 审查其他内容,在了解案情的基础上,人民法院还要根据具体情况审查和决定下列事项:审查诉讼参加人情况,对不符合当事人条件的,法院通知更换和追加当事人;决定或通知第三人参加诉讼;决定诉的合并与分离;确定审理的形式;决定是否公开开庭审理等。

(6) 召开合议庭准备会议。合议庭应在开庭前合理的时间内召开准备会议,研究确定案件是否开庭审理,是否公开审理,开庭审理的时间、地点、讨论庭审提纲和庭审中应当注意的重点或主要问题,明确合议庭成员在庭审中的分工等。

(7) 开庭通知和公告。法院应在开庭 3 日前通知当事人和其他诉讼参与人。公开审理的案件,应当在开庭 3 日前,向社会公告当事人的姓名、案由、开庭时间和地点等。

2. 庭审程序

(1) 庭审方式

庭审是受诉人民法院在双方当事人及其他诉讼参与人的参加下,依照法定程序,在法庭上对行政案件进行审理的诉讼活动。庭审的主要任务是,通过法庭调查和法庭辩论,审查核实证据,查明案件事实,适用法律、法规,以确认当事人之间的权利义务关系。庭审是行政诉讼第一审程序中最基本、最重要的诉讼阶段,是保证人民法院完成审判任务的中心环节。

根据行政诉讼法的规定,行政诉讼第一审程序必须进行开庭审理。开庭审理应遵循以下原则:

第一,必须采取言词审理的方式。言词审理与书面审理相对而言,是指在开庭审理的整个过程中,人民法院的所有职权行为和当事人以及其他诉讼参与人的一切诉讼行为,皆必须直接以言词方式进行。此种审理方式有利于当事人充分行使辩论权和其他诉讼权利,便于人民法院直接审理案件并在此基础上查明全部事实。

第二,以公开审理为原则。人民法院审理行政案件,除涉及国家秘密、个人隐私和法律另有规定外,一律公开进行,向公众公开,允许公民旁听,允许记者采访报道。

第三,审理行政案件一般不适用调解。与审理民事案件不同,人民法院审理行政案件,除行政赔偿、补偿以及行政机关行使法律、法规规定的自由裁量权的案件外,不得采用调解方式,也不得以调解方式结案,只能依法作出裁判。人民法院审理行政案件不适用调解的原因主要在于:第一,行政诉讼的核心是审理行政行为的合法性,此合法性的判断有明确的事实标准和法律依据,不容争议双方当事人相互协商。因此,行政行为要么合法,要么违法,在合法与违法之间或之外不存在其他可能,也就不存在法院调解的空间和余地。第二,调解的前提是当事人双方必须对其权利享有实体上的处分权,而在行政案件当事人中,虽然原告可能享有一定的实体处分权,但被告行政机关因为行使的是国家管理权,这些职权同时也是其法定职责,不允许其随意处分。

(2) 庭审程序

人民法院开庭审理必须依据法定程序进行。一般的庭审程序分为六个阶段:

① 开庭准备。人民法院应在开庭前3日传唤、通知当事人、诉讼参与人按时出庭参加诉讼。对公开审理的案件,应当张贴公告,载明开庭时间、地点、案由等。

② 开庭审理。开庭审理时,审判长要核对当事人、诉讼代理人、第三人,宣布合议庭组成人员,告知当事人的诉讼权利和义务,询问当事人是否申请回避等。

③ 法庭调查。法庭调查是庭审的重要阶段,主要任务是通过当事人陈述和证人作证,出示书证、物证、视听资料和电子数据,宣读现场笔录、鉴定结论和勘验笔录,来查明案件事实,审查核实证据,为法庭辩论奠定基础。法庭调查的基本顺序是:第一,询问当事人和当事人陈述;第二,通知证人到庭作证,告知证人的权利义务,询问证人,宣读未到庭证人的证言;第三,通知鉴定人到庭,告知其权利义务,询问鉴定人,宣读鉴定结论;第四,出示书证、物证、视听资料和电子数据;第五,通知勘验人到庭,告知其权利义务,宣读勘验笔录。

④ 法庭辩论。法庭辩论是指在合议庭主持下,各方当事人就本案事实和证据及被诉行政行为的法律依据,阐明自己的观点,论述自己的意见,反驳对方的主张,进行言词辩论的诉讼活动。法庭辩论的顺序是:原告及其诉讼代理人发言;被告及其诉讼代理人答辩;第三人及其诉讼代理人发言或答辩;互相辩论。在法庭辩论中,审判人员始终处于指挥者和组织者

的地位,应引导当事人围绕争议焦点进行辩论;同时,审判人员应为各方当事人及其诉讼代理人提供平等的辩论机会,保障并便利他们充分行使辩论权。

⑤ 合议庭评议。法庭辩论结束后,合议庭休庭,由全体成员对案件进行评议。评议不对外公开,采取少数服从多数原则。评议应当制作笔录,对不同意见也必须如实记入笔录,评议笔录由合议庭全体成员及书记员签名。

⑥ 宣读判决。合议庭评议后,审判长应宣布继续开庭并宣读判决。如果不能当庭宣判,审判长应宣布另定日期宣判。

3. 审理期限

人民法院审理第一审行政案件,应当自立案之日起 6 个月内作出判决。不过,鉴定、处理管辖权异议和中止诉讼的期间不计算在内。有特殊情况需要延长的,由高级人民法院批准,高级人民法院审理第一审行政案件需要延长的,由最高人民法院批准。基层人民法院申请延长审理期限,应当直接报请高级人民法院批准,同时报中级人民法院备案。(见表6-4)

表 6-4 行政诉讼审理期限

	期限	起算点	截止点	扣除在外时间	延长
一审审限	6个月	立案之日	裁判宣告之日	鉴定、处理管辖争议或者异议以及中止诉讼	由高级人民法院批准,高级人民法院审理上诉案件需要延长的,由最高人民法院批准
二审审限	3个月	收到上诉状之日			

(二) 实践准备

1. 查阅并熟悉《行政诉讼法》《行政诉讼法解释》《最高人民法院关于严格执行公开审判制度的若干规定》等相关法律制度。

2. 将学生平均分为三组,分别扮演原告、被告、法官,各组熟悉案例。

3. 各组根据具体案例做好行政诉讼一审各个环节的准备工作。法官组准备庭审程序相关内容,原告组准备起诉材料以及相关文书证据,被告组准备答辩材料以及相关文书证据。

四、实训要点

《行政诉讼法》《行政诉讼法解释》对行政案件一审程序作了较为详尽的规定,同时,根据《行政诉讼法解释》第 97 条的规定,人民法院审理行政案件,除依照行政诉讼法和本解释外,可以参照民事诉讼法的有关规定。

(一) 开庭前阅卷审查

在开庭前,合议庭成员应当审查有关诉讼材料,了解双方当事人争议的焦点和应当适用的有关法律以及有关专业知识。承办法官应当制作阅卷笔录。阅卷笔录的内容应当包括:本案的诉讼请求;初步确认当事人无争议事实;初步确认诉讼争议的焦点;拟订法庭调查的范围或者重点;其他。案件特别重大、复杂或者疑难的,审判长可以组织合议庭先行研究案情。

如果召开预备庭的,阅卷笔录初步确定的诉讼请求、当事人无争议事实和诉讼争议的焦点等内容可以进一步得到确认。

关于开庭前准备工作的若干制度,主要有:

第一,诉讼材料的签收制度。人民法院在接收当事人提供的证据材料时,应当出具《证据材料清单》;在接收当事人提供的证据原件或原物时,应当出具《收据》;在接收当事人提交的诉状及副本、代表人身份证明材料、授权委托书、诉讼文书送达地址确认书以及申请书、异议书等诉讼材料时,应当出具《诉讼材料签收单》。《证据材料清单》和《诉讼材料签收单》一式两份,一份存卷,一份交给当事人存执。不给当事人出具经经办人签名确认签收凭证的,当事人有权向监督部门反映。

第二,证据原件的处置制度。对当事人提供的书证、书面证言、鉴定结论、勘验和检查笔录的原件、物证的原物和视听资料的原始载体,除了专为人民法院提供的证据和人民法院调取的证据外,一律由当事人存执,不得将证据原件存卷。如原件、原物和原始载体不便或者不能当庭出示的(如案件涉及土地、房屋等不动产或大型物件等证据),当事人可以提供勘验或者检查笔录、照片、复印件、抄录件、复制品等;或者申请法院勘验、调查或者检查。人民法院也可以依职权勘验、调查或者检查。

第三,开庭前组织证据交换制度。根据《最高人民法院关于行政诉讼证据若干问题的规定》(以下简称《行诉证据规定》)第21条的规定,法庭根据案件的实际情况确定是否在开庭前组织当事人进行证据交换。如果召开预备庭的,在预备庭中组织当事人进行证据交换。原告、第三人的举证期限于交换证据之日届满。

第四,人民法院调查收集证据制度。根据《行诉证据规定》第22条的规定,人民法院依职权主动调查收集证据的范围限于:(1)涉及国家利益、公共利益或者他人合法权益的事实认定的;(2)涉及依职权追加当事人、中止诉讼、终结诉讼、回避等程序性事项的。根据《行诉证据规定》第23条的规定,原告和第三人不能自行收集,但能够提供确切线索的,可以申请人民法院调取其他有关证据材料。但是,人民法院不得为证明被诉具体行政行为的合法性,调取被告在作出具体行政行为时未收集的证据。

(二) 庭审开始

1. 布置审判法庭,组织、安排公民旁听及新闻记者采访。

2. 开庭审理前由书记员查明应当到庭的当事人和其他诉讼参与人是否到庭,并审查核对当事人及其诉讼代理人的身份。有证人、鉴定人和勘验人出庭作证的,应安排他们到休息室等候法庭传唤。

3. 书记员宣布法庭纪律。

4. 书记员宣布请审判长、审判员(陪审员)入庭(旁听人员起立)。

5. 审判长宣布开庭阶段。审判长明确诉讼双方当事人、代理人身份;交待合议庭组成人员;交待诉讼权利、义务;询问双方当事人是否申请回避;由审判长宣布开庭。

(三) 法庭调查阶段

法庭调查是人民法院在当事人参与下全面调查案件事实、审查判断各项证据,查明案件真实情况的诉讼阶段。该阶段的主要目的就是审查证据。法庭调查一般首先由原告宣读起诉状,被告宣读答辩状,然后开始双方当事人陈述。原告陈述主要应说明其合法权益受到行政行为侵害的事实和过程;被告陈述主要是提出相应行政行为的事实根据和法律规范依据,以证明其合法性。法庭调查按照下列顺序进行:

1. 当事人陈述。

2. 告知证人的权利义务,证人作证,宣读未到庭的证人证言。

3. 出示书证、物证和视听资料。
4. 宣读鉴定结论。
5. 宣读勘验笔录。

(四) 法庭辩论阶段

法庭辩论阶段是当事人行使辩论权的集中体现,法庭辩论是指在审判人员的主持下,诉讼当事人及其代理人就案件的事实、证据等进行辩论,阐述自己的观点和主张、反驳他方的观点和主张的诉讼活动。法庭辩论一般的顺序是:

1. 当事人的陈述及审理重点的归纳。(1)审判长指令原告及其诉讼代理人发言(陈述起诉理由和请求或宣读起诉状);(2)审判长指令被告及其诉讼代理人答辩;(3)审判长指令第三人及其诉讼代理人发言或答辩。

2. 对事实证据问题的举证质证。围绕行政行为的事实根据,审查行政行为是否主要证据不足,先由被告概括陈述事实,再出示证据,再由原告质证。

庭审中的质证环节非常重要。证据应当在法庭上出示,并经庭审质证。未经庭审质证的证据,不能作为定案的依据。但是,当事人在庭前证据交换过程中没有争议并记录在卷的证据,经审判人员在庭审中说明后,可以作为认定案件事实的依据。

当事人围绕证据的关联性(与本案关系)、合法性(取得手段和法定种类)和真实性(虚假与否、怀疑的理由),证据有无证明效力以及证明效力大小,进行质证。

3. 对行政行为所依据的规范性文件及程序是否合法的辩论程序。

审判长指令被告出示其被诉行政行为所依据的规范性文件,原告发表质证意见。

4. 对行政行为是否违反法定行政程序的审查。询问被告作出行政行为的程序过程,应当如何作出,被告具体如何作出,然后由原告质证。当事人可就案件的适用法律及程序问题进行辩论。

5. 双方互相辩论。在法庭辩论中,如果发现新的情况需要进一步调查时,审判长可以宣布停止辩论,恢复法庭调查或决定延期审理,待事实查清后,再继续法庭辩论。

6. 法庭辩论终结后,由审判长按照原告、被告、第三人的顺序征询各方最后意见。

(五) 合议庭评议

法庭辩论结束后,审判长宣布休庭,由合议庭组成人员进行合议,合议不对外公开。合议庭代表人民法院根据经过法庭审查认定的证据,确认案件事实,适用相关法律规范,最终形成人民法院对案件的裁定和判决。合议阶段是合议庭组成人员各自的判断形成多数意见乃至一致意见的过程,合议结论应坚持少数服从多数的原则,但少数人的意见应当记入合议笔录,每一位合议庭组成人员都应在合议笔录上签名。

(六) 宣告判决

经过法庭调查、法庭辩论和休庭合议三个阶段后,庭审即进入最后宣判阶段。宣判是由审判长代表人民法院宣告对被诉行政行为是否合法的认定和人民法院对相应行政行为的处置,如撤销、维持或变更。人民法院宣告判决一律公开进行,除当庭宣判外,还可以择期宣判。宣告判决时,应告知诉讼当事人的上诉权利、上诉期限和上诉法院。

五、实训过程

1. 三组学生分别扮演原告、被告、法官,各组熟悉案例。

2. 各组根据案例做好行政诉讼一审各个环节的准备工作。法官组准备庭审程序相关内容,做好开庭准备。

3. 原告组准备起诉材料以及相关文书证据,被告组准备答辩材料以及相关文书证据。

4. 学生模拟行政诉讼一审审理程序:开庭审理、法庭调查、法庭辩论、合议庭评议、宣读判决。

5. 结合表演和学生准备的材料,各组同学互相指出表演中的亮点与不足,针对不足,提出完善意见。

六、实训点评

1. 注意庭前准备程序的内容和时限。

2. 注意开庭审理时审判长要核对当事人、诉讼代理人以及第三人的身份,宣布合议庭组成人员,告知当事人的诉讼权利和义务,询问当事人是否申请回避等事项。

3. 注意当事人陈述和证人作证以及询问证人的顺序。

4. 注意合议庭评议的方式、方法,评议笔录的制作。

七、实训拓展

1. 行政诉讼审理程序与行政复议程序的区别。

2. 行政诉讼审理程序与民事诉讼审理程序的区别。

第五节 行政诉讼第二审庭审程序

行政诉讼案件第二审程序,即行政诉讼案件的上诉审程序,是指上一级人民法院依照法律规定,根据当事人对第一审人民法院作出的裁判或判决不服,而在法定期限内向一审法院的上一级人民法院提起的上诉,对一审的人民法院作出的尚未生效的判决或裁定重新进行审理,并作出裁判的程序。

一、实训目标

1. 确定上诉人的条件,审查上诉人是否适格。

2. 分析审查上诉案件的裁判类型及上诉审的例外情形。

3. 确定不同的审判方式的适用条件及适用范围。

4. 掌握在法院提起上诉的具体途径和方法,了解上诉审的对象、方式、期限等具体问题,规范撰写上诉状等法律文书,掌握不同裁判类型文书的撰写。

二、实训素材

2012年6月22日,××省××市A县农业局经检查并核实,发现赖某在其经营的农化部销售无登记证农药产品"某穿甲"。为此,该局对赖某作出"责令停止经营无登记证农药产品'某穿甲'的行为;给予违法经营的行为罚款5 000元"的行政处罚决定。赖某在接到A县农业局作出的行政处罚决定书后,没有在法定期限内申请行政复议和提起行政诉讼。因其没有自动履行生效的行政处罚,A县农业局遂于2012年12月21日向法院申请强制执行。

A县人民法院经审理认为,我国实行农药登记制度,生产农药必须进行登记,A县农业局对赖某销售无登记证农药产品"某穿甲"的行为进行查处是履行法定职责,赖某销售无登记证农药,违反《中华人民共和国农药管理条例》第20条、第40条第1款第(1)项、第(3)项的规定。A县农业局对其作出的行政处罚决定,认定事实清楚,程序合法,适用法律正确。故依照《行政诉讼法》第66条(修订前)和《行政诉讼法解释》第93条的规定,2013年1月24日×省×市A县人民法院依法作出行政裁定,准予执行该县农业局对赖某销售无登记证农药新产品的行政处罚决定。赖某不服,向×省×市中级人民法院提起上诉。

三、实训准备

(一)理论准备

1. 上诉的提起

上诉是当事人对地方各级人民法院尚未发生法律效力的一审判决、裁定,于法定期限内以书面形式请求上一级人民法院对案件进行审理的诉讼行为。上诉必须符合条件:

(1)上诉人必须适格。凡是第一审程序中的原告、被告和第三人及其法定代理人,经授权的委托代理人,都有权提出上诉。

(2)上诉人所不服的一审判决、裁定必须是法律规定可以上诉的判决、裁定。包括地方各级人民法院第一审尚未发生法律效力的判决和对驳回起诉、不予受理、管辖权异议所作出的裁定。

(3)上诉必须在法定期限内提出。当事人不服人民法院第一审判决的,有权在判决书送达之日起15日内向上一级人民法院提起上诉,当事人不服人民法院第一审裁定的,应当在裁定书送达之日起10日内向上一级人民法院提出上诉。逾期不提出上诉的,人民法院第一审判决或者裁定发生法律效力。

(4)上诉必须递交符合法律要求的上诉状。当事人提出上诉,既可以通过原审人民法院提出,也可以直接向第二审人民法院提出,当事人直接向第二审人民法院上诉的,第二审人民法院应当在5日内将上诉状移交原审人民法院。

2. 上诉的受理

原审人民法院收到上诉状(当事人提交或者第二审人民法院移交的)应当审查;对有欠缺的上诉应当要求当事人限期补正。上诉状内容无欠缺的,原审人民法院应当在5日内将上诉状副本送达被上诉人,被上诉人在收到上诉状副本之日起10日内提出答辩状。被上诉人不提出答辩状的,不影响人民法院对案件的审理。原审人民法院收到上诉状、答辩状应当在5日内连同全部案卷,报送第二审人民法院。第二审人民法院经过审查,如果认为符合法定条件,应予受理;如果认为不符合法定条件应当裁定不予受理。

上诉一经受理,案件即进入第二审程序,被诉行政机关不得改变原具体行政行为。

3. 上诉的撤回

自二审法院受理上诉案件至作出二审裁判之前,上诉人可以向二审法院申请撤回上诉。撤回上诉应提交撤诉状。撤回上诉是否准许,应由二审法院决定。经审查,法院认为上诉人撤回上诉没有规避法律和损害国家、社会、集体和他人利益,符合撤诉条件的,应当准许撤诉。

(1) 上诉撤回的条件：①二审法院受理上诉后作出裁判前；②上诉人的真实意思表示；③不得损害国家利益、社会公共利益或他人合法利益；④经二审法院审查，是否准许由二审法院以裁定形式作出；⑤递交申请书。

(2) 法院不准撤回上诉的情形：①第二审法院经过审查，认为原审法院的判决、裁定确有错误，应当予以纠正或发回重审的；②发现上诉人为了规避法律而申请撤诉，如果同意上诉人撤回上诉，势必侵害被上诉人的合法权益的；③如双方当事人均提起上诉，只有一方当事人提出撤回上诉的；④第二审程序中，行政机关不得改变原行政行为。上诉人因行政机关改变原行政行为而申请撤回上诉的，不予准许。

(3) 撤回上诉的法律后果：①上诉人丧失对本案的上诉权；②准许撤回上诉的裁定是终审裁定，第一审判决随即发生法律效力；③上诉费用由上诉人负担。

4. 二审的审理

二审法院审理上诉案件，首先应当组成合议庭。合议庭应当全面审查一审法院的判决或裁定认定的事实是否清楚，适用法律是否正确，诉讼程序是否合法，审查不受上诉人在诉状中上诉范围和上诉内容的限制。

(1) 审理方式

① 书面审理。二审的书面审理适用于一审裁判认定事实清楚的上诉案件。二审法院经过对一审法院报送的案卷材料、上诉状、答辩状、证据材料等进行审查，认为事实清楚的，可以不再传唤当事人、证人和其他诉讼参与人到庭调查核实，只通过书面审理后，即可作出裁判。实践中，对于何为"认为事实清楚"，一般除当事人对案件事实无争议外，当事人虽对案件事实提出异议，但二审法院经审查认为原审认定事实清楚的，也可以实行书面审理。此外，对一审判决因违反法定程序需要发回重审的二审案件，可以实行书面审理。

② 开庭审理。二审法院开庭审理与一审相同。主要适用于当事人对一审法院认定的事实有争议，或认为一审法院认定事实不清楚、证据不足等情形。

(2) 审理对象

二审人民法院对上诉案件的审理，实行全面审查原则，即对原审人民法院的裁定和被诉行政行为是否合法进行全面审查，而不受上诉范围的限制。具体如下：①二审法院审理行政案件，既要对原审法院的裁判是否合法进行审查，也要对被诉行政行为的合法性进行审查。②二审法院审理行政案件，对被诉行政行为的合法性进行全面审查，不受上诉范围的限制。

(3) 二审程序中有关证据问题的规定

① 根据《行诉证据规定》第7条第2款规定，原告或者第三人在第一审程序中无正当事由未提供而在第二审程序中提供的证据，人民法院不予接纳。

② 根据《行诉证据规定》第50条规定，在第二审程序中，对当事人依法提供的新的证据，法院应当进行质证；当事人对第一审认定的证据仍有争议的，法庭也应当进行质证。所谓"新的证据"，具体是指：在一审程序中应当准予延期提供而未获准许的证据；当事人在一审程序中依法申请调取而未取得，人民法院在第二审程序中调取的证据；原告或者第三人提供的在举证期限届满后发现的证据。

(4) 审理期限

新修订的《行政诉讼法》第88条规定，人民法院审理上诉案件，应当在收到上诉状之日起3个月内作出终审判决。有特殊情况需要延长的，由高级人民法院批准，高级人民法院审理上诉案件需要延长的,由最高人民法院批准。

5. 二审的裁判

二审法院经过对案件的审理,应根据行政行为的不同情况作出不同裁判。二审裁判分为以下几种:

(1) 裁定撤销一审判决,或裁定发回重审。这种裁判主要适用于:原判认定事实不清楚,证据不足,可能影响案件的正确判决的;一审判决遗漏了当事人、遗漏部分诉讼请求或者违法缺席判决等严重违反法定程序的;对上诉人不服一审不予受理的裁定,二审认为应当受理的,应撤销一审裁定,指令一审法院立案受理;对一审法院驳回起诉而二审法院认为有错误的,应裁定撤销一审裁定,指令一审法院进行审理。对于二审法院发回重审的行政案件,原审法院应当另行组成合议庭进行审理。

(2) 依法改判、撤销或者变更。经二审法院审理,认为一审判决认定事实错误或者适用法律、法规错误的,应依法改判、撤销或者变更;原判决认定基本事实不清、证据不足的,查清事实后改判。

(3) 维持原判。二审法院经过审理,认为一审认定案件事实清楚,适用法律、法规正确,应驳回上诉人的上诉,维持原判。

(二) 实践准备

1. 按照学生人数的多少,将学生分成若干小组,分别扮演上诉人、被上诉人和法官等不同角色。

2. 阅读行政诉讼法教材中有关上诉审概述中关于上诉审目的、上诉的条件、上诉的受理、上诉的审理方式、期限、对象,审理中的程序及证据问题等基础理论知识,熟练掌握《行政诉讼法》《行政诉讼法解释》《行诉证据规定》等诉讼类规范性文件。

3. 实训前将实训素材的基本案情资料传发给学生,要求学生检索有关程序法和实体法方面的法律依据,根据具体实训案例结合实体法的内容明确案件当事人的权利义务,判断原审裁判是否适当,当事人是否具备提起上诉的条件,确定上诉提起的具体途径,并掌握法院受理上诉程序的基本方法。根据具体实训案例结合实体法的内容明确案件当事人的权利义务,判断二审法院裁判方式的运用及具体裁判结果的适用。在通过学生的自主学习后,要求提交书面形式的报告。

四、实训要点

根据《行政诉讼法》的相关规定,行政诉讼二审庭审程序,参照一审庭审程序,因此这里我们仅就重点需要注意的问题予以介绍。

1. 上诉应提交的材料。依照《行政诉讼法》的规定,第一审程序中的原告、被告和第三人及其法定代理人,经授权的委托代理人,都有权提出上诉。

提起上诉的,应提交由本人签名或盖章的上诉状正本一份,并按照对方当事人人数提交副本。上诉人应提交身份证明材料复印件,委托代理人代理上诉的,还应提交经过上诉人特别授权的授权委托手续。上诉人应当在法定的期限内递交上诉状,如因不可抗拒的事由或者具有其他正当理由不能在法定期限内上诉的,应提交能够证明不可抗拒的事由或者具有其他正当理由存在的相关证明材料。上诉人申请缓交、减交、免交上诉费用的,应提交书面申请及符合规定的证明材料。

2. 关于开庭前准备。行政审判庭内勤收到立案部门移送的立案及一审卷宗材料后,应当对相关材料予以核查登记后(如发现材料不齐,应及时与立案部门联系并予以补正),由庭领导按规定分案,确定案件承办人和合议庭成员及书记员。案件承办人收到案件后,应核对卷宗及其他相关材料并进行初审,收案后 5 日内由书记员办理发送诉讼权利义务告知书、合议庭成员告知书,需要开庭审理的,还应报审判长确定开庭时间及地点,一并发送开庭传票和出庭通知书等诉讼材料。案件承办人事先阅卷审查,对较为复杂的案件,应当有合议庭全体成员阅卷。

3. 关于预备庭和庭前证据交换。如果一方当事人在一审之后提供新的证据的,法庭可以送达的方式交换。如新证据较多,或者双方当事人均提供证据的,法庭认为有必要的,也可以召集当事人当面交换,或者召开预备庭。

4. 关于庭审归纳小结。在确认当事人无争议的事实和争议的焦点时,除了明确当事人之间的争议情况外,还应特别明确当事人各方对原判认定的事实和判决依据的意见,充分考虑当事人上诉的理由和根据。在确定法庭调查的范围时,必须考虑到原判认定事实是否清楚、证据是否确实充分。

5. 关于二审法院审查的范围。原审裁判是上诉审的直接审查对象。二审法院必须审查并确认原裁判认定事实是否清楚,证据是否确实充分,审判程序是否合法,裁判适用法律是否正确,裁判结果是否适当等问题。至于当事人之间对被诉行政行为发生的争议,应当结合到对原裁判的审查当中进行审查确认。

6. 关于证据的审查。《行诉证据规定》第 50 条规定:"在第二审程序中,对当事人依法提供的新的证据,法庭应当进行质证;当事人对第一审认定的证据仍有争议的,法庭也应当进行质证。"至于当事人没有争议的证据,法庭认为在二审中有进一步审查之必要的,也应当组织当事人质证,并作出认证结论。

7. 关于庭审方式。二审庭审中,可以将法庭调查和法庭辩论合在一起进行,即采取"质辩合一"的庭审方式,不再严格区分法庭调查和法庭辩论阶段,由当事人围绕案件的重点逐一发表质证辩论意见。

五、实训过程

1. 学生回顾案例的基本案情。
2. 通过小组讨论,从上诉权基础条件入手,并明确上述纠纷中所涉实体法律关系的性质,并由学生代表发言予以确认。
3. 以上述讨论确认的上诉条件为基础,明确法院法官和当事人各自不同的角度做好相应的诉讼准备。
4. 由不同学生扮演上诉人、被上诉人、法官、书记员等不同角色,模拟案件上诉状的提交等提出上诉的具体途径和方法。
5. 通过角色扮演,模拟完成行政诉讼二审庭审全过程,并根据案件作出适当的结论。
6. 学生完成相关法律文书的制作工作,如上诉状、答辩状、判决书等。

六、实训点评

在实训中要分别从当事人和法院两个主要角度看学生对知识的掌握程度。

(一) 当事人应当注意的问题

1. 上诉是否符合条件,需要提交什么材料,如何与法院立案庭沟通。
2. 需要收集哪些证据,证据材料是否完整,通过哪些手段可以完成证据的收集工作。
3. 上诉材料如何提交,提交的期限如何界定。

(二) 人民法院应当注意的问题

1. 审查当事人的上诉是否符合受理条件。
2. 审查后的处理决定是否正确。
3. 受理程序是否正确。

七、实训拓展

1. 作为当事人的代理律师,在当事人上诉前,如何履行自己的职责?
2. 行政诉讼案件二审与一审主要有哪些区别?

第六节 行政诉讼审判监督程序

一、实训目标

1. 了解再审提起的种类、提起再审的事由,明确不同的再审提起方式的适用条件。
2. 掌握再审案件的管辖法院,明确再审案件的具体审理程序,掌握再审案件的裁判种类及适用条件。
3. 能够规范撰写申诉状、再审裁判等法律文书,掌握法院审理再审案件的方式和做法。

二、实训素材

蔡某,女,1960年11月1日出生,1979年12月参加工作,1984年转为国家干部,工作岗位为河南省新乡市有机化工厂化验室化验员。2005年10月,蔡某向河南省新乡市劳动和社会保障局提出提前退休申请。劳动和社会保障局以蔡某属干部身份不予办理退休手续。蔡某向河南省劳动和社会保障厅申请复议,河南省劳动和社会保障厅维持了劳动和社会保障局对蔡某不予办理提前退休手续的行为。蔡某以新乡市劳动和社会保障局行政不作为为由于2006年4月12日提起行政诉讼。

新乡市红旗区人民法院经审理认为:根据国家劳动总局〔78〕劳护字36号文第5条第2款的规定"化工生产车间的机械维修保全工、分析化验工、常年跟班的技术人员(如车间值班长),以及污水处理工等,其劳动条件与同类产品的有毒有害作业工种相同的,企业可根据具体情况提出申请,报省(市、区)化工局审核,并征求同级卫生部门意见后,经省(市、区)劳动局批准,方可执行"。原告蔡某从事的工作是厂化验室化验员,不是生产车间的分析化验工,这两个岗位职工工作条件、工作环境是不同的,故原告蔡某从事的厂化验室化验员不是国家有关文件规定的有毒有害工种,也不是提前退休的工种。根据国办发〔1999〕10号文第4条第1款的规定,女干部年满55岁方可退休。原告蔡某是干部身份,现年46岁,按照规定,应到55岁退休。被告劳动和社会保障局不为其办理提前退休手续的具体行政行为,事实清楚,证据确凿,适用法律法规正确,符合法定程序,应予维持。新乡市红旗区人民法院于2006年6月12日作出(2006)红行初字第29号行政判决:一、维持被告新乡市劳动和社会保障局不为原告蔡某办理退休手续的具体行政行为;二、驳回原告蔡某要求被告新乡市劳动和社会保障局按法定退休年龄为其补发退休工资的诉讼请求。

蔡某不服,向河南省新乡市中级人民法院提起上诉。新乡市中级人民法院审理查明的事实及证据与一审认定的一致:蔡某从事的工作是厂化验室化验员,不是生产车间的分析化验工,因这两个岗位职工工作条件、工作环境不同,根据国家劳动总局〔78〕劳护字36号文第5条第2款的规定,蔡某从事的厂化验室化验员不是国家有关文件规定的有毒有害工种。一审法院调取的三份新乡市特殊工种岗位登记表应以主管机关审批备案的为准,且经查证在同意为特殊工种的批注中均未包括厂化验室化验员工作岗位;蔡某于1960年11月1日出生,1979年12月参加工作,1984年转为国家干部,根据国办发〔1999〕10号文第4条第1款的规定,女干部年满55岁方可退休。原告蔡某是干部身份,现年46岁,按照规定,应到55岁退休。蔡某的上诉理由没有事实根据,一审判决认定事实清楚,适用法律、法规正确,应予维持。新乡市中级人民法院依照《中华人民共和国行政诉讼法》第61条第(1)项之规定于2006年9月20日作出(2006)新行终字第165号行政判决,判决如下:驳回上诉,维持原判。

判决生效后,蔡某不服,向新乡市中级人民法院提出申诉,新乡市中级人民法院于2008年10月28日作出(2008)新中行申字第24号驳回再审申请通知书。蔡某不服,向河南省高级人民法院提出申诉,河南省高级人民法院于2010年4月30日作出(2009)豫法行申字第40号行政裁定,指令新乡市中级人民法院对本案进行再审。新乡市中级人民法院依法另行组成合议庭,公开开庭审理了本案。

申请再审人蔡某申诉称:一、蔡某所从事的化验室化验分析岗位是经市劳动和社会保障局审批的特殊工种,有一审法院从新乡市有机化工厂调取的2003年6月审批的《新乡市特殊工种岗位登记表》证明;蔡某长期在劳动生产一线跟班从事有毒有害作业,且已不存在干部身份问题,即便是干部身份,按照《国务院关于退休、退职的暂行办法》(国发〔1978〕104号)第1条第(2)项的规定也应该办理提前退休。二、一审法院应引用国家劳动总局〔78〕劳护字36号文第5条第3款有关"化学工业中常年直接从事有毒有害作业的非化工生产工种"申报特殊工种的规定却没有引用;二审法院引用了国办发〔1999〕10号文第4条第1款的规定,但该条款与本案无关,对与本案有关的《国务院关于退休、退职的暂行办法》(国发〔1978〕104号)第1条第(2)项的规定却不引用;二审法院对劳力字〔1992〕46号第8条、劳办发〔1994〕169号、劳部发〔1995〕309号第46条等诸多企业改制和劳动者身份确认的法律条款均不引用。综上,一、二审法院认定事实错误,适用法律错误,应予撤销。

被申请人市劳动和社会保障局答辩称:一、蔡某从事的厂化验室化验员的工作,依法不是有毒有害工种,不管是依据国家劳动总局〔78〕劳护字36号文,还是依据化工部《化学工业有毒有害作业工种范围补充表》以及劳动部《关于同意将中国乐凯胶片公司有毒有害作业工种列为提前退休工种的批复》,蔡某所从事的厂化验室化验员的工作均不是有毒有害工种,不在国家规定的有毒有害工种范围之内,因此,不符合提前退休条件。二、蔡某的身份为企业女干部,依法应当按照国家规定的女干部退休年龄办理退休,蔡某1984年经市人事局批准转为国家正式干部,其身份应为企业女干部,在现行人事管理体制下,其二十多年来一直执行干部工资标准,应按照女干部 55 岁退休年龄办理退休手续,且厂化验室化验员的岗位是干部岗位,与规定的分析化验工在工作条件、工作环境上有很大的不同,蔡某经批准转为国家干部与企业聘干也有身份上的不同。三、新乡市有机化工厂依法于 2009 年 8 月 13 日被新乡市中级人民法院依法宣告破产。在职工安置方案中,企业中距法定退休年龄不足 5 年(含 5 年)的职工,按照市里的规定可以享受提前退休政策,蔡某也在提前退休的职工名单中,厂里已为他们提前预交了破产之日至法定退休年龄的社会保险费和提前领取的养老金。

新乡市中级人民法院再审审理查明的事实和证据除与原一、二审查明的事实和证据一致外,另查明:新乡市有机化工厂于 2009 年 8 月 13 日被新乡市中级人民法院依法宣告破产。蔡某于 2009 年 8 月 31 日经本人申请退休,于 2009 年 11 月 13 日经新乡市劳动和社会保障局批准退休。以上事实,有新乡市中级人民法院(2009)新民二破字第 005 - 10 号民事裁定书和河南省企业职工退休审批表予以证实。

新乡市中级人民法院认为:蔡某从事的工作是厂化验室化验员,不是生产车间的分析化验工,因这两个岗位职工工作条件、工作环境不同,根据国家劳动总局〔78〕劳护字 36 号文第 5 条第 2 款的规定,蔡某从事的厂化验室化验员不是国家有关文件规定的有毒有害工种。蔡某于 1984 年转为国家干部,根据国办发〔1999〕10 号文第 4 条第 1 款的规定,女干部年满 55 岁方可退休。原告蔡某是干部身份,应到 55 岁退休。原一、二审认定事实清楚,适用法律、法规正确,应予维持。依照《中华人民共和国行政诉讼法》第 61 条第(1)项、《最高人民法院关于执行〈中华人民共和国行政诉讼法〉若干问题的解释》第 76 条之规定,判决如下:维持本院(2006)新行终字 165 号行政判决。

三、实训准备

(一) 理论准备

审判监督程序是指法院根据当事人的申请、检察机关的抗诉或法院自己发现发生法律效力的判决、裁定确有错误,依法对案件进行再审的程序。人民法院审理行政案件,实行两审终审制。审判监督程序虽然也是审判程序,但不是必经程序。人民法院的判决、裁定一经发生法律效力,非依法律、法规根据,不得撤销和变更,当事人也不能以同一标的再次起诉。但是,如果发生法律效力的判决、裁定违反法律、法规规定,就有必要予以纠正。因此,专门用于纠正生效裁判错误的审判监督程序的启动主体不限于当事人。根据我国行政诉讼法的规定,启动再审程序的主体除包括当事人外,还包括人民法院和人民检察院。

1. 审判监督程序提起的条件

(1) 审判监督的对象是已经发生法律效力的判决、裁定,特定情况下,行政赔偿调解书也可以成为提起审判监督程序的对象。

(2) 当事人提起审判监督程序的法定理由:依据新修订的《行政诉讼法》第 91 条的规定,能够引发审判监督程序的法定理由主要有:原判决、裁定认定的事实主要证据不足、未经质证或者系伪造的;原判决、裁定适用法律、法规确有错误;违反法定程序,可能影响案件正确裁判;不予立案或者驳回起诉确有错误的;有新的证据,足以推翻原判决、裁定的;原判决、裁定遗漏诉讼请求的;据以作出原判决、裁定的法律文书被撤销或者变更的;审判人员在审理该案件时有贪污受贿、徇私舞弊、枉法裁判行为的;其他违反法律、法规的情形。

(3) 提起审判监督程序的主体:①最高人民法院对地方各级人民法院,上级人民法院对下级人民法院均有审判监督权,均可以提起再审程序。各级人民法院院长对本院已经发生法律效力的判决、裁定发现违反法律、法规规定,发现调解违反自愿原则或者调解书内容违法,认为需要再审的,有权提请审判委员会决定是否再审。②人民检察院作为国家的法律监督机关,有权对确有错误的人民法院已经发生法律效力的判决、裁定按照法定程序提起抗诉,对于人民检察院的抗诉,人民法院必须提审或指令下级人民法院再审。③当事人的申请再审,应当在判决裁定发生法律效力后 2 年内提出,当事人对已经发生法律效力的行政赔偿调解书,提出证据证明调解违反自愿原则或调解协议的内容违反法律规定的,可以在 2 年内申请再审,但判决裁定不停止执行。

2. 提起审判监督程序的程序

(1) 当事人申请再审既可以向原审人民法院提出,也可以向上一级人民法院提出。对当事人的再审申请,人民法院应当充分重视,经审查,符合再审条件的,应当立案并及时通知各方当事人;不符合再审条件的,予以驳回。

(2) 原审人民法院院长提起审判监督程序,必须报经审判委员会决定。

(3) 上级人民法院提起审判监督程序,有权提审或指令下级人民法院再审。

(4) 人民检察院抗诉,应当符合法律规定的具体程序:最高人民检察院对各级人民法院已经发生法律效力的裁判向最高人民法院抗诉;上级人民检察院对下级人民法院已经发生法律效力的裁判,向同级人民法院抗诉;地方各级人民检察院对同级人民法院已经发生法律效力的裁判,报请上级人民检察院,由上级人民检察院向同级人民法院提起抗诉。对于人民检察院的抗诉,人民法院应当再审,开庭审理抗诉案件时应通知人民检察院派员出庭。

3. 再审案件的审理

(1) 人民法院按照审判监督程序再审的案件,发生法律效力的判决、裁定是由第一审人民法院作出的,按照第一审程序审理,所作的判决、裁定,当事人可以上诉;发生法律效力的判决、裁定是由第二审人民法院作出的,按照第二审程序审理,所作的判决、裁定是发生法律效力的判决裁定;上级人民法院按照审判监督程序提审的,按照第二审程序审理,所作的判决、裁定是发生法律效力的判决裁定;人民法院审理再审案件,应当另行组成合议庭。

(2) 再审案件,应当裁定中止原判决的执行,裁定由院长署名,加盖人民法院印章。上级人民法院决定提审或指令下级人民法院再审的,应当作出裁定,裁定应当写明中止原判决的执行;情况紧急的,可以将中止执行的裁定口头通知负责执行或作出生效判决、裁定的人民法院,但应在口头通知后 10 日内发出裁定书。

(3) 人民法院审理再审案件,应当另行组成合议庭。原审审判人员不得再参加案件的再审。

4. 对再审案件的处理

(1) 人民法院经过再审案件的审理认为原生效判决、裁定确有错误,在撤销原生效判决或者裁定的同时,有两种处理办法:一是对生效判决、裁定的内容作出相应裁判;二是裁定撤销生效判决或者裁定,发回作出生效判决、裁定的人民法院重新审判。

(2) 裁定发回重审的情形:审理本案的审判人员、书记员应当回避而未回避的;依法应当开庭审理而未经开庭即作出判决的;未经合法传唤当事人而缺席判决的;对与本案有关的诉讼请求未予以裁判的;其他违反法定程序可能影响案件正确审判的。

(3) 人民法院审理再审案件的,对原审法院不予受理或者驳回起诉错误的,应当作出如下处理。如果第二审人民法院维持第一审人民法院不予受理或者驳回起诉的裁定错误的,再审法院应当撤销第一审、第二审人民法院裁定,指令第一审人民法院审理。

(4) 再审案件按照第一审程序审理的须在6个月内作出裁判;再审案件按照第二审程序审理的,须在3个月内作出裁判。(见表6-4)

(二) 实践准备

1. 将学生平均分成若干小组,分别扮演当事人、原审法院、原审法院的上级人民法院、检察院等不同角色。

2. 阅读行政诉讼法教材中有关再审程序中关于再审的提起和复查等基础理论知识,熟练掌握《行政诉讼法》《行政诉讼法解释》《行诉证据规定》等规范性文件。

3. 实训前将实训素材的基本案情资料传发给学生,要求检索有关程序法和实体法方面的法律依据,根据具体实训案例结合实体法的内容明确案件当事人的权利义务,判断原审裁判是否适当、当事人提起申诉是否符合法定事由,确定不同主体提起再审的具体途径,并掌握法院再审审查程序的基本方法。在通过学生的自主学习后,要求提交书面形式的报告。

四、实训要点

(一) 当事人申请再审的把握

当事人的判断标准应以生效裁判文书中的列明为准,包括原告、被告、第三人,且该当事人完全或部分败诉,可能通过再审获得更有利的法律地位。如果上述当事人死亡或者终止的,那么他的权利义务继受人就享有申请再审的权利。

再审程序是一种纠正生效判决、裁定或者调解书错误的程序,已经发生法律效力的判决、裁定、调解书,既包括已经生效的第一审判决、裁定和调解书,也包括第二审判决、裁定和调解书。其中,对于法院裁定,只有不予受理和驳回起诉的裁定才能申请再审。只有认为判决、裁定或者调解书存在错误的,当事人才有必要申请再审,否则,即使申请,也不会启动再审程序。

(二) 人民法院再审的把握

1. 人民法院院长通过审判委员会决定再审

各级人民法院院长对本院已经发生法律效力的判决、裁定发现违反法律、法规规定,认为需要再审的,或者发现调解违反自愿原则、调解书内容违法,需要再审的,应当提交审判委员会讨论决定是否再审。人民法院的裁判生效以后,不仅对当事人和社会产生约束力,对人民法院也产生约束力,人民法院也不能随意改变自己作出的已生效的裁判。行政诉讼法将对法院审判工作进行监督的大权交由院长和审判委员会共同行使,正体现了审判监督程序的严肃性。因此,案件是否再审,不能由院长一人决定,必须由其提交审判委员会讨论决定。

2. 上级人民法院提审或指令再审

上级人民法院发现下级人民法院已经发生法律效力的判决、裁定违反法律、法规规定,认为需要再审的,或者发现调解违反自愿原则、调解书内容违法,需要再审的,可以提级由自己审理,也可以指令下级人民法院再审。指令再审的,下级人民法院接到指令后,必须进行再审。再审后,应将审判结果报送发出指令的上级人民法院。上级人民法院提审或指令再审,还包括最高人民法院发现地方各级人民法院已经发生法律效力的判决、裁定违反法律、法规规定,认为需要再审而进行的提审和指令再审。指令再审的,接到指令的地方人民法院再审后,应将审理结果报送最高人民法院,这是审判监督权的体现。

提审是为了保障案件真正能够通过再审,保证办案质量,排除可能受到的干扰。审判监督或再审是审判工作中的补救制度,提审则是这个补救制度中的一个保障制度,是保障补救制度得以实现的手段。提审的内容包括由提审法院通知原审法院调卷,并作出中止执行原审裁判的决定。上级人民法院之所以可以提审,是因为审判权由人民法院统一行使。基于这个统一的审判权,而不是一般案件的审判权,上级人民法院不受诉讼管辖权的约束,行使审判监督权。另外,指令再审也是基于审判监督权,是法律赋予上级人民法院行使审判监督权的一种体现。再审的指令既不能以上级人民法院院长的名义发出,也不能以上级人民法院审判委员会名义发出,而应以上级人民法院的名义发出,因为审判监督权是人民法院的监督权,而非个人的监督权。

3. 法院再审必须具有法定的申请事由

《行政诉讼法》第92条规定:各级人民法院院长对本院已经发生法律效力的判决、裁定,发现有本法第91条规定情形之一,或者发现调解违反自愿原则或者调解书内容违法,认为需要再审的,应当提交审判委员会讨论决定。

最高人民法院对地方各级人民法院已经发生法律效力的判决、裁定,上级人民法院对下级人民法院已经发生法律效力的判决、裁定,发现有本法第91条规定情形之一,或者发现调解违反自愿原则或者调解书内容违法的,有权提审或者指令下级人民法院再审。

《行政诉讼法解释》第72条规定:"有下列情形之一的,属于行政诉讼法第六十三条规定的'违反法律、法规规定':(一)原判决、裁定认定的事实主要证据不足;(二)原判决、裁定适用法律、法规确有错误;(三)违反法定程序,可能影响案件正确裁判;(四)其他违反法律、法规的情形。"

《行政诉讼法解释》第80条规定:"人民法院审理再审案件,发现生效裁判有下列情形之一的,应当裁定发回作出生效判决、裁定的人民法院重新审理:(一)审理本案的审判人员、书记员应当回避而未回避的;(二)依法应当开庭审理而未经开庭即作出判决的;(三)未经合法传唤当事人而缺席判决的;(四)遗漏必须参加诉讼的当事人的;(五)对与本案有关的诉讼请求未予裁判的;(六)其他违反法定程序可能影响案件正确裁判的。"

总之,人民法院对行政诉讼再审的事由不外乎以下三类,即:裁判主体不合法;裁判缺乏事实依据;裁判适用法律错误,违反法定程序,这几种情况,要结合相关理论知识具体掌握。

4. 人民法院对再审案件的处理

人民法院按照审判监督程序再审的案件,不是一个审级,没有自己的审判程序,应根据原来审判本案的不同情况,分别加以处理。原来是第一审的,再审时,按照第一审程序审理,所作出判决、裁定,是第一审人民法院的判决、裁定,当事人不服的,可以上诉;原来是第二审案件的,再审时,按照第二审程序审理;上级人民法院提审的案件,也应按照第二审程序审理,所作的判决、裁定,是发生法律效力的判决、裁定,当事人不得提起上诉。

人民法院接到人民检察院的抗诉,必须对抗诉的行政案件进行再审。

(三) 对人民检察院抗诉的把握

《行政诉讼法》第93条规定:最高人民检察院对各级人民法院已经发生法律效力的判

决、裁定,上级人民检察院对下级人民法院已经发生法律效力的判决、裁定,发现有本法第91条规定情形之一,或者发现调解书损害国家利益、社会公共利益的,应当提出抗诉。

地方各级人民检察院对同级人民法院已经发生法律效力的判决、裁定,发现有本法第91条规定情形之一,或者发现调解书损害国家利益、社会公共利益的,可以向同级人民法院提出检察建议,并报上级人民检察院备案;也可以提请上级人民检察院向同级人民法院提出抗诉。

各级人民检察院对审判监督程序以外的其他审判程序中审判人员的违法行为,有权向同级人民法院提出检察建议。

人民检察院有权对行政诉讼活动实行法律监督,是行政诉讼法确定的基本原则之一。根据行政诉讼法的有关规定,人民检察院按照审判监督程序向人民法院提出抗诉应当同时具备以下条件:

1. 被提出抗诉的行政判决、裁定必须是已经发生法律效力的。抗诉程序有两种:一种是按照上诉程序的抗诉;另一种是按照审判监督程序的抗诉。根据我国法律的规定,只有在刑事诉讼中,提起公诉的人民检察院认为本级人民法院第一审的判决、裁定确有错误的,有权按照上诉程序向上一级人民法院提出抗诉。这是因为提起公诉的人民检察院在刑事诉讼中,是代表国家提起的公诉,刑事诉讼法赋予人民检察院对本级人民法院审理由其提起公诉的刑事案件进行监督活动的权力,所以,同级人民检察院认为同级人民法院的一审刑事判决、裁定确有错误的,有权按照上诉程序提出抗诉。人民检察院对人民法院已经发生法律效力的判决、裁定,发现确有错误的,按照审判监督程序提出的抗诉则属后一种。即人民检察院只能对已经发生法律效力的行政判决、裁定提出抗诉,不能对未生效的行政判决、裁定提出抗诉。根据法律的有关规定,发生法律效力的行政判决,是指以下三种:(1)当事人在上诉期内,没有对一审行政判决提起上诉;(2)二审人民法院作出的第二审行政判决;(3)最高人民法院作出的行政判决。

人民法院审理行政案件是对被诉行政行为的合法性进行审查,不论一审判决还是二审判决都必须对被诉行政行为的合法性作出决断,因此,判决的结果无外乎维持、撤销、部分撤销、变更被诉行政行为或者判决被告履行法定职责诸种。这些判决违反法律、法规的规定,就意味着案件的审判结果是错误的。所以,人民检察院可以对任何一种违反法律、法规规定的发生法律效力的行政判决提出抗诉。发生法律效力的裁定是指以下三种:(1)当事人在上诉期间内可以提出上诉的不予受理或者驳回起诉的裁定,未提起上诉;(2)不得上诉的裁定,作出之时,即发生法律效力;(3)二审人民法院作出的第二审裁定。

按照是否涉及诉讼案件的结论及判决能否执行,可以把裁定分为三类:第一类,裁定使诉讼归于结束或者不能发生,使案件有结论或不可能有结论。这类裁定是对案件的根本处理,它使当事人无法行使诉讼权利,维护其合法权益,或使可以通过判决保护其合法权益,还未作出判决前就已终结诉讼。例如,不予受理裁定使诉讼不得发生,准许撤诉、终结诉讼使案件在判决前就归于撤销。这类裁定虽然都没有对被诉行政行为的合法性作出直接的审判结论,但它实际上确认了被诉行政行为的合法存在。第二类,裁定使判决确定的内容不得执行,这类裁定是指终结执行裁定,如果这类裁定违反法律、法规的规定,就会使人民法院所判决的内容得不到执行,使当事人的合法权益不能得到真正的保护。第三类,裁定效力只及于诉讼程序或诉讼有关的具体问题,不涉及对整个诉讼的结论,不影响对案件的结论及判决的执行问题,如中止诉讼、停止被诉行政行为的执行、不准予撤诉等。人民检察院按照审判监督程序抗诉,是对审判活动的事后监督,只有影响到实体问题的错误才宜提出抗诉,因此,我们认为,人民检察院能够提出抗诉的裁定,应当限于第一、二类。

2. 检察机关认为被提出抗诉的行政判决、裁定违反法律、法规规定。行政判决违反法律、法规规定的,主要有以下几种:(1)撤销了完全合法的被诉行政行为;(2)完全维持了部分合法部分违法的被诉行政行为;(3)完全撤销了部分合法部分违法的被诉行政行为;(4)维持了主要证据不足、适用法律、法规错误、违反法定程序、超越职权、显失公正的被诉行政行为;(5)没有判决应当履行法定职责的行政主体履行法定职责;(6)判决行政机关履行不应履行的职责;(7)判决应给予行政赔偿的,不给予赔偿,或不应给予行政赔偿的给予赔偿。

行政裁定违反法律、法规规定的,主要有以下几种:(1)将应予受理的行政案件,作出不予受理或驳回起诉的裁定;(2)对不符合撤诉条件的案件,作出准许撤诉的裁定;(3)对不符合终结诉讼的案件,裁定终结诉讼;(4)对不符合终结执行条件的案件,裁定终结执行。

人民法院是代表国家行使审判权的,当判决、裁定生效后,整个诉讼就已结束。人民检察院发现已生效的判决、裁定确有错误时,才能按照审判监督程序提出抗诉。

3. 提出抗诉的人民检察院只能是上级人民检察院和最高人民检察院。为了保证按照审判监督程序提出抗诉的正确性,《人民检察院组织法》第18条规定:"最高人民检察院对于各级人民法院已经发生法律效力的判决和裁定,上级人民检察院对于下级人民法院已经发生法律效力的判决和裁定,如果发现确有错误,应当按照审判监督程序提出抗诉。"根据上述规定,按照审判监督程序的抗诉主体只能是最高人民检察院和上级人民检察院,不包括同级人民检察院。根据《行政诉讼法》第93条的规定,行政诉讼中的抗诉仅仅是按照审判监督程序的抗诉,没有按照上诉程序的抗诉。行政诉讼法没有特别明确授权同级人民检察院对同级人民法院已经发生法律效力的判决、裁定有权提出抗诉。据此,在行政诉讼中,有权提出抗诉的主体只能是最高人民检察院和上级人民检察院,同级人民检察院可以向同级人民法院提出检察建议,但不具有抗诉的资格,不得直接向同级人民法院或上级人民法院提出抗诉,基层人民检察院无权提出抗诉。

(四)申请再审应当准备的材料

因再审是重大的诉讼活动,为表示郑重,当事人申请再审,应当向人民法院提交书面的再审申请书,并附生效的法律文书。申请再审不能以口头的形式提出。再审申请书应当载明下列内容:当事人的基本情况,作出原判决、裁定、调解书的法院名称及判决、裁定、调解书的案号,请求的事项,申请再审的事实与理由,致送人民法院的名称,申请时间等。

如果当事人申请再审的事由是"有新的证据,足以推翻原判决、裁定的"的,应当向人民法院提供该新的证据,以证明自己的申请理由成立;当事人以其他事由申请再审并有新的证据的,也应当在提出申请时提交人民法院。

(五)当事人申请再审审查程序

1. 再审申请的受理程序

当事人提出再审申请后,人民法院应当在申请再审人提交的材料清单上注明收到日期,加盖收件章,并将其中一份清单返还申请再审人。

申请再审人提出的再审申请符合申请再审的条件的,人民法院应当在5日内受理并向申请再审人发送受理通知书,同时向被申请人及原审其他当事人发送受理通知书、再审申请书副本及送达地址确认书。再审申请不符合申请再审条件的,应当及时告知申请再审人。

在再审申请的受理阶段,法院将重点审查下列内容:(1)申请再审人是否是生效裁判文书列明的当事人;(2)受理再审申请的法院是否是作出生效裁判法院的上一级法院;(3)申请再审的裁判是否属于法律和司法解释允许申请再审的生效裁判;(4)申请再审的事由是否属于行政诉讼法规定的再审事由。

2. 再审事由的审查问题

人民法院对当事人的再审申请,应当组成合议庭进行审查,以此体现对当事人申请再审权利的慎重对待。认为符合再审条件的,裁定中止原判决、裁定或者调解书的执行,开始再审程序。

再审审查是围绕再审事由是否成立的初步审查判断。如果当事人非依法律列举的事由申请再审,法官一般会告知其进行修改。在审查环节,虽然法官不会对案件进行实体审理,但实践中,负责再审审查的法官除了审查书面材料外,还是会对申请再审的当事人进行询问,在必要时也会调取案卷进行审查。

3. 再审的审查结果

(1)裁定再审。人民法院运用上述审查方式和程序,经审查后认为申请再审人主张的再审事由成立的,应当裁定再审。

(2)裁定驳回再审申请。人民法院经审查认为申请再审事由不成立的,应当裁定驳回再审申请。申请再审的案件,经过审查后,如果法官认为再审事由不符合法定情形,原裁判在认定事实、适用法律及审判程序上均没有错误的,往往都会驳回申请,从而维持原裁判的法律效力。

此外,裁定准许撤回再审申请、裁定按撤回再审申请处理及裁定终结审查程序也是再审审查的结果,分别适用于申请再审人撤回申请,经传票传唤无正当理由拒不接受询问,申请再审人死亡或终止等应当终结审查的情形。

五、实训过程

1. 让学生熟悉实训素材中的基本案情,同时掌握行政诉讼案件再审的相关理论基础知识。

2. 将学生分为再审申请人、被申请人、一审法院、二审法院、二审法院的上级法院等几个小组,各组结合实训素材中的资料,当事人组讨论自己在诉讼中有何权利,法院组讨论在案例中的做法是否恰当,讨论案例中存在的法律关系,并由学生代表发言。

3. 以上述讨论确认的实体法律关系为基础,明确各方当事人的诉讼地位及其诉讼权利义务,明确当事人申请再审的救济途径,准备申请再审的有关诉讼材料。

4. 法院组从法院角度做好相应的诉讼准备,明确审查再审申请的裁判思路,准备审查预案。

5. 通过小组演练,由不同学生扮演不同角色,模拟完成诉讼主体的上诉审理过程。

六、实训点评

(一)当事人应注意的问题

1. 对案件实体问题的把握是否符合法律规定,从何角度主张权利。

2. 申请再审材料是否完整,如何完成证据收集。
3. 申请再审材料如何组织,在法院审查过程中如何应对。
4. 提出申诉后证据的整理收集及诉讼策略的确认。
5. 当事人撰写的法律文书是否反映了诉讼策略。

(二) 人民法院应注意的问题

1. 审查当事人的申请再审的理由是否属于法定事由。
2. 对当事人提出申诉的审查方法。
3. 再审审查应注意的事项。
4. 审查后的处理方式和程序。

七、实训拓展

1. 审判监督程序与二审程序的区别。
2. 如何完善我国现有审判监督程序?

第七节 行政诉讼裁判

一、实训目标

1. 掌握行政诉讼裁定及判决的种类;
2. 掌握不同行政诉讼裁定、判决类型的适用条件;
3. 培养书写行政诉讼判决书的能力。

二、实训素材

案例一:

马某某于1995年开办西某造纸厂,1996年投入运营,经营手续齐全,在其营业执照中载明"项目规模大小不受限制"。2000年按照被告D县环境保护局的意见进行了设备改造,使年产达到10 000吨以上。但2001年8月,D县环境保护局却强行关闭了原告的造纸厂、捣毁了原告厂子的设施设备,给原告造成了巨大的经济损失。马某某认为D县环境保护局强行关闭自己的造纸厂、强行拆除相关设施设备的行为没有任何事实和法律依据,是典型的滥用职权行为。马某某以D县环境保护局为被告提起行政诉讼,请求依法确认被告的行为违法。

被告辩称,原告马某某的造纸厂属于应当依法取缔的"十五小企业"。环保局按照县政府《关于印发〈在全县范围内开展严肃查处环境违法行为专项行动方案〉的通知》要求,在县政府专项行动领导小组统一领导下,与其他部门联合执法。由此产生的法律效果,不应由我局单独承担,原告起诉对象错误,依法应予以驳回。

案例二:

2014年1月30日下午,吴某某与前妻邹某红因家庭矛盾发生争执。2014年1月31日上午,邹某红同其妹邹某湘一同来到吴某某经营的福海浴室,然后对吴某某进行殴打,造成原告左腿留有后遗症。吴某某家人报警后，D县塘南派出所警察来到现场处理此事。后D县塘南派出所于2014年6月9日作出当公（塘）自决字（2014）2号行政处罚决定书，对邹某湘处以罚款五百元的行政处罚。吴某某认为D县塘南派出所对邹某湘作出的行政处罚显然过轻，应当追究其的刑事责任，故吴某某以D县塘南派出所为被告起诉，要求撤销被告作出的当公（塘）自决字（2014）2号行政处罚决定。

被告辩称，作出处罚决定前，6月7日我所依法告知了邹某湘拟对其作出治安管理处罚的事实、理由及依据，告知其依法享有陈述和申辩的权利，邹某湘未提出陈述和申辩。6月9日我所对邹某湘依法作出罚款五百元的处罚。吴某某提出的邹某湘用凶器将其左腿刺伤，没有证据支持，其提出追究邹某湘刑事责任于法无据，邹某湘并未造成吴某某轻伤以上的损害后果。综上，被告对邹某湘的处罚决定事实清楚、证据确凿、适用法律正确、程序合法、处罚适当，请求法院依法判决驳回原告诉讼请求。

三、实训准备

（一）理论准备

行政诉讼的判决，根据审理程序的不同，可分为一审裁判、二审裁判和再审裁判。其中，一审判决大致分为被诉行政行为合法的判决和被诉行政行为违法的判决。前者包括：维持判决、驳回诉讼请求判决和确认合法或有效判决；后者包括：撤销判决、履行判决和确认违法或无效判决。在特殊情况下，法院还可以做出变更判决。二审裁判主要有：判决驳回上诉，维持原判；依法改判；裁定撤销原判，发回原审人民法院重审。

1. 一审判决

（1）维持判决

指法院通过审理认定被诉行政行为合法有效，从而否定原告对被诉行政行为的指控，作出的维持被诉行政行为的判决。

被诉行政行为必须同时具备以下五个条件，人民法院才能作出维持判决：①合法，被诉行政行为合法，即证据确凿、适用法律法规正确、符合法定程序、权限合法和目的合法。②作为，被诉行政行为属于作为的方式。若起诉的行为为被告不作为，则理由不能成立，不能作出维持判决，而得作出驳回诉讼请求的判决。③合理，被诉行政行为合理，即没有违反合理行政原则。行政行为若存在合理问题，则需作出驳回诉讼请求的判决。若行政处罚显失公正的，可以判决变更。④不需要变更或废止，被诉行政行为合法，但因法律、政策的变化而需要变更或废止的，应作出驳回诉讼请求的判决。⑤仍然存在，被诉行政行为必须仍然存在，法院才能够作出维持的判决。若被诉行政行为已经不存在，只能作出驳回诉讼请求的判决。

（2）驳回诉讼请求

法院经审理认为原告的诉讼请求依法不能成立，但又不适宜对被诉行政行为作出维持判决的情况下，直接作出否定原告诉讼请求的一种判决形式。具体适用情况：①起诉不作为，但理由不成立；②被诉行政行为合法但不合理的；③被诉行政行为合法，但因法律、政策的变化需要变更或废止的；④被告改变原行政行为，原告不撤诉，法院经审查认为原行政行为合法的。

（3）撤销判决

即人民法院经过审查作出的否定被诉行政行为的判决。撤销判决分为判决全部撤销、判决部分撤销及判决撤销并责成被告重新作出行政行为三种情况。

被诉行政行为有下列情形之一的,人民法院应作出撤销判决:①主要证据不足。②适用法律法规错误。③违反法定程序。④超越职权。⑤滥用职权。

被诉行政行为必须同时具备以下六个条件,人民法院才能作出撤销判决:①违法,指被诉行政行为违法,存在主要证据不足、适用法律法规错误、违反法定程序、超越职权、滥用职权的情形。②成立并具有约束力,撤销只能针对已经成立并具有约束力的行为。若被诉行政行为不成立或者无效,即没有法律约束力的,法院应判决确认无效。③作为,撤销只能针对作为行为,若被诉行政行为是违法的不作为,法院应作出确认违法判决或履行判决。④具有可撤销内容,被诉行政行为必须具有可撤销内容,若被诉违法行为不具有可撤销内容,法院应当作出确认违法判决。⑤仍然存在,撤销得针对违法行为仍然存在的行为,如果被诉行政行为违法但已被行政机关变更或撤销的,法院应作出确认违法判决。⑥撤销不会给国家或公共利益造成重大损失。被诉行政行为违法,但撤销该行政行为将会给国家利益或者公共利益造成重大损失的,人民法院应当作出确认被诉行政行为违法的判决,并责令被诉行政机关采取相应的补救措施;造成损害的,依法判决承担赔偿责任。

撤销将会给国家利益、公共利益或者他人合法权益造成损失的,人民法院在判决撤销的同时,可以分别采取以下方式处理:①判决被告重新作出行政行为;②责令被诉行政机关采取相应的补救措施;③向被告和有关机关提出司法建议;④发现违法犯罪行为的,建议有权机关依法处理。

(4) 限期履行判决

即人民法院经过对行政案件的审理,认定被告具有不履行或者拖延履行法定职责的情形,作出的要求被告在一定期限内履行其法定职责的判决。

此类判决适用于下列情况:①符合法定条件,向被告申请颁发许可证或者执照,被告拒绝颁发或者不予答复。②被告没有依法发给抚恤金、最低生活保障费用及社会保险金。③申请行政机关履行保护人身权、财产权法定职责,被告拒绝履行或者不予答复的。

人民法院作出限期履行判决,应具备以下条件:①被告对行政相对人依法负有履行职责的义务。②须由原告向被告依法提出申请,被告有拒绝履行、拖延履行的行为,或者对原告的申请置之不理,不作答复。③原告向被告提出申请,应当符合法定条件。④人民法院判决被告履行法定职责,应明确指出所履行职责的内容和履行的期限。

(5) 变更判决

即在行政处罚显失公正时,人民法院作出的改变原行政行为的判决。

法院判决变更被诉行政行为,必须具备两个条件:一是实施行政处罚的行政行为,法院对于其他行政行为无变更权;二是行政处罚显失公正。所谓"显失公正",即明显不公正,是指行政处罚明显地与违法行为的事实、性质、情节以及社会危害程度不相当。

(6) 确认判决

即人民法院通过对行政行为的审查,确认相应行为合法或者违法。

有下列情形之一的,人民法院应当作出确认被诉行政行为违法或者无效的判决:①被告不履行法定职责,但判决责令其履行法定职责已无实际意义的;②被诉行政行为违法,但不具有可撤销内容的;③被诉行政行为依法不成立或者无效的;④被诉行政行为违法,但撤销该行政行为将会给国家利益或者公共利益造成重大损失的,人民法院应当作出确认被诉行政行为违法的判决,并责令被诉行政机关采取相应的补救措施;造成损害的,依法判决承担赔偿责任。

2. 二审判决

人民法院审理上诉案件,按照下列情形,分别处理:

(1) 原判决、裁定认定事实清楚,适用法律、法规正确的,判决或者裁定驳回上诉,维持原判决、裁定。

(2) 原判决、裁定认定事实错误或者适用法律、法规错误的,依法改判、撤销或者变更。

(3) 原判决认定基本事实不清、证据不足的,发回原审人民法院重审,或者查清事实后改判。当事人对重审案件的判决、裁定,可以上诉。一审法院由于主、客观原因难以或者不可能查清事实,第二审法院则可以在查清事实后,依法对一审判决作出改判。第二审人民法院改变一审判决时,应对被诉行政行为的合法性作出判决,依法判决维持、撤销或者变更被诉具体行政行为。

(4) 原判决遗漏当事人或者违法缺席判决等严重违反法定程序的,裁定撤销原判决,发回原审人民法院重审。原判决仅遗漏了行政赔偿请求的,二审审查不应当赔偿的,裁定驳回上诉;二审审查应当赔偿的,二审法院就赔偿部分先行调解,调解不成的就赔偿部分发回重审。

原审人民法院对发回重审的案件作出判决后,当事人提起上诉的,第二审人民法院不得再次发回重审。人民法院审理上诉案件,需要改变原审判决的,应当同时对被诉行政行为作出判决。

3. 行政诉讼裁定的适用

行政诉讼的裁定,是指人民法院在审理行政案件过程中或者执行案件的过程中,就程序问题所作出的判定。行政诉讼的裁定和行政诉讼判决一样都是人民法院行使国家行政审判权的体现,具有权威性和法律效力。但二者有许多区别,正是这些区别体现了行政诉讼的裁定特点:第一,行政诉讼的判决解决的是行政案件的实体问题,而行政诉讼的裁定解决的是行政案件审理过程或者是案件执行过程中的程序问题;第二,行政诉讼的判决一般是在行政案件审理的最后阶段作出的,而行政诉讼的裁定在行政诉讼的任何阶段都可能作出。通常一个法院在一个审理程序中只能作出一个判决,而人民法院在一个审理程序中可能作出多个裁定;第三,行政诉讼判决依据的是行政实体法和行政程序法,而行政诉讼裁定依据的是行政诉讼法;第四,行政诉讼判决是要式行为,必须采用书面形式,而行政诉讼裁定则既可以是书面形式,也可以是口头形式;第五,当事人对一审判决不服均可以提出上诉,而当事人对第一审程序中的行政裁定并非都可以提出上诉,只能对部分裁定有权提出上诉。

行政诉讼中的裁定主要适用于下列事项:(1)不予受理;(2)驳回起诉;(3)管辖异议;(4)终结诉讼;(5)中止诉讼;(6)移送或者指定管辖;(7)诉讼期间停止具体行政行为的执行或者驳回停止执行的申请;(8)财产保全;(9)先予执行;(10)准许或者不准许撤诉;(11)补正裁判文书中的笔误;(12)中止或者终结执行;(13)提审、指令再审或者发回重审;(14)准许或者不准许执行行政机关的具体行政行为;(15)其他需要裁定的事项。

行政诉讼裁定的法律效力有两种情况,对一审法院作出的不予受理裁定、驳回起诉裁定和管辖权异议裁定,当事人可以在一审法院作出裁定之日起10日内向上一级人民法院提出上诉,逾期不提出上诉的,一审人民法院的裁定即发生法律效力。对于除以上三类裁定之外的其他所有裁定,当事人无权提出上诉,一经宣布或者送达,即发生法律效力。

(二) 实践准备

1. 查阅《行政诉讼法》《行政诉讼法解释》等相关法律。
2. 学生熟悉、分析案例。
3. 角色分配,根据案情需要将学生分配成原告组、被告组、法官组,分组讨论,分析判断不同案例适用的裁判类型。

四、实训要点

(一) 违反法定程序的认定

法定程序指法律、法规和规章设定的行政机关实施行政行为的方式和步骤的行政程序。具体来说违反法定程序有以下四种基本情形:

1. 缺少、遗漏或更改了法定程序中的某一步骤。
2. 缺少了必要的形式。
3. 违反顺序规定。
4. 超出法定期限作出行政行为。

(二) 超越职权的认定

越权无效是一个国际上公认的行政法原则。超越职权即行政机关没有法律根据的"法外行政",自然应属违法行政行为的表现之一。实践中,超越职权主要有以下几种:

1. 无权限。法律、法规根本没有明确赋予行政主体某项行政职权,行政主体自行行使了某项职权。
2. 超越主管事项上的权限。
3. 职权侵越也称层级越权。
4. 空间上的越权。
5. 时间上的越权。
6. 行政机关行使了应由法院、检察院行使的职权。

(三) 滥用职权的认定

滥用职权指行政机关实施的行政行为背离了法律、法规的原则、精神和目的,不正当地行使了职权。要判断某一行政行为是否滥用职权,必须探究行政机关行使职权的意图,甚至公务员个人的目的和动机。滥用职权主要有如下几种表现:

1. 不正当的动机和目的,行使职权不是出于公共利益的需要。
2. 考虑不相关因素。
3. 反复无常、无确定标准。
4. 极不合理或显失公正。

五、实训过程

1. 让学生熟悉实训素材中的基本案情,同时掌握行政诉讼案件裁判的相关理论基础知识。
2. 将学生分为原告、被告、法院、第三人等几个小组,各组结合实训素材中的资料,讨论各自在诉讼中需要注意的事项;原告、被告准备在诉讼中需要的证据材料并说明证据的证明力,并由学生发言。

3. 法院组讨论在案例中各方观点、理由及证据,讨论案例中存在的法律关系,通过分析,选择实训素材案例适用的裁判类型,并由学生代表发言。

4. 法院组从法院角度做好相应的诉讼准备,明确裁判思路,作出本案的裁判,并制作裁判文书。

六、实训点评

(一)学生作业

1. 案例一行政裁定书

马某某诉 D 县环境保护局强制纠纷案
行政裁定书

(2014)大行初字第 00015 号

原告马某某。
委托代理人常某某,系 S 省某某律师事务所律师,特别授权。
被告 D 县环境保护局。
法定代表人卢某,系局长。
委托代理人史某某,系 D 县环境保护局副局长。

原告马某某诉被告 D 县环境保护局不服环保行政强制纠纷一案,本院受理后,依法组成合议庭公开开庭进行了审理。原告马某某及其委托代理人常某某,被告委托代理人史某某到庭参加了诉讼。被告法定代表人卢某经本院依法传唤因公务活动未到庭,本案现已审理终结。

原告诉称,其所经营的原东七乡西某造纸厂,是 1995 年开办,1996 年投入运营的,经营手续齐全。2000 年按照被告 D 县环境保护局的意见进行了设备改造,使年产达到 10 000 吨以上。但 2001 年 8 月,被告却强行关闭了原告的造纸厂、捣毁了原告厂子的设施设备,给原告造成了巨大的经济损失。被告强行关闭原告的造纸厂强行拆除相关设施设备的行为没有任何事实和法律依据,是典型的滥用职权行为。现原告提起行政诉讼,请求依法确认被告的行为违法。

被告辩称,原告马某某的造纸厂属于应当依法取缔的"十五小企业"。我局按照县政府《关于印发〈在全县范围内开展严肃查处环境违法行为专项行动方案〉的通知》要求,在县政府专项行动领导小组统一领导下,与其他部门联合执法。由此产生的法律效果,不应由我局单独承担,原告起诉对象错误,依法应予以驳回。

经庭审查明,原告马某某于 1995 年开办的西某造纸厂是一家乡镇企业,1996 年投入运营。在开办时办理了相关登记手续,在其营业执照中载明"项目规模大小不受限制"。2000 年按照被告的要求,原告购置了一台大型设备,使企业年产量达到了 10 000 吨以上。生产经营正常进行。

2001年8月6日,D县人民政府办公室印发了由被告D县环境保护局和另外四家政府职能部门联合起草的《在全县范围内开展严肃查处环境违法行为专项行动方案》的通知。按照该《通知》的要求,在县政府专项行动领导小组的统一部署下,本次行动成员单位对县域内严重污染企业进行一次检查。在这次检查过程中发现一些小造纸厂死灰复燃、顶风生产;2001年8月15日D县环境保护局委员会下发了某环委〔2001〕02号文件《关于依法取缔白虎等小造纸厂的通知》(原告的造纸厂不在此列),对×乡白虎纸厂等七家小纸厂(均年产在5 000吨以下)予以取缔。根据这两个文件的安排,被告D县环境保护局在有关部门的协助下,将原告所开办的西某造纸厂的有关设施设备予以拆除,原告的造纸厂随之关闭停业。

另查明,被告1999年对本县年产5 000吨以上的造纸企业进行调查、核实,共调查核实全县符合5 000吨以上的造纸厂13家,不包括原告的西某造纸厂。现原告以被告D县环境保护局违法关停其造纸厂的行为违法为由,提起诉讼。

上述事实,有原、被告的陈述,国务院《关于环境保护若干问题的决定》,D县人民政府办公室《关于印发〈在全县范围内开展严肃查处环境违法行为专项行动方案〉的通知》,D县环境保护局委员会《关于依法取缔白虎等小造纸厂的通知》,D县环保局文件以及证人赵某某、马某某、党某某证人证言在卷佐证,足以认定。

本院认为,被告D县环境保护局是按照D县人民政府办公室《关于印发〈在全县范围内开展严肃查处环境违法行为专项行动方案〉的通知》要求,在县政府环境整治专项行动领导小组统一部署下,与其他部门联合执法过程中,对认为是应当取缔对象的原告造纸厂,采取了拆除有关设施设备等强制措施。该行为并非被告自己的执法行为,不是被告独立意志的体现。按照"权责一体"的行政原则,由此产生的法律效果,不应由被告承担。原告要求被告D县环境保护局承担相应行政责任,与事实不符。被告的主体不适格。诉讼中,本院曾告知原告变更被告,但原告坚持不变更。故依照《最高人民法院关于执行〈中华人民共和国行政诉讼法〉若干问题的解释》第二十三条之规定,裁定如下:

驳回原告马某某的起诉。

案件受理费50元,退回原告马某某。

如不服本裁定,可在裁定书送达之日起十日内,向本院递交上诉状,并按对方当事人的人数提出副本,上诉于渭南市中级人民法院。

审判长 岳××
审判员 张××
审判员 薛×
2015年2月6日
书记员 白××

2. 案例二 行政判决书

吴某某等诉 D 县公安局塘南派出所撤销行政处罚案
行政判决书

(2014)当行初字第 00012 号

原告:吴某某。
被告:D 县公安局塘南派出所。
负责人:汪某,该所副所长(主持工作)。
委托代理人:崔某某,该所民警。
第三人:邹某湘。

原告吴某某诉被告 D 县公安局塘南派出所、第三人邹某湘撤销行政处罚一案,原告吴某某于 2014 年 9 月 4 日向本院提起诉讼,本院依法组成合议庭,于 2014 年 12 月 4 日公开开庭进行了审理。原告吴某某和被告负责人汪某、委托代理人崔某某到庭参加诉讼,第三人邹某湘经本院传票传唤无正当理由未到庭参加诉讼,本院依法缺席审理。本案现已审理终结。

被告 D 县公安局塘南派出所于 2014 年 6 月 9 日对第三人邹某湘作出当公(塘)自决字(2014)2 号行政处罚决定,认定第三人邹某湘因原告吴某某不与其姐邹某红回家过年,与邹某红一同到 D 县塘南镇福海浴室找吴某某,并用巴掌多次打吴某某上身,已构成殴打他人,根据《中华人民共和国治安管理处罚法》第四十三条第一款之规定,决定给予罚款五百元的行政处罚。

原告吴某某诉称:2014 年 1 月 30 日下午,原告同前妻邹某红因家庭矛盾发生争执。2014 年 1 月 31 日上午,邹某红同其妹邹某湘一同来到原告经营的福海浴室,然后对原告进行殴打,造成原告左腿留有后遗症。原告家人报警后,D 县塘南派出所警察来到现场处理此事。后被告于 2014 年 6 月 9 日作出当公(塘)自决字(2014)2 号行政处罚决定书,对第三人邹某湘处以罚款五百元的行政处罚。被告对第三人作出的行政处罚显然过轻,应当追究第三人的刑事责任,故起诉要求撤销被告作出的当公(塘)自决字(2014)2 号行政处罚决定。

被告 D 县公安局塘南派出所于 2014 年 10 月 30 日收到本院送达的起诉状副本,2014 年 11 月 10 日向本院递交了答辩状,辩称:邹某湘殴打他人一案,由吴某莲于 2014 年 1 月 31 日报案至我所,我所依法受案调查,当日依法对邹某湘进行询问。作出处罚决定前,6 月 7 日我所依法告知了邹某湘拟对其作出治安管理处罚的事实、理由及依据,告知其依法享有陈述和申辩的权利,邹某湘未提出陈述和申辩。6 月 9 日我所对邹某湘依法作出罚款五百元的处罚。吴某某提出的邹某湘用凶器将其左腿刺伤,没有证据支持,其提出追究邹某湘刑事责任于法无据,邹某湘并未造成吴某某轻伤以上。综上,被告对邹某湘的处罚决定事实清楚、证据确凿、适用法律正确、程序合法、处罚适当,请求法院依法判决维持被告当公(塘)自决字(2014)2 号行政处罚决定。

第三人邹某湘未出庭参加诉讼,于2014年11月24日向本院提交书面说明一份,述称:2014年1月31日上午8时左右,我送我姐邹某红回家,与吴某某发生争执,我动手打了吴某某,吴某某也伤了我。此次事件我与吴某某都有责任,我接受塘南派出所作出的五百元罚款的决定。

原告向法庭提供的证据有:

1.原告身份证复印件一份,证明原告主体资格;2.行政处罚决定书复印件一份,证明被告对第三人作出了行政处罚;3.病历一份,证明原告因第三人的殴打受伤的事实;4.视听资料二份,证明邹某湘与邹某红从一楼到二楼原告房间的过程。

被告向法庭提供的证据有:

证据一:行政处罚决定书一份、调查报告一份、受案登记表一份、受案回执一份、到案经过二份,以上证据证明被告作出的行政处罚行为及经过;

证据二:邹某湘询问笔录二份、吴某某询问笔录四份、邹某红询问笔录三份、卫某某询问笔录一份、邹某期询问笔录一份、吴某莲询问笔录一份、勘验笔录一份、勘验照片二张、其他案件照片六张、证据取保决定书一份、证据取保清单一份、视听资料及其说明一份、鉴定文书一份,以上证据证明被告作出行政处罚决定的事实依据;

证据三:户籍信息一份、行政处罚告知笔录一份、送达回执一份、延长办案期限审批表一份、行政处罚审批表一份,以上证据证明被行政处罚人的身份信息及被告作出行政处罚程序符合法律规定;

证据四:治安案件调解协议书一份,证明被告作出行政处罚决定前组织原告与第三人进行调解未达成一致意见。

庭审质证时,原、被告对彼此间提供的证据均无异议。

经庭审举证、质证,本院认为:原、被告提供的证据,对方均无异议,且形式合法,能反映被告进行行政处罚的情况,与本案事实相关联,可以作为本案定案的依据。

根据以上认证情况,结合当事人庭审中的陈述,本院对以下事实予以确认:2014年1月31日,邹某湘同姐姐邹某红到D县塘南镇福海浴室找吴某某,与吴某某发生争执,并动手打了吴某某。D县公安局塘南派出所认为,邹某湘的行为已构成殴打他人,根据《中华人民共和国治安管理处罚法》第四十三条第一款之规定,决定给予邹某湘罚款五百元的行政处罚。吴某某不服,认为邹某湘殴打其致伤,已构成刑事犯罪,塘南派出所仅对邹某湘给予五百元罚款违反法律规定,以致成诉。

庭审辩论中,原告认为:第三人殴打原告致轻微伤,构成犯罪,依法应追究刑事责任。被告拖延办案,程序违法,适用法律错误。被告认为:被告适用《中华人民共和国治安管理处罚法》与《公安机关办理行政案件程序规定》办理案件,适用法律正确,程序合法。第三人殴打原告致轻微伤,事实清楚,违法情节较轻,给予五百元罚款的处罚,符合法律规定。

本院认为:为维护社会治安秩序,保护公民的合法权益,公安机关依照《中华人民共和国治安管理处罚法》的规定,有权对公民违反社会治安秩序,侵犯人身权利,妨害社会管理的行为,予以行政处罚。本案中,第三人邹某湘殴打原告吴某某,违反《中华人民共和国治安管理处罚法》第四十三条第一款之规定,违法事实清楚。因此被告D县公安局塘南派出所据此对第三人邹某湘作出被诉处罚决定,事实认定清楚,基本证据确凿,适用法规正确,且符合《中华人民共和国行政处罚法》《中华人民共和国治安管理处罚法》和《公安机关办理行政案件程序规定》的相关规定,依法应予维持。原告吴某某认为第三人邹某湘违法情节较重,构成刑事犯罪,被告的行政处罚过轻,违反法律规定,但其庭审中承认本人伤情为轻微伤,依法不属情节严重,且对于其主张第三人邹某湘违法情节较重未能提供充足证据予以证明,故对原告的主张,本院不予支持。据此,依照《中华人民共和国行政诉讼法》第六十九条之规定,判决如下：

驳回原告的诉讼请求。

案件受理费50元由原告吴某某负担。

如不服本判决,可在判决书送达之日起十五日内向本院递交上诉状,并按对方当事人的人数提出副本,上诉于A省M市中级人民法院。

审　判　长　　周××
审　判　员　　彭××
代理审判员　　张　×
2015年××月××日
书　记　员　　×××

(二) 教师点评

1. 熟悉行政诉讼判决书的格式及内容。
2. 根据案情分析应作出行政诉讼判决的种类。
3. 判决书要对双方提交的证据进行认定。
4. 判决书要对双方争议焦点问题进行论证说明。
5. 判决书要对当事人诉讼请求进行回应。
6. 判决书要告知当事人救济途径。

七、实训拓展

1. 行政诉讼判决种类与行政复议决定种类的区别。
2. 行政诉讼判决种类与民事诉讼判决种类的区别。

八、实训文书

(一) 行政起诉状(公民提起行政诉讼用)

行政起诉状
原告：姓名、性别、出生年月日、民族、籍贯、职业、工作单位和职务、住址等。
被告：

所在地址： 电话：	
法定代表人(或代表人)：	
诉讼请求	
事实和理由	
证据和证据来源,证人姓名和住址	
此致	
×××人民法院	
	起诉人：×××
	××××年××月××日
附:本状副本 × 份	

(二) 行政起诉状 （法人或其他组织提起行政诉讼用）

行政起诉状

原告(名称)：
所在地址：
法定代表人(或代表人):姓名、职务、电话。
企业性质： 工商登记核准号：
经营范围和方式：
开户银行： 账号：
被告：
所在地址： 电话：
法定代表人(或代表人)：
诉讼请求

事实和理由
证据和证据来源，证人姓名和住址
此致
×××人民法院
起诉人：×××
××××年××月××日
附：本诉状副本×份

（三）代理词

代　理　词
审判长、审判员： 　　依照法律规定，受原告（或被告）的委托和××律师事务所的指派，我担任原告（或被告）×××的诉讼代理人，参与本案诉讼活动。 　　开庭前，我听取了被代理人的陈述，查阅了本案案卷材料，进行了必要的调查。现发表如下代理意见： 　　……（阐明案件事实、诉讼请求的依据和理由，或阐明反驳原告起诉的事实、诉讼请求的依据和理由）   　　……（提出建议）   代理人：××× ××律师事务所律师 ××××年××月××日

(四) 行政答辩状

行政答辩状

答辩人名称：

所在地址：

法定代表人：　　　　职务：　　　　电话：

　　因被答辩人诉答辩人……(案由)一案，(现)提出答辩如下：

　　此致

×××人民法院

答辩人：×××
××××年××月××日

附：本答辩状副本×份

(五) 行政撤诉申请书

行政撤诉申请书

　　申请人：……(申请人是公民的写明公民的姓名、性别、年龄、民族、籍贯、工作单位、职业、住址。申请人是法人或其他组织的，写明法人或其他组织的全称、地址、法定代表人或主要负责人的姓名、职务、电话。)

　　××(名称)诉××××(名称)(年度)×字第×号《关于……决定》(案由)一案，于××××年××月××日诉至你院，现请求撤回起诉。理由如下：

　　此致

×××人民法院

申请人：×××
××××年××月××日

(六)行政诉讼一审判决书

×省×市人民法院行政判决书

(××××)×行初字第××号

原告……(写明起诉人的姓名或名称等基本情况)。
法定代表人(或代表人)……(写明姓名和职务)。
法定代理人(或指定代理人)……(写明姓名等基本情况)。
委托代理人……(写明姓名等基本情况)。
被告……(写明被诉的行政机关名称和所在地址)。
法定代表人(或代表人)……(写明姓名和职务)。
委托代理人……(写明姓名等基本情况)。
第三人……(写明姓名或名称等基本情况)。
法定代表人(或代表人)……(写明姓名和职务)。
法定代理人(或指定代理人)……(写明姓名等基本情况)。
委托代理人……(写明姓名等基本情况)。

原告×××不服××××(行政机关名称)××××年××月××日(××××)×××字第××号××××处罚决定(或复议决定、其他行政行为),向本院提起诉讼。本院受理后,依法组成合议庭,公开(或不公开)开庭审理了本案。……(写明到庭的当事人、代理人等)到庭参加诉讼。本案现已审理终结。

……(概括写明被告所作的具体行政行为的主要内容及其事实与根据,以及原告不服的主要意见、理由和请求等)。

经审理查明,……(写明法院认定的事实和证据)。

本院认为,……(根据查明的事实和有关法律规定,就行政机关所作的行政行为是否合法,原告的诉讼请求是否有理,进行分析论述)。依照……(写明判决所依据的法律条款项)的规定,判决如下:

……(写明判决结果)

如不服本判决,可在判决书送达之日起十五日内,向本院递交上诉状,并按对方当事人的人数提出副本,上诉于××××人民法院。

审判长　×××
审判员　×××
审判员　×××
××××年××月××日

本件与原本核对无异

书记员　×××

(七) 行政上诉状(公民提起上诉用)

行政上诉状

上诉人：……（与行政起诉状写法相同）
被上诉人：……（与行政起诉状写法相同）

上诉人因……（案由）一案不服×××人民法院××××年××月××日（××××）×行初字第×号行政判决（裁定），现提出上诉。

上诉请求

上诉理由

此致

×××人民法院

上诉人：×××
××××年××月××日

附：本上诉状副本×份

(八) 行政上诉状(法人或其他组织提起上诉用)

行政上诉状

上诉人名称：
所在地址：
法定代表人（或代表人）：姓名、职务、电话。
企业性质：　　　　　　　工商登记核准号：
经营范围和方式：
开户银行：　　　　　　　账号：
被上诉人：
所在地址：　　　　　　　电话：

上诉人因……（案由）一案不服×××人民法院××××年××月××日（××××）×行初字第×号行政判决（裁定），现提出上诉。

上诉请求

上诉理由

此致

×××人民法院

上诉人：×××
××××年××月××日

附：上诉状副本×份

（九）行政申诉状

行政申诉状

申诉人：……（与行政起诉状写法相同）

　　申诉人因……（案由）一案不服×××人民法院×××年××月××日（××××）×行初（终）字第×号行政判决（裁定），现提出申诉。

请求事项

事实和理由

　　此致

×××人民法院

上诉人：×××
××××年××月××日

附：原审×××书抄件×份

九、实训法规

1.《中华人民共和国行政诉讼法》

2.《最高人民法院关于执行〈中华人民共和国行政诉讼法〉若干问题的解释》

3.《最高人民法院关于行政诉讼证据若干问题的规定》

4.《人民检察院民事行政抗诉案件办案规则》

5.《最高人民法院关于人民检察院对行政诉讼进行法律监督具体程序问题的答复》

6.《最高人民法院关于人民检察院对行政诉讼进行法律监督具体程序问题的答复》

7.《最高人民法院关于印发〈马原副院长在部分高级人民法院讨论如何办理检察院抗诉的再审案件座谈会上的讲话〉的通知》

8.《最高人民法院关于规范人民法院再审立案的若干意见（试行）》

（请扫描二维码或访问 http://2d.hep.cn/1353451/12）

第七章 行政案例实训

第一节 行政处罚案件

一、实训目标

本节实训以一起行政处罚案件为蓝本,围绕行政诉讼程序各环节展开教学,涉及知识点和执业技能内容包括:行政诉讼委托代理人如何参与行政诉讼,行政诉讼案件的证据收集、事实认定与法律适用等。本案例在行政处罚案件的程序上包括行政处罚一般程序、针对行政机关行政处罚决定不服提起的行政复议程序以及针对行政复议决定不服提起的行政诉讼程序,较为全面地涵盖了行政处罚案件所涉及的法律程序,具有典型性。

通过行政处罚案件的实训,掌握以下问题:(1)行政处罚一般程序;(2)行政处罚简易程序;(3)针对行政处罚决定不服提起的行政复议程序;(4)针对行政复议决定不服提起的行政诉讼程序;(5)行政诉讼当事人的资格以及地位;(6)行政诉讼案件审理程序,尤其是法庭调查内容;(7)庭审提交证据的作用。

二、实训素材

王某不服 SY 市公安局 TX 分局行政处罚案

(一)案情介绍

王某于 2012 年 7 月 27 日晚在其居住园区内与董某因车辆通行问题发生争吵,并发生了厮打,王某将董某右手环指咬伤,经鉴定为轻微伤。经王某女儿报警后,SY 市公安局 TX 分局对王某做出行政拘留 5 日的行政处罚决定。王某不服该行政处罚决定于 2013 年 10 月 4 日向复议机关申请行政复议,要求复议机关撤销原行政处罚决定。复议机关于 2013 年 11 月 21 日作出维持原处罚决定的复议决定。王某不服该复议决定于 2014 年 1 月 13 日向人民法院提起行政诉讼,该法院于 2014 年 7 月 4 日作出驳回王某诉讼请求的判决。

(二)行政处罚决定

1. 被处罚人:王某

2. SY 市公安局 TX 分局查明的事实

2012 年 7 月 27 日 20 时 45 分,笃工派出所接 110 指令称:SY 市 TX 区北四中路 32-6 号有人打架。民警达到现场,经查,董某与王某在假日蓝湾的小区内,因王某的车挡住了董某的车,双方发生纠纷,进而发生厮打,王某将董某的右手无名指咬伤。以上事实有王某询问笔录、董某询问笔录、王某杨(王某女儿)询问笔录、杨某(王某妻子)询问笔录、孙某(小区保安)询问笔录、于某(小区保安)询问笔录等证据证实。

3. SY 市公安局 TX 分局作出行政处罚决定的法律依据

《治安管理处罚法》第 43 条第 1 款:殴打他人的,或者故意伤害他人身体的,处 5 日以上 10 日以下拘留,并处 200 元以上 500 元以下罚款;情节较轻的,处 5 日以下拘留或者 500 元以下罚款。

4. SY 市公安局 TX 分局作出行政处罚决定

给予王某行政拘留 5 日的行政处罚。

5. 履行方式

由笃工派出所民警将王某送至 SY 市拘留所拘留。

(三) 行政复议决定

1. 申请人诉求

申请人王某要求复议机关撤销原行政处罚决定,理由如下:(1)民警办案过程中未对其出示对方当事人车中搜出的证物,程序违法(王某声称董某从车里拿出黑色长条状物体将其按倒并进行殴打)。(2)对方多少人、董某所持之物是管制刀具还是甩棍事实不清。董某手部受伤是咬伤并骨折是自相矛盾,事实不清。(3)王某面部也受伤,但没有就医,被申请人据此不处理董某,显失公正。

2. 被申请人答辩意见

申请人在复议申请书中所陈述的内容与事实相悖,且没有证据支持。2012 年 7 月 27 日 20 时许,在铁西区北四中路 32-6 号假日蓝湾的小区门前,因王某的车挡住了董某的车后双方发生口角,二人互相厮打,王某将董某右手环指咬伤,经鉴定为轻微伤。王某的行为已经构成故意伤害他人,被申请人依法给予王某行政拘留 5 日的处罚。请求复议机关维持原行政处罚决定。

3. 复议机关查明的事实

2012 年 7 月 27 日 20 时许,在铁西区北四中路 32-6 号假日蓝湾的小区门内,王某与董某因琐事引发口角,进而发生厮打,王某将董某右手环指咬伤。被申请人于 2013 年 8 月 16 日依据《治安管理处罚法》第 43 条第 1 款之规定,对申请人作出行政拘留 5 日的处罚决定(已执行)。

4. 被申请人提交的证据

(1)王某的四次询问笔录;(2)董某的四次询问笔录;(3)王某杨的两次询问笔录;(4)杨某的询问笔录;(5)孙某的询问笔录;(6)于某的询问笔录;(7)董某、王某分别出具的关于不同意调解的声明;(8)沈住(法)鉴字[2012]年第 2070 号司法鉴定意见书及董某住院病案复印件;(9)鉴定意见告知笔录;(10)受案登记表、行政处罚审批表、行政处罚决定书、行政处罚告知笔录、传唤证、通知记录、人员身份证材料及行政拘留执行回执等文书。

5. 复议机关作出的行政复议决定

复议机关认为被申请人对申请人作出的行政处罚决定事实清楚,证据确凿,适用依据正确,程序合法,内容适当。依据《行政复议法》第 28 条第 1 款第(1)项之规定,维持被申请人 TX 公安分局对申请人王某作出的行政处罚决定。

(四) 行政诉讼程序

1. 本案当事人

王某因不服复议机关 S 公治复决字[2013]073 号复议决定,将被告诉至人民法院,人民法院在审理过程中追加董某为第三人。

2. 原告诉讼请求及理由

原告请求依法撤销 S 公(T)(治)决字 [2013] 第 606 号行政处罚决定。请求判令被告承担诉讼费。理由如下：

(1) 行政处罚程序违法。在做笔录过程中，王某及其爱人、女儿要求查看派出所从董某车中搜出并带回的凶器，派出所不但不出示，还采取欺骗、恐吓、引诱的方式为他们做笔录。根据《治安管理处罚法》第 79 条规定：公安机关及其人民警察对治安案件的调查，应当依法进行。严禁刑讯逼供或者采用威胁、引诱、欺骗等非法手段收集征集。王某认为询问笔录是派出所以非法手段收集的证据，不能作为处罚根据。

(2) 行政处罚事实不清、证据不足。原告认为造成董某受伤的原因存在重大疑点。原告被董某按在一辆蓝色轿车前机器盖子上殴打，并无还手能力，董某手上的伤应当是其在殴打原告时造成的，因此原告不应为董某的伤负责。

(3) 行政处罚显失公平。原告认为董某持有武器，普通居民是不会随身持有武器的。而且据原告了解董某曾有因打架斗殴被处罚的前科，因此其平时就好斗成性。而且原告在厮打过程中也有受伤，当时的笔录上也有记录，只是原告没有进行验伤。原告曾要求派出所对董某进行处罚，派出所以原告没有医院出具的受伤诊断为由没有处理董某，因此被告的做法是明显偏袒一方的不公正处罚，显失公平。

3. 被告答辩意见及理由

被告认为王某起诉被告的理由不成立，请求法院依法判决维持被告作出的 S 公(T)(治)决字 [2013] 第 606 号行政处罚决定，理由如下：

(1) 被告在整起事件处理过程中严格按照法定程序办理。2012 年 7 月 27 日 20 时 45 分，公安 TX 分局笃工派出所接 110 指令，立即赶赴案发现场。在经过调查后，依法进行受案。经过调查取证后，向分局进行呈报；经法制大队复核后，由分局负责人批准后，作出 S 公(T)(治)决字 [2013] 第 606 号行政处罚决定，并由笃工派出所民警将王某投送至 SY 市拘留所执行拘留。卷中的受案登记表、行政案件延长办案期限审批表、行政处罚审批表、行政处罚决定书、行政处罚告知笔录、传唤证、通知记录、人员身份证明材料及行政拘留执行回执等文书都证明公安 TX 分局在整起案件办理过程中都严格依法办理。

(2) 被告作出的行政处罚决定依据的事实清楚、证据确实、充分。公安 TX 分局在处理案件过程中，依法收集大量的证据。具体如下：王某的四次询问笔录；董某的四次询问笔录；王某杨的两次询问笔录；杨某的询问笔录；孙某的询问笔录；于某的询问笔录；董某、王某分别出具的关于不同意调解的声明；沈佳(法)鉴字 [2012] 年第 2070 号司法鉴定意见书及董某住院病案复印件；鉴定意见告知笔录；电话查询记录。以上证据均能真实、准确地证明王某殴打他人的行为。被告作出处罚决定依据的事实清楚、证据确实、充分。

(3) 被告在整起案件处理过程中做到了公平、公正。经被告调查了解，2012 年 7 月 27 日 20 时 45 分，在 SY 市 TX 区北四中路 32-6 号，王某与董某互相厮打，王某的行为已经触犯《治安管理处罚法》第 43 条第 1 款之规定，并且不符合其他法定情节，给予王某行政拘留 5 日的行政处罚符合法律规定，也符合行政法公平、公正的基本原则。

综上，被告在办理王某殴打他人案的过程中搜集的证据确实、充分；履行的程序合法；处罚认定的事实清楚；处罚依据的法律准确；处罚裁量公平公正，并经复议机关于 2013 年 11

月 21 日作出的《行政复议决定》(S 公治复决字 [2013]073 号)维持被告的行政处罚决定。

4. 双方争议焦点

王某因不服复议机关 S 公治复决字 [2013]073 号复议决定,向人民法院起诉,请求依法撤销 S 公(T)(治)决字 [2013] 第 606 号行政处罚决定。请求判令被告承担诉讼费。

原告认为被告在行政调查过程中对其及其家人以威胁、恐吓的方式进行询问,询问笔录是以非法手段采集的,行政处罚程序违法,不应被采纳。董某手上的伤应当是其在殴打原告时造成的,因此原告不应为董某的伤负责。因此,行政处罚事实不清,证据不足。同时,原告认为董某也对其进行殴打并造成其受伤,但被告并未给予董某相应的行政处罚,行政处罚显失公平。

被告认为被告在办理王某殴打他人案的过程中搜集的证据确实、充分;履行的程序合法;处罚认定的事实清楚;处罚依据的法律准确;处罚裁量公平公正,并经复议机关于 2013 年 11 月 21 日作出的《行政复议决定》(S公治复决字[2013]073号)维持被告的行政处罚决定。

第三人董某同意被告意见。

本案的争议焦点是被告作出的具体行政行为是否符合相关法律规定。

5. 双方提供的证据

原告没有提供证据。第三人没有提供证据。被告提供的证据有:(1)受案登记表;(2)行政案件延长办案审限登记表、公安行政审批表;(3)公安行政处罚决定书 S 公(T)(治)决字 [2013] 第 606 号;(4)公安行政处罚告知笔录;(5)行政拘留执行回执;(6)传唤证;(7)通(告)知记录;(8)王某的四次询问笔录;(9)董某的四次询问笔录;(10)王某杨的两次询问笔录;杨某的询问笔录;(11)孙某的询问笔录;(12)于某的询问笔录;(13)王某不同意调解的声明、董某不同意调解的声明;(14)董某的住院病案复印件及司法鉴定意见书;(15)鉴定意见告知笔录;(16)行政复议决定书;(17)董某的处罚决定及告知笔录、通(告)知记录。

三、实训准备

1. 学生查找《治安管理处罚法》《行政复议法》《行政诉讼法》《行诉证据规定》等相关法律法规,熟悉案件相关法律规定。
2. 学生以律师或代理人角色进行分组,分成原告组、被告组(复议机关)、法院组。
3. 学生查阅案件相关资料,按照角色准备理论和案件事实、证据资料。

四、实训要点

(一) 行政机关处罚的程序

1. 立案阶段

对于应给予行政处罚并符合立案条件的案件,及时办理立案手续,对于不符合立案条件的按相关规定处理。如对没有违法事实发生或违法情节轻微不予立案的,将不立案的理由回复案件线索提供者。对超越管辖范围的,移送有管辖权的行政管理机关。

2. 调查取证阶段

调查取证阶段在行政处罚案件中处于核心地位。行政调查是行政主体作成各种决定前,所进行的各种资料、情报搜集、整理活动。在行政处罚案件中,查明违法案件事实,是正确处理行政违法案件的基础。各行政机关在行使其行政管理职权过程中,必须经过广泛收集调取能够反映行政相对人违法事实真实经过的证据,并对各种证据进行科学分析和综合判断,才能对案件违法事实作出符合客观实际的结论。因此行政调查是行政机关的重要工作手段,也是行政处罚决定作出的前提和基础。

此外,案件调查终结后,办案机构对于违法事实成立,应当予以行政处罚的,要写出调查终结报告,并草拟行政处罚建议书,连同案卷交由审核机构审核。对违法事实不成立,应当予以销案或违法行为轻微、没有造成危害后果、不予行政处罚的,或案件不属于本机关管辖要移交其他行政机关管辖的,或涉嫌犯罪,应移送司法机关的,写出调查终结报告,说明拟作处理的理由,报行政管理机关负责人批准。

3. 案件审核阶段

案件审核是行政机关内部监督的重要方式,是行政机关实行"办案、核审、决定"三分离制度的重要措施。办案机构调查终结后,将案件调查终结报告、行政处罚建议书连同卷宗送审核机构(一般为法制机构)核审,审核机构负责人指定具体承办人员负责核审工作并提出核审意见。审核机构核审完毕,及时退卷,办案机构应将案卷、拟作出的行政处罚建议及核审意见报行政管理机关负责人审查决定。

4. 告知拟处罚阶段

行政机关得向当事人告知行政处罚的事实、理由、法律依据和所享有的权利,当事人有陈述申辩的权利,行政机关要认真听取当事人陈述和申辩,并记录在案。

5. 内部批准决定阶段

行政机关结合当事人的陈述申辩理由,改变处罚意见并重新履行告知程序(重大复杂案件集体讨论决定)。报行政机关负责人或有权机构批准处罚决定。

6. 作出行政处罚决定阶段

行政机关制作并送达处罚决定书,行政相对人对行政处罚决定不服,可申请行政复议或行政诉讼。

7. 执行阶段

行政机关根据行政处罚决定,具体执行行政处罚决定。

8. 归档阶段

行政机关完善档案材料,将行政处罚案件材料依法归档保存。

(二) 行政处罚的实施主体

1. 行政机关

行政处罚由违法行为发生地的县级以上地方政府具有处罚权的行政机关管辖,法律和行政法规另有规定的除外。依照《行政处罚法》规定,国务院或经国务院授权的省、自治区、直辖市人民政府可以决定一个行政机关行使有关行政机关的行政处罚权,但限制人身自由的行政处罚权只能由公安机关行使。

2. 法律法规授权组织

根据法律、法规的规定,可以授权具有管理公共事务职能的组织在法定的授权范围内实施行政处罚。如行政机关的内设机构、派出机构,事业单位,社会团体,公司、企业等具有管理公共事务职能的都可以被授权。

3. 受委托组织

行政机关依照法律、法规或者规章的规定,可以在其法定权限范围内委托具有管理公共事务的事业组织实施行政处罚。受委托组织在委托范围内,以委托行政机关名义实施行政处罚,不得再委托其他任何组织或者个人实施行政处罚。委托行政机关对受委托的组织实施行政处罚的行为应当负责监督,并对该行为的后果承担法律责任。

(三) 行政处罚的种类

行政处罚的种类有警告、罚款、没收违法所得、没收非法财物、责令停产停业、暂扣或者吊销许可证、暂扣或者吊销执照、行政拘留和法律、行政法规规定的其他行政处罚。

(四) 行政处罚机关的管辖

行政处罚由违法行为发生地的县级以上地方人民政府具有行政处罚权的行政机关管辖。对管辖发生争议的,报请共同的上一级行政机关指定管辖。

(五) 对行政处罚的救济

对于行政机关作出的行政处罚决定不服的,可以自收到行政处罚决定之日起60日内向上级行政机关复议,也可以在3个月内向人民法院提起行政诉讼。

(六) 行政复议机关的确定

1. 一般管辖

行政复议案件由被申请人上一级行政机关管辖:(1)申请人可以选择管辖;(2)地方政府管辖。

2. 特殊管辖

(1) 本机关自己管辖

对国务院部门或者省、自治区、直辖市人民政府的具体行政行为不服的,向作出该具体行政行为的国务院部门或省、自治区、直辖市人民政府申请复议,不能直接向国务院申请。

对行政复议决定不服的,可以向人民法院提起行政诉讼;也可以向国务院申请裁决,国务院依照行政复议法的规定作出最终裁决。

(2) 共同上一级机关管辖

对两个或者两个以上行政机关以共同名义作出的具体行政行为不服的,向其共同上一级行政机关申请复议:①同一政府所属的两个或者两个以上的工作部门以共同名义作出具体行政行为的,由它们所属的政府管辖;②不同级别的政府所属的两个或者两个以上的工作部门以共同名义作出具体行政行为的,由处于领导地位的政府进行管辖;③两个或者两个以上地方政府共同作出具体行政行为的,由共同作出具体行政行为的政府的上一级政府管辖;④行政机关与法律、法规授权的组织,或者两个或者两个以上法律、法规授权的组织以共同名义作出具体行政行为的,由对他们共同领导或有主管权的行政机关进行管辖。

(3) 派出机关和派出机构的管辖

对县级以上地方人民政府依法设立的派出机关的具体行政行为不服的,向设立该派出机关的人民政府申请行政复议。

对政府工作部门依法设立的派出机构依照法律、法规或者规章规定,以自己的名义作出的具体行政行为不服的,向设立该派出机构的部门或者该部门的本级地方人民政府申请行政复议。

(4) 法律、法规授权的组织的管辖

对法律、法规授权的组织的具体行政行为不服的,分别向直接管理该组织的地方人民政府、地方人民政府工作部门或者国务院部门申请行政复议。

(5) 被撤销行政机关的管辖

对被撤销的行政机关在撤销前所作出的具体行政行为不服的,向继续行使其职权的行政机关的上一级行政机关申请行政复议。

(七) 行政复议决定的种类

1. 维持决定

复议机关经过对具体行政行为审查,认为其认定的事实清楚,证据确凿,适用法律依据正确,程序合法,内容适当,依法作出否定申请人的复议申请,维持被申请人的具体行政行为的复议决定。

2. 履行决定

复议机关经过对具体行政行为审查,认为被申请人未履行法定的职责,作出责令其在一定期限内履行法定职责的决定。被申请人未履行法定的职责包括拒不履行和拖延履行法定职责。

3. 撤销、变更决定和确认违法决定

复议机关经过对具体行政行为审查,认为具体行政行为有下列情形之一的,决定撤销、变更或者确认该具体行政行为违法;决定撤销或者确认该具体行政行为违法的,可以责令被申请人在一定期限内重新作出具体行政行为:(1)主要事实不清、证据不足的;(2)适用法律依据错误的;(3)违反法定程序的;(4)超越或者滥用职权的;(5)具体行政行为明显不当的。

被申请人未依照行政复议法的规定提出书面答复、提交当初作出具体行政行为的证据、依据和其他有关材料的,视为该具体行政行为没有证据、依据,行政复议机关应当决定撤销该具体行政行为。

具体行政行为有下列情形之一,行政复议机关可以决定变更:(1)认定事实清楚,证据确凿,程序合法,但是明显不当或者适用依据错误的;(2)认定事实不清,证据不足,但是经行政复议机关审理查明事实清楚,证据确凿的。

4. 驳回复议申请

行政复议机关经过审查,认为有下列情形之一的,应当决定驳回行政复议申请:(1)申请人认为行政机关不履行法定职责申请行政复议,行政复议机关受理后发现该行政机关没有相应法定职责或者在受理前已经履行法定职责的;(2)受理行政复议申请后,发现该行政复议申请不符合行政复议法和实施条例规定的受理条件的。

上级行政机关认为行政复议机关驳回行政复议申请的理由不成立的,应当责令其恢复审理。

5. 责令被申请人赔偿的决定

行政复议机关经过审查,认为公民、法人或者其他组织中申请行政复议时一并提出的行政赔偿请求,符合《国家赔偿法》的有关规定,根据《行政复议法》第29条规定的"申请人在申请行政复议时可以一并提出行政赔偿请求,行政复议机关对符合国家赔偿法的有关规定应当给予赔偿的,在决定撤销、变更具体行政行为或者确认具体行政行为违法时,应当同时决定被申请人依法给予赔偿。申请人在申请行政复议时没有提出行政赔偿请求的,行政复议机关在依法决定撤销或者变更罚款,撤销违法集资、没收财物、征收财物、摊派费用以及对财产的查封、扣押、冻结等具体行政行为时,应当同时责令被申请人返还财产,解除对财产的查封、扣押、冻结措施,或者赔偿相应的价款",应当依法作出责令被申请人赔偿的决定。

(八) 对行政复议决定的救济

对行政复议机关作出的行政复议决定不服的,可以自收到行政复议决定之日起15日内向人民法院提起行政诉讼。

（九）行政诉讼的当事人

行政诉讼参加人包括原告、被告、第三人、共同诉讼人。

（十）行政诉讼被告的确定

公民、法人或者其他组织直接向人民法院提起诉讼的，作出行政行为的行政机关是被告。经复议的案件，复议机关决定维持原行政行为的，作出原行政行为的行政机关和复议机关是共同被告；复议机关改变原行政行为的，复议机关是被告。复议机关在法定期限内未作出复议决定，公民、法人或者其他组织起诉原行政行为的，作出原行政行为的行政机关是被告；起诉复议机关不作为的，复议机关是被告。两个以上行政机关作出同一行政行为的，共同作出行政行为的行政机关是共同被告。行政机关委托的组织所作的行政行为，委托的行政机关是被告。行政机关被撤销或者职权变更的，继续行使其职权的行政机关是被告。

（十一）行政诉讼的第三人

公民、法人或者其他组织同被诉行政行为有利害关系但没有提起诉讼，或者同案件处理结果有利害关系的，可以作为第三人申请参加诉讼，或者由人民法院通知参加诉讼。

行政诉讼中的第三人包括类似于原告诉讼地位的第三人，例如行政处罚案件受害人、加害人或共同被处罚人；行政确权、裁决、行政许可案件当事人等。类似于被告地位的第三人，例如：作出矛盾行为的机关；共同署名的非行政主体；共同行政行为，但只有部分行政机关被诉，原告不同意追加的被告等。

第三人加入到行政诉讼中的方式包括申请参加和通知参加两种，申请参加是指第三人向法院提出申请，经法院批准而参加诉讼。法院同意的，书面通知第三人；法院不同意的，裁定驳回申请。申请人不服裁定可在10日以内上诉。

（十二）委托代理人在法庭审理质证过程中对证据的说明

委托代理人在质证过程中要围绕证据的"三性"予以说明。证据的"三性"是指证据的关联性、合法性和真实性。不具有"三性"的证据材料不能作为认定事实的证据，也即不具有证明效力。

关联性，是指证据与待证事实之间的逻辑关系，即只有对待证事实有证明作用的材料才能成为证据。与待证事实无关的材料自然不具有证据意义和价值。

合法性，是指证据的形式和取得程序必须符合法律规定，或者不侵犯他人合法权益。例如，《行诉证据规定》第57条明确规定的"严重违反法定程序收集的证据材料""以偷拍、偷录、窃听等手段获取侵害他人合法权益的证据材料""以利诱、欺诈、胁迫、暴力等不正当手段获取的证据材料"不能作为定案依据，其根源就在于这些证据不具有合法性。

真实性，包括证据形式上的真实和内容上的真实。其中，形式上的真实是内容真实的前提和保证，真实性的核心是内容的真实。

五、实训过程

1. 介绍教学目的，明确讨论主题，与学生共同阅卷，了解案件基本情况，将学生进行角色分配，分为原告组、被告组（复议机关）、法院组。

2. 针对本案所涉及的法律程序进行分组讨论，学生回答相关法律程序的问题。各组按照各自的角色完成实践题，提交相应的法律文书。

3. 针对行政诉讼当事人的资格以及地位、如何甄选行政诉讼被告问题进行讨论,各小组回答有关行政诉讼当事人的问题,并就本案的行政诉讼当事人情况进行分析讨论。

4. 针对行政诉讼案件审理程序,尤其是法庭调查内容进行讨论;各组回答关于行政诉讼案件审理程序的问题,尤其要注意行政诉讼案件在法庭调查过程中内容的特殊性。

5. 针对在行政诉讼质证过程中对证据三性的认定进行讨论,各小组按照各自角色来讨论分析本案例中提交证据的三性,即真实性、关联性以及证明目的。

6. 学生、教师总结归纳。学生按照角色分组总结本组作为原告、被告或法官在法律程序中所完成的职责以及还需注意的问题。教师对整个案件进行总结。

7. 学生进一步思考委托代理律师在行政诉讼活动中的职能,如何更好地保障当事人的合法权益。

六、实训拓展

(一)思考题

1. 本案行政机关作出的行政处罚决定是否符合法律程序?
2. 本案的行政处罚实施主体为哪个机关?是否符合法律规定?笃工派出所在行政处罚决定中的角色是什么?
3. 本案中对王某进行的行政处罚属于哪种?
4. 本案的行政处罚是否符合管辖规定?
5. 对于行政机关作出的行政处罚决定不服时,王某采取了哪些救济措施?
6. 本案可以进行复议的复议机关有哪些?
7. 本案应由哪个法院管辖?
8. 本案中有哪些行政诉讼当事人?
9. 本案中被告应为哪个机关?
10. 本案中董某作为第三人属于哪种情形,他是如何加入到行政诉讼程序中的?
11. 本案的争议焦点是什么?围绕该争议焦点人民法院应进行哪些方面的调查?
12. 被告提交的证据作用分别是什么?

(二)实践题

1. 如果你是原告王某的委托代理律师,请撰写行政复议申请以及起诉状。
2. 如果你是 SY 市公安局 TX 分局的委托代理律师,请撰写行政复议的答辩意见以及行政诉讼答辩状。

第二节 劳动争议案件

一、实训目标

本节实训以一起真实的不服工伤认定决定的案件为蓝本,围绕行政诉讼程序各环节展开教学,涉及知识点和执业技能内容包括:行政诉讼委托代理人如何参与行政诉讼,行政诉讼案件的证据收集、事实认定与法律适用等。本案例在劳动争议案件的程序上包括劳动争议诉讼前置仲裁程序、劳动争议行政诉讼程序、工伤认定程序以及不服工伤认定决定提起的行政诉讼程序,较为全面地涵盖了劳动争议案件所涉及的法律程序,具有典型性。本案件在实体问题上涉及劳动关系的认定、工伤认定范围问题;所涉及证据和事实问题包括劳动争议、工伤认定证据的搜集、劳动关系判断标准、工伤认定标准等问题,是比较典型的劳动争议、工伤认定案件,对其他劳动争议以及工伤认定案件的解决具有参考意义。

通过对劳动争议案件的实训,掌握以下问题:(1)劳动争议案件解决步骤、程序;(2)行政诉讼当事人的资格以及地位;(3)行政诉讼案件审理程序,尤其是法庭调查内容;(4)在行政诉讼质证过程中对证据三性的认定;(5)以本案工伤认定争议解决为例,如何解决劳动争议问题,尤其提出委托代理律师根据其委托人诉讼地位的不同,处理具体案件的思路、分析步骤、事实认定与法律分析。

二、实训素材

前进富通混凝土有限公司不服 SY 市人力资源和社会保障局工伤认定决定[①]

(一) 案情介绍

郭某是前进富通混凝土有限公司职工,职务是站长。郭某于 2012 年 12 月 10 日 17 时以后在下班途中乘坐单位通勤车时突发疾病,被单位同事发现后立即送往附近的 SY 市益民医院救治。郭某于 17 时 35 分被送到 SY 市益民医院抢救,后因抢救无效死亡。随后郭某的妻子认为郭某的死亡属于工伤,于 2013 年 12 月 26 日向 SY 市人力资源和社会保障局申请了工伤认定,SY 市人力资源和社会保障局于 2014 年 2 月 14 日作出工伤认定。前进富通混凝土有限公司不服 SY 市人力资源和社会保障局作出的工伤认定,认为郭某的疾病死亡的情况不属于工伤,向法院提起诉讼。

(二) 前进富通混凝土有限公司与郭某劳动关系确定情况

1. 仲裁裁决

郭某妻子作为申请人向 LN 省劳动人事争议仲裁委员会申请确认郭某与被申请人前进富通混凝土有限公司存在劳动关系。申请人诉称:丈夫郭某是被申请人单位职工,职务是站长。2012 年 12 月 10 日,郭某照常骑电动车上班,午后三点三十分左右在检查筛沙现场工作时,由于工作忙碌不得休息突发心脏病,被单位通勤车送往医院途中死亡。由于郭某未与被申请人签订劳动合同,因此向仲裁委员会申请确认郭某与被申请人存在劳动关系。

而被申请人辩称:公司与郭某不存在劳动关系,12 月 8 日郭某已被申请人作出除名处罚。12 月 7 日身为生产站站长的郭某由于玩忽职守,公司两个搅拌站发生了严重的火灾,造成公司直接经济损失近百万元。公司于 2012 年 12 月 8 日对郭某作出除名的处罚决定,因此公司与郭某不存在劳动关系。

事实上,郭某于 2012 年 2 月 1 日至 2012 年 3 月 25 日在被申请人处工作,2012 年 3 月 26 日离职。2012 年 5 月 1 日重新入职被申请人单位。双方当事人对郭某 2012 年 2 月 10 日至 2012 年 3 月 25 日在被申请人处工作情况无异议,在此期间郭某与被申请人存在劳动关系。但是由于 2012 年 12 月 8 日被申请人对郭某进行了除名的处罚,被申请人认为已经

[①] 本案例被收录在中国专业学位教学案例库中心之法硕中心案例库。

与郭某解除了劳动关系,而申请人认为二者并没有解除劳动关系而发生争议。

经劳动人事争议仲裁委员会调查认为,根据《中华人民共和国劳动争议调解仲裁法》的相关规定,解除劳动关系的举证责任由被申请人承担。但是在庭审中,被申请人没有证据证明《处罚决定》已经送达至郭某本人,且被申请人未向郭某出具《解除劳动合同通知书》,被申请人应承担举证不能的不利后果。因此,仲裁委员会于2013年4月26日作出L劳人仲字[2013]第121号仲裁裁决书,裁决:2012年2月10日至2012年3月5日、2012年5月1日至2012年12月10日郭某与被申请人存在劳动关系。

2. 法院判决

由于前进富通混凝土有限公司不服L劳人仲字[2013]第121号仲裁裁决决定,以郭某妻子毕某为被告,向SY市DD区人民法院起诉,请求法院判决原告与郭某不存在劳动关系。原、被告双方出具了L劳人仲字[2013]第121号仲裁裁决书、证人证言、会议纪要、处罚决定、结婚证、死亡证明等证据。

DD区人民法院认为案件的争议焦点在于前进富通混凝土有限公司与郭某之间劳动关系终止的时间。根据《最高人民法院关于审理劳动争议案件适用法律若干问题的解释》第13条规定"因用人单位作出开除、除名、辞退、解除劳动合同、减少劳动报酬、计算劳动者工作年限等决定而发生的劳动争议,用人单位负举证责任。"因此原告应对郭某除名的处罚决定符合法律规定以及将该处罚决定已向郭某送达承担举证责任,但因原告未能提供证据证明其主张,因此原告对郭某的处罚决定存在严重瑕疵,法院未予以采信。另外在庭审中原告提供2012年12月份的工资表和出勤表来证明郭某在2012年12月8日至10日期间并未到原告单位工作的事实,因该出勤表和工资表上记载的原告职工王策、李海鹏以及东军的出勤天数并不一致,互相矛盾,法院也未予以采信。而通过对证人董伟的询问得知2012年12月10日郭某在原告单位处仍在工作,因此法院认为原告与郭某之间劳动关系存续至2012年12月10日。判决原告前进富通混凝土有限公司与郭某之间从2012年2月20日至2012年3月25日以及2012年5月1日至2012年12月10日期间存在劳动关系。

(三)前进富通混凝土有限公司不服SY市人力资源和社会保障局工伤认定决定案情况

1. 工伤认定情况

郭某妻子毕某于2013年12月26日向SY市人力资源和社会保障局申请请求认定郭某的死亡视同工伤。申请人提出其丈夫郭某是被申请人单位职工,2012年12月10日到被申请人单位工作,职务是站长。单位原有两个站长,郭某是负责夜班的站长。负责白班的站长有一个月没来上班了,因此,黑、白两班都是由郭某管理。自从白班的站长走后,郭某是晚18点上班,经常是中午12点下班。2012年12月9日郭某改为白班。2012年12月10日,郭某照常骑电动车上班,午后3点30分左右在检查筛沙现场工作时,由于工作忙碌不得休息突发心脏病,被单位通勤车送往医院途中死亡。根据《工伤保险条例》第15条第1款第(1)项应视同工伤。

SY市人力资源和社会保障局于2014年2月14日作出S人社工认字[2014]第328号工伤认定决定。其根据国务院《工伤保险条例》第15条第1款第(1)项"在工作时间和工作岗位,突发疾病死亡或者48小时之内经抢救无效死亡的"应当视同工伤的规定,对郭某突发疾病死亡,经SY市益民医院诊断为:心脏骤停。认定为工伤。

2. 案件中双方争议焦点

前进富通混凝土有限公司不服 SY 市人力资源和社会保障局 S 人社工认字 [2014] 第 328 号工伤认定决定,向 SY 市 SH 区人民法院起诉,请求人民法院撤销 SY 市人力资源和社会保障局于 2014 年 2 月 14 日作出的 S 人社工认字 [2014] 第 328 号工伤认定决定,并认定郭某死亡不构成工伤。

前进富通混凝土有限公司认为根据《工伤保险条例》第 14 条、第 15 条、第 17 条规定,职工在上、下班途中,受到非本人主要责任的交通事故或者城市轨道交通、客运渡轮、火车事故伤害的应认定工伤。职工在工作时间和工作岗位,突发疾病死亡或者 48 小时之内经抢救无效死亡的,应当视同工伤。案件中郭某虽然是在下班的途中突发疾病经抢救无效死亡,但不是受到非本人主要责任的交通事故伤害,郭某虽然是突发疾病死亡,却不是在工作时间和工作岗位上,仅仅是发生在下班途中。因此,郭某死亡的情形,不符合认定工伤的条件。被告 SY 市人力资源和社会保障局认定郭某死亡为工伤,属于事实认定不清、适用法律错误。

SY 市人力资源和社会保障局认为对于郭某的突发疾病死亡属于国务院《工伤保险条例》第 15 条第 1 款第 (1) 项"在工作时间和工作岗位,突发疾病死亡或者 48 小时之内经抢救无效死亡的"应当视同工伤规定的情形,对郭某突发疾病死亡,经 SY 市益民医院诊断为:心脏骤停。因此认定为工伤。S 人社工认字 [2014] 第 328 号工伤认定决定事实清楚,适用法律法规得当,程序合法。

第三人郭某妻子毕某认为郭某死亡情形符合认定工亡的法定情形。

本案的争议焦点是被告 SY 市人力资源和社会保障局作出的具体行政行为是否符合相关法律规定。

3. 案件中双方举证情况

(1) 原告前进富通混凝土有限公司举证

① 住院病历,证明郭某到达医院就诊时间为 2012 年 12 月 10 日下午 17 时 35 分,其内容记载患者于半小时前心区不适,该证据证明郭某并不是在被告认定的下午 15 时左右在工作岗位发病,郭某发病时间为下班后 17 时 15 分左右;

② 通勤车时刻表,证明通勤车发车时间为 17 时;

③ 司机赵某、保管员马某、工人陈某出具的事情经过,证明公司通勤车于事发当日 17 时准时发车,郭某于车上发病;

④ 原告单位员工李某出具的证言,证明公司通勤车于事发当日 17 时准时发车,郭某于车上发病;

⑤ 保管员马某的证言,证明郭某于事发当日晚 17 时自己走上通勤车并且与证人有交流,当通勤车行驶至浅水湾附近,郭某才突感心脏不适,并由通勤车送往医院急救;

⑥ 珠海仕高玛江高公司售后服务人员贾大永出具的证言,证明 2012 年 12 月 10 日晚 17 时,其搭乘原告单位通勤车回旅社,车上有郭某,且郭某和贾某打过招呼,说明郭某上车时没有发病;

⑦ 曲某出具证言,证明郭某事发当日喝过酒;

⑧ 张某出具的证言(行政程序中未提交),证明郭某死后家属找过张某,承诺以事后给钱的方式要求其出具伪证,被其拒绝。

(2) 被告 SY 市人力资源和社会保障局举证
① 工伤认定申请表,证明个人提出工伤申请;
② 身份证复印件,证明个人身份;
③ 户口本复印件及结婚证复印件,证明亲属关系;
④ 企业机读档案登记资料,证明企业法人资格;
⑤ 工伤认定申请书,证明 2012 年 12 月 10 日郭某在工作中心脏病发作,由单位通勤车送医院抢救无效死亡;
⑥ 仲裁裁决书、区法院民事判决书、中级法院民事判决书,证明郭某与原告在 2012 年 5 月 1 日至 2012 年 12 月 10 日期间存在劳动关系;
⑦ 证明及身份证复印件,证明 2012 年 12 月 10 日郭某在工作中心脏病发作,由原告单位通勤车送医院抢救无效死亡;
⑧ 病例材料及死亡证明,证明 2012 年 12 月 10 日郭某因心脏病发作死亡;
⑨ 申请人提交工伤(亡)认定材料清单,证明申请工伤提交的材料;
⑩ 举证通知书存根,证明举证程序;
⑪ 单位举证材料,证明单位提交举证以及证明 2012 年 12 月 10 日郭某心脏病发作,由原告单位通勤车送到医院抢救无效死亡;
⑫ 调查笔录,证明原告 2012 年 12 月 10 日郭某在工作中心脏病发作,由原告单位通勤车送医院抢救无效死亡;
⑬ 调查笔录,证明 2012 年 12 月 10 日原告单位通勤车将心脏病发作的郭某送到医院抢救;
⑭ 工伤认定送达回证及邮寄存根,证明工伤认定送达程序;
⑮ 订正通知、送达回证及邮寄存根,证明订正及送达程序。

三、实训准备

1. 学生查找《工伤保险条例》《行政诉讼法》《行诉证据规定》等相关法律法规,熟悉案件相关法律规定。
2. 学生以律师或代理人角色进行分组,分成用人单位法律顾问组、劳动者代理律师组和人力资源与社会保障部门代理律师组。
3. 学生查阅案件相关资料,按照角色准备理论和案件事实、证据资料。

四、实训要点

(一) 委托代理律师在处理劳动者与用人单位之间劳动争议时的工作

(二) 公司法律顾问在处理公司与劳动者劳动争议时的工作

1. 当有劳动争议出现迹象时,积极与劳动者进行沟通,进行协商与调解,及时平息矛盾,尽量避免劳动争议进入仲裁、诉讼阶段。
2. 对已进入仲裁、诉讼程序的劳动争议,积极保全与收集证据,查询相关法律法规、规章等法律依据,受企业委托出庭应诉,维护企业的合法权益。

(三) 劳动争议案件的解决步骤和过程

1. 协商。劳动争议协商是劳动争议双方当事人本着平等、合作的原则,自主协商,平等交流,在互谅互让的基础上达成协议,以达到劳动争议解决目的的一种协商过程。劳动争议的协商能够及时化解矛盾,维护劳动关系以及社会关系的稳定,降低处理劳动争议的成本,达到息讼的效果。

2. 调解。劳动争议调解是劳动争议发生后,当事人双方自愿以书面或者口头形式向调解委员会申请调解,调解委员会以国家的劳动法律、法规为依据,以民主协商的方式,使双方当事人达成协议,从而解决劳动纠纷的一种方式。

3. 仲裁。劳动争议仲裁是我国劳动争议处理体制中,诉讼之前的法定必经程序,是劳动争议仲裁机构对当事人请求解决的劳动争议,依法进行评判的准司法行为,包括对劳动争议依法审理并进行调解、裁决的一系列活动。劳动争议只有经过劳动仲裁机构的仲裁之后,如果一方对仲裁裁决不服的,才能够提起诉讼,而不能未经劳动仲裁直接提起诉讼。

(四) 处理劳动争议的机构

我国目前处理劳动争议的机构为:劳动争议调解组织、地方劳动争议仲裁委员会以及地方人民法院。

1. 劳动争议调解组织包括企业劳动争议调解委员会、依法设立的基层人民调解组织和乡镇、街道设立的具有劳动争议调解职能的组织,其中企业劳动争议调解委员会是负责调解本企业内部劳动争议的群众性组织,调解委员会由职工代表、企业代表组成。

2. 地方劳动争议仲裁委员会包括县、市、市辖区设立仲裁委员会,负责本行政区域的劳动争议仲裁。

3. 人民法院。劳动争议当事人对仲裁委员会的裁决不服并提起诉讼的案件,由人民法院进行受理。

(五) 处理劳动争议的依据

目前我国劳动争议处理的法律依据是《劳动争议调解仲裁法》以及《民事诉讼法》。由于劳动关系的内容比较广泛,包括工资、社会保险、福利、培训、劳动条件、工伤等方面,因此处理劳动争议适用的规范性法律文件也很广泛,包括《劳动法》《劳动合同法》《劳动合同法实施条例》《关于职工探亲待遇的规定》《国务院关于职工工作时间的规定》《最高人民法院关于审理劳动争议案件适用法律若干问题的解释》(一、二、三、四)等相关法律法规规定。

(六) 负责工伤保险工作的行政部门

《工伤保险条例》第5条规定,国务院社会保险行政部门负责全国的工伤保险工作。县级以上地方各级人民政府社会保险行政部门负责本行政区域内的工伤保险工作。社会保险行政部门按照国务院有关规定设立的社会保险经办机构具体承办工伤保险事务。

(七) 与工伤保险工作相关的法律法规及工伤认定标准

1. 现行法律规定与工伤保险相关的法律法规

包括:《工伤保险条例》《最高人民法院关于审理工伤保险行政案件若干问题的规定》《企业职工工伤保险实行办法》《职工工伤与职业病致残程度鉴定标准》《非法用工单位伤亡人员一次性赔偿办法》《劳动部办公厅关于处理工伤争议有关问题的复函》《劳动部办公厅关于私人包工负责人工伤待遇支付问题的复函》《劳动部办公厅关于职工工伤致残享受护理费条件问题的复函》《最高人民法院关于雇工合同"工伤概不负责"是否有效的批复》《劳动部办公厅关于因病或非因工负伤医疗期管理等若干问题的请示的复函》《关于当事人对工伤认定不服申请行政复议问题的复函》《关于农民工参加工伤保险有关问题的通知》

《关于劳动能力鉴定有关问题的通知》及各省市工伤保险条例实施办法等法律依据。

2. 工伤的认定

《工伤保险条例》第14条规定,职工有下列情形之一的,应当认定为工伤:(1)在工作时间和工作场所内,因工作原因受到事故伤害的;(2)工作时间前后在工作场所内,从事与工作有关的预备性或者收尾性工作受到事故伤害的;(3)在工作时间和工作场所内,因履行工作职责受到暴力等意外伤害的;(4)患职业病的;(5)因工外出期间,由于工作原因受到伤害或者发生事故下落不明的;(6)在上下班途中,受到非本人主要责任的交通事故或者城市轨道交通、客运轮渡、火车事故伤害的;(7)法律、行政法规规定应当认定为工伤的其他情形。

《工伤保险条例》第15条规定,职工有下列情形之一的,视同工伤:(1)在工作时间和工作岗位,突发疾病死亡或者在48小时之内经抢救无效死亡的;(2)在抢险救灾等维护国家利益、公共利益活动中受到伤害的;(3)职工原在军队服役,因战、因公负伤致残,已取得革命伤残军人证,到用人单位后旧伤复发的。

《最高人民法院关于审理工伤保险行政案件若干问题的规定》第4条规定,社会保险行政部门认定下列情形为工伤的,人民法院应予支持:(1)职工在工作时间和工作场所内受到伤害,用人单位或者社会保险行政部门没有证据证明是非工作原因导致的;(2)职工参加用人单位组织或者受用人单位指派参加其他单位组织的活动受到伤害的;(3)在工作时间内,职工来往于多个与其工作职责相关的工作场所之间的合理区域因工受到伤害的;(4)其他与履行工作职责相关,在工作时间及合理区域内受到伤害的。

《最高人民法院关于审理工伤保险行政案件若干问题的规定》第5条规定,社会保险行政部门认定下列情形为"因工外出期间"的,人民法院应予支持:(1)职工受用人单位指派或者因工作需要在工作场所以外从事与工作职责有关的活动期间;(2)职工受用人单位指派外出学习或者开会期间;(3)职工因工作需要的其他外出活动期间。职工因工外出期间从事与工作或者受用人单位指派外出学习、开会无关的个人活动受到伤害,社会保险行政部门不认定为工伤的,人民法院应予支持。

《最高人民法院关于审理工伤保险行政案件若干问题的规定》第6条规定,对社会保险行政部门认定下列情形为"上下班途中"的,人民法院应予支持:(1)在合理时间内往返于工作地与住所地、经常居住地、单位宿舍的合理路线的上下班途中;(2)在合理时间内往返于工作地与配偶、父母、子女居住地的合理路线的上下班途中;(3)从事属于日常工作生活所需要的活动,且在合理时间和合理路线的上下班途中;(4)在合理时间内其他合理路线的上下班途中。

3. "上下班途中"的认定

根据《工伤保险条例》第14条第(6)项规定,在上下班途中,受到非本人主要责任的交通事故或者城市轨道交通、客运轮渡、火车事故伤害的情形属于工伤。而"上下班途中"的认定,根据《最高人民法院关于审理工伤保险行政案件若干问题的规定》第6条的规定,只有以下四种情形:(1)在合理时间内往返于工作地与住所地、经常居住地、单位宿舍的合理路线的上下班途中;(2)在合理时间内往返于工作地与配偶、父母、子女居住地的合理路线的上下班途中;(3)从事属于日常工作生活所需要的活动,且在合理时间和合理路线的上下班途中;(4)在合理时间内其他合理路线的上下班途中。这四种情形下受到非本人主要责任的交通事故或者城市轨道交通、客运轮渡、火车事故伤害的情形才能认定为工伤,其他情形均不能认定为工伤。

（八）用人单位或者劳动者对工伤认定结论不服时的救济

1. 劳动争议双方当事人如果对工伤认定结论不服的，可以向社会保险行政部门的上级部门申请行政复议，也可以直接向人民法院提起诉讼。

2. 由于工伤认定结论是由社会保险行政部门作出的具体行政行为，因此劳动争议双方当事人若对工伤认定结论不服的应该提起行政诉讼，将社会保险行政部门列为被告。

（九）由劳动工伤问题引起的劳动争议案件进入诉讼阶段时诉讼被告的确定

1. 劳动者如果对工伤保险行政部门的工伤决定不服，则应将工伤保险行政部门列为被告，可以将用人单位列为诉讼第三人。劳动者如果在工伤认定之后，在工伤赔偿问题上与用人单位发生纠纷的，则应将用人单位或者工伤保险承担责任单位列为被告。

2. 用人单位如果对工伤保险行政部门的工伤决定不服，则应将工伤保险行政部门列为被告，可以将劳动者列为诉讼第三人。

（十）行政诉讼的审理对象和审理程序的特点

行政诉讼的审理对象是在行政诉讼过程中法官审理和裁判的对象，是人民法院审判权运作的客体，包括相对人与行政主体所争议的，向人民法院提起诉讼请求，要求人民法院依法审理与判决的所有与案件相关的事项，其实质就是进入诉讼程序的行政争议。

行政争议的产生是由于行政相对人认为行政机关作出的行政行为侵犯了他的合法权益所产生的纠纷，而行政行为的作出要合理、合法，因此，行政争议的实质就是围绕行政机关作出行政行为是否合法以及是否合理产生的争议。人民法院对行政行为只评价合法性，而不评价合理性，因此，人民法院通过行政诉讼程序对行政行为进行审查，解决行政争议就要围绕行政机关作出的行政行为的合法性展开审理工作。行政机关要依法行使行政职权，以事实为依据，以法律为准绳，依照法定程序作出行政行为。因此，人民法院在开庭审理行政案件时要围绕行政机关的职权依据、事实依据、法律依据以及法律程序这四个方面展开调查，评价行政机关行政行为的合法性。

（十一）行政诉讼中的举证

1. 行政机关的委托代理律师在法庭举证时，要围绕行政机关作出行政行为的职权依据、事实依据、法律依据以及行政机关作出行政行为的程序四个方面提出相应的证据，以证明行政机关作出行政行为的合法性。

2. 行政相对人的委托代理律师在法庭举证时，要针对行政机关在作出行政行为时职权、事实认定、适用法律以及程序方面的瑕疵进行举证，以证明行政机关作出行政行为的不合法之处，提出有利于维护当事人合法权益的证据。

（十二）委托代理人在法庭审理质证过程中对证据的说明

委托代理人在质证过程中要围绕证据的"三性"予以说明。证据的"三性"是指证据的关联性、合法性和真实性。不具有"三性"的证据材料不能作为认定事实的证据，也即不具有证明效力。

关联性，是指证据与待证事实之间的逻辑关系，即只有对待证事实有证明作用的材料才能成为证据。与待证事实无关的材料自然不具有证据意义和价值。

合法性，是指证据的形式和取得程序必须符合法律规定，或者不侵犯他人合法权益。例如，《行诉证据规定》第57条明确规定"严重违反法定程序收集的证据材料""以偷拍、偷录、窃听等手段获取侵害他人合法权益的证据材料""以利诱、欺诈、胁迫、暴力等不正当手段获取的证据材料"不能作为定案依据,其根源在于这些证据不具有合法性。

真实性,包括证据形式上的真实和内容上的真实。其中,形式上的真实是内容真实的前提和保证,真实性的核心是内容的真实。

五、实训过程

1. 介绍教学目的,明确讨论主题,与学生共同阅卷,了解案件基本情况,将学生进行角色分配,分为公司委托代理人组、劳动者委托代理人组以及人力资源与社会保障局委托代理人组。

2. 针对劳动争议案件解决步骤、过程进行分组讨论,学生回答劳动争议案件解决步骤、过程中的问题,并对本案的解决步骤、过程进行评价。各组按照各自的角色完成实践题,提交相应的法律文书。

3. 针对行政诉讼当事人的资格以及地位、如何甄选行政诉讼被告的问题进行讨论,各小组回答有关行政诉讼当事人的问题,并就本案的行政诉讼当事人情况进行分析讨论。

4. 针对行政诉讼案件审理程序,尤其是法庭调查内容进行讨论;各组回答关于行政诉讼案件审理程序的问题,尤其要注意行政诉讼案件在法庭调查过程中内容的特殊性。各组针对本案中法庭调查程序内容进行评价。

5. 针对在行政诉讼质证过程中对证据三性的认定进行讨论,各小组按照各自角色来讨论分析本案例中提交证据的三性,即真实性、关联性以及合法性。

6. 学生、教师总结归纳。学生按照角色分组总结本组作为委托代理律师代理原告或者被告行政诉讼案件解决劳动争议案件所需要完成的职责以及所需注意的问题。教师对整个案件进行总结,以本案工伤认定争议解决为例,提出如何解决劳动争议的程序以及实体问题,尤其提出委托代理律师根据其委托人诉讼地位的不同,处理具体案件的思路、分析步骤、事实认定与法律分析。

7. 学生进一步思考委托代理律师在行政诉讼活动中的职能,如何更好地保障当事人的合法权益。

六、实训拓展

(一) 思考题

1. 郭某的妻子毕某应向哪个仲裁委员会申请劳动仲裁?
2. 对于仲裁委员会的仲裁决定不服时,劳动争议双方可以向哪个法院起诉?
3. 郭某的妻子毕某应向哪个部门申请劳动工伤认定?
4. 对于劳动工伤认定决定不服,劳动争议双方可以采取哪些救济措施?分别应该如何进行?
5. 请分组评价本案的法庭审理过程。每一个阶段的目的、意义如何?
6. 本案中,诉讼各方所举证的证据三性如何?请分组评价。
7. 行政机关对于郭某工伤的认定在适用法律上是否正确?请根据现行法律法规进行分析。如果你是委托代理律师,应该如何分析该问题?
8. 我国现行法律法规对劳动者权益保护的立法趋势如何?
9. 作为解决劳动争议案件的委托代理律师,在处理案件时应该履行哪些职责,注意哪些问题?请分组讨论。

10. 作为律师,如何在处理劳动争议案件过程中维护当事人合法权益,维护劳动者合法权益?

(二) 实践题

1. 如果你是毕某的委托代理律师,你在接受委托后该进行哪些工作?请撰写仲裁申请以及工伤认定申请。

2. 如果你是前进富通混凝土有限公司委托代理律师,在接受委托后该进行哪些工作?请分别针对劳动关系争议诉讼以及工伤决定不服诉讼撰写起诉书。

3. 如果你是毕某的委托代理律师,请针对劳动关系争议诉讼撰写答辩意见。

4. 如果你是行政机关的委托代理律师,请针对劳动工伤决定不服诉讼撰写答辩意见。

七、实训法规

1.《中华人民共和国劳动争议调解仲裁法》
2.《最高人民法院关于审理劳动争议案件适用法律若干问题的解释》
3.《最高人民法院关于审理劳动争议案件适用法律若干问题的解释(二)》
4.《最高人民法院关于审理劳动争议案件适用法律若干问题的解释(三)》
5.《最高人民法院关于审理劳动争议案件适用法律若干问题的解释(四)》
6.《工伤保险条例》
7.《最高人民法院关于审理工伤保险行政案件若干问题的规定》

(请扫描二维码或访问 http://2d.hep.cn/1353451/13)

第三节 土地征收案件

一、实训目标

本节实训以一起土地征收案件为蓝本,围绕土地征收、行政复议、行政诉讼程序各环节展开教学,涉及知识点和执业技能内容包括:土地征收法律程序;与土地征收相关救济途径;行政复议、行政诉讼过程中与土地征收相关内容。

通过土地征收案件的实训,掌握以下知识点:(1) 土地征收相关实体法律;(2) 土地征收法律程序;(3) 土地征收公告程序、听证程序及复议程序;(4) 土地征收救济手段。

二、实训素材

李某等四人不服 LN 省人民政府行政复议决定案

(一) 案情介绍

原告李某等四人系 LN 省 DT 市万宝桥街道大路村村民,原告通过信息公开申请方式,从 DT 市国土局得到《关于 DT 市实施县级规划批次用地的批复》(L 政地字 [2012]292 号、[2012]293 号、[2012]282 号),《关于 DT 市增减挂钩项目建新地块用地的批复》(L 政地挂字 [2012]40 号、[2012]39 号)文件,得知文件将包括原告村集体土地内的共有 71.551 6 公顷的集体土地征为国有转为建设用地,并进行征收。原告认为该土地征收行为存在诸多违法之处,遂向 LN 省人民政府申请行政复议。2014 年 5 月 14 日,LN 省人民政府作出 L 政行复字 [2014]66-70 号、[2014]77-80 号行政复议决定以及 [2014]81-85 号、[2014]61-65 号、[2014]71-75 号、[2014]76 号驳回行政复议申请决定书。原告不服上述决定,遂提起行政诉讼,请求人民法院撤销 LN 省人民政府作出的 [2014]61-65 号驳回行政复议申请决定书。

(二)《关于 DT 市增减挂钩项目建新地块用地的批复》(L 政地挂字 [2012]39 号)情况介绍

《关于 DT 市增减挂钩项目建新地块用地的批复》(L 政地挂字 [2012]39 号)文件为 LN 省政府于 2012 年 5 月 15 日下发的关于《DT 市 2012 年度城乡建设用地增减挂钩项目第 4 批次建设新地块用地的请示》的批复,该批复同意将 DT 市万宝桥街道大路烟台村旱地 12.567 6 公顷,未利用地 0.271 4 公顷,合计 12.839 0 公顷集体土地征为国有,作为 DT 市增减挂钩项目建设新地块用地。

(三)LN 省人民政府《驳回行政复议申请决定书》(L 政行复驳字 [2014]61-65 号)情况介绍

1. 行政复议申请人诉求及理由

申请人李某等四人对被申请人作出的《驳回行政复议申请决定书》(L 政行复驳字 [2014]61-65 号)(以下简称《用地批复》)不服,请求撤销被申请人作出的《用地批复》,理由如下:

被申请人作出的《用地批复》将申请人的集体承包地征收转为建设用地和划为国有。申请人具有合法使用的土地位于《用地批复》范围内。被申请人的征收行为致使申请人无法继续享有土地使用权和生存权。被申请人违反法定征收程序,化整为零,越权审批,村委会违反土地承包法,放弃听证,超越村民组织法,剥夺了承包人的知情权,侵害了申请人的参与权。

2. 行政复议被申请人的答辩意见

被申请人请求依法驳回申请人的复议申请,理由如下:

被申请人认为其作出的《用地批复》程序合法,履行了听证告知等相关法律程序。在征收该地时,DT 市政府与申请人所在村的多数村民、村民代表进行了多次协商,并确认了土地现状调查结果。在征得村委会和村民代表同意后,制定了征地方案。《用地批复》下达后,DT 市政府发布了征收土地公告和征地补偿安置方案公告,严格执行了相关法律、法规的规定。各项手续齐备、程序合法。

3. 复议机关查明的事实

复议机关经审理查明:2012 年 5 月 14 日,被申请人作出《用地批复》,同意将 DT 市万宝桥街道大路烟台村旱地 1.702 7 公顷、水田 0.827 9 公顷、未利用地 0.184 0 公顷;二道沟村水田 1.055 8 公顷,合计 3.770 4 公顷集体土地征为国有,作为 DT 市增减挂钩项目建新地块用地。同时复议机关调查核实,申请人的宅基地和承包的集体土地均不在《用地批复》征地范围内。

4. 被复议机关提交的证据

(1) 被申请人《关于DT市增减挂钩项目建新地块用地的批复》(L政地挂字[2012]39号)。

(2) DT市国土资源局卫星影像图、征地勘测界定图。

(3) 听证会笔录。

5. 行政复议决定

复议机关于2014年5月8日作出驳回行政复议申请决定,理由如下:

复议机关根据《行政复议法实施条例》第28条第(2)项的规定申请人复议应当与具体行政行为有利害关系。复议机关查明,申请人的宅基地和承包的集体土地均不在《用地批复》批准的征地范围内,被申请人作出的《用地批复》与申请人没有利害关系,申请人申请复议不符合《行政复议法实施条例》第28条第(2)项规定,因此决定驳回申请人的行政复议申请。

(四) 行政诉讼情况介绍

1. 本案当事人

原告:李某等四人

被告:LN省人民政府

原告申请追加DT市人民政府为第三人,经合议庭合意不予追加。

2. 原告诉讼请求及理由

原告请求撤销LN省人民政府作出的《驳回行政复议申请决定书》(L政行复驳字[2014]61-65号),理由如下:

LN省人民政府作出的驳回行政复议申请决定认定事实不清,适用法律错误。被告没有明确的证据能够证明原告的宅基地及承包地不在《用地批复》范围内。原告与《用地批复》具有法律上的利害关系,被告作出的《用地批复》是将原告所在集体经济组织所有的集体土地征为国有,原告作为集体经济组织成员,依法对涉案土地享有相应的集体所有权,征地行为直接影响到包括原告在内的全体集体经济组织成员的合法权益。原告与《用地批复》之间存在着法律上的利害关系,根据《行政复议法》第2条、第6条、第9条的规定,原告完全具备申请行政复议的主体资格。另外,被告在行政复议过程中违背国土资源听证程序,未按照法定期限提前通知原告参加听证会,对于原告提出的勘察审查申请也未予理会,属于程序违法。因此,请求法院撤销被告作出的《驳回行政复议申请决定书》(L政行复驳字[2014]61-65号)。

3. 被告答辩意见及理由

被告请求法院维持《驳回行政复议申请决定书》(L政行复驳字[2014]61-65号),理由如下:

被告认为根据《行政复议法》第14条的规定,被告具有作出被诉具体行政行为的职权。被诉具体行政行为认定事实清楚,适用法律正确,经查明原告的宅基地和承包的集体土地均不在《用地批复》批准的征地范围内,被告作出的《用地批复》与原告没有利害关系。原告的复议申请不符合《行政复议法实施条例》第28条第(2)项规定,应予驳回。被告受理原告的复议申请后履行了调查取证等程序,在法定期限内作出了复议决定并送达给原告,程序合法。因此被告认为其作出的《驳回行政复议申请决定书》(L政行复驳字[2014]61-65号)事实清楚,证据确凿,适用法律正确,程序合法,请求法院予以维持。

4. 双方提交的证据

(1) 原告提交的证据

① 土地承包合同三份;② 关于被征地农民劳动力安置及补偿协议;③ 村委会放弃听

证的送达回证;④ 被征地农户意见签字;⑤ 动迁建筑物补偿清册以及建设地上附着物拆迁补偿协议;⑥ 关于幸福家园划拨用地的说明;⑦ 商住两用楼房照片一组;⑧ 土地转让协议赔偿申请书清单;⑨ LN省政府土地批件,L政地第[2012]292号,L政地挂[2012]40号。

(2) 被告提交的证据

① 原告复议申请书、EMS及详情单;②《关于DT市增减挂钩项目建新地块用地的批复》(L政地挂字[2012]39号);③ 听证会笔录、DT市国土资源局卫星影像图;④ 答辩人邮寄给原告复议决定的EMS及详情单。

(3) 法院证据的采信

被告提交的证据①、②、④因原告无异议且能够实现证明目的,法院予以采信。证据③听证会笔录第3页最后一行原告自认L政地挂字[2012]39号《用地批复》不涉及原告的土地故对该证据的证明目的法院予以采信。

原告提交的证据①～⑨的真实性予以确认,但证明目的与案件的审查客体即原告是否与《用地批复》具有利害关系、是否具有申请行政复议的主体资格无关,故对原告提供证据的证明目的未予采信。

(4) 行政诉讼判决及理由

法院驳回原告李某等四人的诉讼请求,理由如下:

法院认为,根据《行政复议法》第14条的规定,被告LN省人民政府具有作出涉诉驳回行政复议申请决定的职权。本案中,根据被告提供的听证会笔录,原告自认L政地挂字[2012]39号《用地批复》所批准征收的土地不涉及原告的土地,根据《行政诉讼法解释》第16条的规定:"农村土地承包人等土地使用权人对行政机关处分其使用的农村集体土地的行为不服,可以自己的名义提起行政诉讼。"因原告宅基地及其承包地不在《用地批复》的征地范围内,因此原告不能以自己的名义提起行政复议。关于原告主张其作为集体经济组织成员对被征用的集体土地享有集体所有权,其与《用地批复》具有利害关系,具有提起行政复议的主题资格的问题,法院认为因《用地批复》涉及全体村民之权益,应由村民委员会或村民代表会讨论决定后方可提起行政复议。因此,被告于2014年5月8日作出《驳回行政复议申请决定书》(L政行复驳字[2014]61-65号)认定事实清楚,适用法律正确,复议结论并无不当。原告的诉讼请求不能成立。

三、实训准备

1. 学生查找《行政复议法》《行政复议法实施条例》《行政诉讼法》《行政诉讼法解释》《土地管理法》《土地管理法实施条例》《征用土地公告办法》等相关法律法规,熟悉案件相关法律规定。

2. 学生分成原告组、被告组(复议机关)、法院组。

3. 学生查阅案件相关资料,按照角色准备法律法规和案件事实、证据资料。

四、实训要点

(一) 征收土地的程序

根据《土地管理法实施条例》第23条、第25条的规定,征收土地的程序如下:

具体建设项目需要使用土地的,必须依法申请使用土地利用总体规划确定的城市建设用地范围内的国有建设用地。能源、交通、水利、矿山、军事设施等建设项目确需使用土地利用总体规划确定的城市建设用地范围外的土地,涉及农用地的,按照下列规定办理:

(1) 建设项目可行性研究论证时,由土地行政主管部门对建设项目用地有关事项进行审查,提出建设项目用地预审报告;可行性研究报告报批时,必须附具土地行政主管部门出具的建设项目用地预审报告。

(2) 建设单位持建设项目的有关批准文件,向市、县人民政府土地行政主管部门提出建设用地申请,由市、县人民政府土地行政主管部门审查,拟订农用地转用方案、补充耕地方案、征收土地方案和供地方案(涉及国有农用地的,不拟订征收土地方案),经市、县人民政府审核同意后,逐级上报有批准权的人民政府批准;其中,补充耕地方案由批准农用地转用方案的人民政府在批准农用地转用方案时一并批准;供地方案由批准征收土地的人民政府在批准征收土地方案时一并批准(涉及国有农用地的,供地方案由批准农用地转用的人民政府在批准农用地转用方案时一并批准)。

(3) 农用地转用方案、补充耕地方案、征收土地方案和供地方案经批准后,由市、县人民政府组织实施,向建设单位颁发建设用地批准书。有偿使用国有土地的,由市、县人民政府土地行政主管部门与土地使用者签订国有土地有偿使用合同;划拨使用国有土地的,由市、县人民政府土地行政主管部门向土地使用者核发国有土地划拨决定书。

(4) 土地使用者应当依法申请土地登记。

征收土地方案经依法批准后,由被征收土地所在地的市、县人民政府组织实施,并将批准征地机关、批准文号、征收土地的用途、范围、面积以及征地补偿标准、农业人员安置办法和办理征地补偿的期限等,在被征收土地所在地的乡(镇)、村予以公告。

被征收土地的所有权人、使用权人应当在公告规定的期限内,持土地权属证书到公告指定的人民政府土地行政主管部门办理征地补偿登记。

市、县人民政府土地行政主管部门根据经批准的征收土地方案,会同有关部门拟订征地补偿、安置方案,在被征收土地所在地的乡(镇)、村予以公告,听取被征收土地的农村集体经济组织和农民的意见。征地补偿、安置方案报市、县人民政府批准后,由市、县人民政府土地行政主管部门组织实施。对补偿标准有争议的,由县级以上地方人民政府协调;协调不成的,由批准征收土地的人民政府裁决。征地补偿、安置争议不影响征收土地方案的实施。

征收土地的各项费用应当自征地补偿、安置方案批准之日起3个月内全额支付。

(二) 征用土地的公告及未依法予以公告的或对于征地补偿安置、方案有不同意见时的救济

根据《征用土地公告办法》等规定,具体如下:

1. 征用农民集体所有土地的,征用土地方案和征地补偿、安置方案应当在被征用土地所在地的村、组内以书面形式公告。其中,征用乡(镇)农民集体所有土地的,在乡(镇)人民政府所在地进行公告。

被征用土地所在地的市、县人民政府应当在收到征用土地方案批准文件之日起10个工作日内进行征用土地公告,该市、县人民政府土地行政主管部门负责具体实施。

征用土地公告应当包括下列内容:(1)征地批准机关、批准文号、批准时间和批准用途;(2)被征用土地的所有权人、位置、地类和面积;(3)征地补偿标准和农业人员安置途径;(4)办理征地补偿登记的期限、地点。

有关市、县人民政府土地行政主管部门会同有关部门根据批准的征用土地方案,在征用土地公告之日起45日内以被征用土地的所有权人为单位拟订征地补偿、安置方案并予以公告。

征地补偿安置方案公告应当包括下列内容:(1)本集体经济组织被征用土地的位置、地类、面积,地上附着物和青苗的种类、数量,需要安置的农业人口的数量;(2)土地补偿费的标准、数额、支付对象和支付方式;(3)安置补助费的标准、数额、支付对象和支付方式;(4)地上附着物和青苗的补偿标准和支付方式;(5)农业人员的具体安置途径;(6)其他有关征地补偿、安置的具体措施。

2. 未依法进行征用土地公告的,被征地农村集体经济组织、农村村民或者其他权利人有权依法要求公告,有权拒绝办理征地补偿登记手续。

未依法进行征地补偿、安置方案公告的,被征地农村集体经济组织、农村村民或者其他权利人有权依法要求公告,有权拒绝办理征地补偿、安置手续。

3. 被征地农村集体经济组织、农村村民或者其他权利人对征地补偿、安置方案有不同意见的或者要求举行听证会的,应当在征地补偿、安置方案公告之日起10个工作日内向有关市、县人民政府土地行政主管部门提出。

有关市、县人民政府土地行政主管部门应当研究被征地农村集体经济组织、农村村民或者其他权利人对征地补偿、安置方案的不同意见。对当事人要求听证的,应当举行听证会。确需修改征地补偿、安置方案的,应当依照有关法律、法规和批准的征用土地方案进行修改。

有关市、县人民政府土地行政主管部门将征地补偿、安置方案报市、县人民政府审批时,应当附具被征地农村集体经济组织、农村村民或者其他权利人的意见及采纳情况,举行听证会的,还应当附具听证笔录。

(三) 对违法征收土地行为的救济

根据《行政复议法》第6条的规定,认为行政机关违法集资、征收财物、摊派费用或者违法要求履行其他义务的,公民、法人或者其他组织可以依法申请行政复议。

根据《行政诉讼法》第12条的规定,对征收、征用决定及其补偿决定不服的,公民、法人或者其他组织可以向人民法院提起行政诉讼。

根据《行政诉讼法解释》第16条的规定,农村土地承包人等土地使用权人对行政机关处分其使用的农村集体所有土地的行为不服,可以自己的名义提起行政诉讼。

(四) 对违法征用土地行为的救济

根据《行政复议法》第30条规定,公民、法人或者其他组织认为行政机关的具体行政行为侵犯其已经依法取得的土地、矿藏、水流、森林、山岭、草原、荒地、滩涂、海域等自然资源的所有权或者使用权的,应当先申请行政复议;对行政复议决定不服的,可以依法向人民法院提起行政诉讼。

(五) 行政复议被申请人的确定

根据《行政复议法实施条例》的规定,具体如下:(1)公民、法人或者其他组织对行政机关的具体行政行为不服,依照行政复议法和本条例的规定申请行政复议的,作出该具体行政行为的行政机关为被申请人。(2)行政机关与法律、法规授权的组织以共同的名义作出具体行政行为的,行政机关和法律、法规授权的组织为共同被申请人。(3)行政机关与其他组织以共同名义作出具体行政行为的,行政机关为被申请人。(4)下级行政机关依照法律、法规、规章规定,经上级行政机关批准作出具体行政行为的,批准机关为被申请人。(5)行政机关设立的派出机构、内设机构或者其他组织,未经法律、法规授权,对外以自己名义作出具体行政行为的,该行政机关为被申请人。

(六)对省级人民政府作出的具体行政行为不服的救济

根据《行政复议法》第14条的规定,对国务院部门或者省、自治区、直辖市人民政府的具体行政行为不服的,向作出该具体行政行为的国务院部门或者省、自治区、直辖市人民政府申请行政复议。对行政复议决定不服的,可以向人民法院提起行政诉讼;也可以向国务院申请裁决,国务院依照本法的规定作出最终裁决。

五、实训过程

1. 介绍教学目的,明确讨论主题,与学生共同阅卷,了解案件基本情况,将学生进行角色分配,分为原告组、被告组(复议机关)以及法院组。

2. 学生对与土地相关的法律法规进行检索,掌握、了解相关法律法规。

3. 针对本案所涉及的法律程序进行分组讨论,学生回答相关法律程序的问题。各组按照各自的角色完成实践题,提交相应的法律文书。

4. 针对行政诉讼当事人的资格以及地位、如何甄选行政诉讼被告问题进行讨论,各小组回答有关行政诉讼当事人的问题,并就本案的行政诉讼当事人情况进行分析讨论。

5. 针对行政诉讼案件审理程序,尤其是法庭调查内容进行讨论;各组回答关于行政诉讼案件审理程序的问题,尤其要注意行政诉讼案件在法庭调查过程中内容的特殊性。

6. 针对在行政诉讼质证过程中对证据三性的认定进行讨论,各小组按照各自角色来讨论分析本案例中提交证据的三性,即真实性、关联性以及合法性,法院组对于法院采信的证据进行评价。

7. 学生、教师总结归纳。学生按照角色分组总结本组作为原告、被告或法官在法律程序中所完成的职责以及还需注意的问题。教师对整个案件进行总结。

8. 学生进一步思考委托代理律师在行政诉讼活动中的职能,如何更好地保障当事人的合法权益。

六、实训拓展

(一)思考题

1. 本案中《关于DT市增减挂钩项目建新地块用地的批复》(L政地挂字[2012]39号)是什么行政行为?是具体行政行为还是抽象行政行为?行为主体是谁?是否具有可诉性?

2. 本案中DT市人民政府是否是征地行为主体?李某等四人为何将LN省人民政府作为被申请人?

3. 本案中李某等四人将LN省人民政府作为被申请人提起行政复议,行政复议机关为何仍为LN省人民政府?

4. 本案中李某等四人除向人民法院起诉外,还可以采取何种救济手段?

5. DT市政府是否可以成为行政诉讼第三人?为什么?

6. 本案中李某等四人认为LN省人民政府在行政复议过程中违背国土资源听证程序,

未按照法定期限提前通知原告参加听证会。请根据《国土资源听证规定》《国土资源行政复议规定》相关规定,分析本案是否适用这两个规章?

7. 本案中关于原告的土地是否属于《关于DT市增减挂钩项目建新地块用地的批复》(L政地挂字[2012]39号)征地范围的举证责任如何分配?本案中关于这一问题是如何确定的?

8. 本案中双方提交的证据作用如何?请按照证据三性理论予以评价。

(二)实践题

1. 如果你是原告李某等四人的委托代理律师,请撰写行政复议申请以及起诉状。

2. 如果你是LN人民政府法制办工作复议处工作人员,请撰写行政复议的答辩意见以及行政诉讼答辩状。

七、实训法规

1.《中华人民共和国土地管理法实施条例》
2.《征用土地公告办法》
3.《国土资源听证规定》
4.《国土资源行政复议规定》

(请扫描二维码或访问 http://2d.hep.cn/1353451/14)

郑重声明

高等教育出版社依法对本书享有专有出版权。任何未经许可的复制、销售行为均违反《中华人民共和国著作权法》，其行为人将承担相应的民事责任和行政责任；构成犯罪的，将被依法追究刑事责任。为了维护市场秩序，保护读者的合法权益，避免读者误用盗版书造成不良后果，我社将配合行政执法部门和司法机关对违法犯罪的单位和个人进行严厉打击。社会各界人士如发现上述侵权行为，希望及时举报，我社将奖励举报有功人员。

反盗版举报电话　（010）58581999　58582371
反盗版举报邮箱　dd@hep.com.cn
通信地址　北京市西城区德外大街4号
　　　　　高等教育出版社知识产权与法律事务部
邮政编码　100120

读者意见反馈

为收集对教材的意见建议，进一步完善教材编写并做好服务工作，读者可将对本教材的意见建议通过如下渠道反馈至我社。

咨询电话　400-810-0598
反馈邮箱　gjdzfwb@pub.hep.cn
通信地址　北京市朝阳区惠新东街4号富盛大厦1座
　　　　　高等教育出版社总编辑办公室
邮政编码　100029